JÜRGEN SAMLAND HG.

Das Management-Audit

JÜRGEN SAMLAND HG.

Das Management-Audit

Wie fit sind Ihre Führungskräfte?

F.A.Z.-INSTITUT
FÜR MANAGEMENT-, MARKT- UND MEDIENINFORMATIONEN GMBH

Die Deutsche Bibliothek – CIP-Einheitsaufnahme

Jürgen Samland Hg.

Das Management-Audit

Wie fit sind Ihre Führungskräfte?

F.A.Z.-Institut für Management-,
Markt- und Medieninformationen,
Frankfurt am Main: 2001

ISBN 3-927282-92-8

Umschlaggestaltung xplicit Gesellschaft für visuelle Kommunikation, Frankfurt am Main

DTP-Layout Dietmar Ostermann, F.A.Z.-Institut für Management-, Markt- und Medieninformationen GmbH

Druck Jetprint Druck- und Vertriebs-GmbH, Dreieich

Printed in Germany

Inhalt

Vorwort

Die Erkenntnis, daß das langfristige Überleben und der Erfolg eines Unternehmens auch im Vergleich zum Wettbewerb auf der Qualität und dem Potential der Mitarbeiter aufbaut, ist zumindest für die Wissenschaft unumstritten. Mit dem Management-Audit ist ein Instrument entstanden, das von Unternehmensberatern angeboten und von Unternehmen immer häufiger eingesetzt wird, um dieses notwendige Potential des Managements zu messen. Obwohl nun das Instrument des Management-Audits immer häufiger eingesetzt wird, ist die Frage, was sich hinter diesem Begriff verbirgt, noch nicht intensiv untersucht worden.

Im Anschluß an einen Vortrag über eigene Erfahrungen mit diesem Thema bin ich darauf angesprochen worden, ob ich dazu nicht ein Buch herausgeben wolle: So ist der vorliegende Band in Zusammenarbeit mit einer Reihe von Praktikern entstanden. Das Ziel des Buches ist es, den Begriff des „Management-Audits" aus möglichst vielen unterschiedlichen Blickwinkeln im Unternehmen zu betrachten. Dem interessierten Leser soll so die Möglichkeit gegeben werden, Antworten auf die Fragen zu finden, die ihn in diesem Zusammenhang bewegen.

Mein Dank gilt allen Autoren, die ihre Beiträge neben ihrer anspruchsvollen Tagesarbeit verfaßt haben. Mein Dank gilt weiterhin dem F.A.Z.-Institut für freundliche Unterstützung. Ganz besonders danke ich Herrn Prof. Dr. Werner Sarges, Universität der Bundeswehr in Hamburg, für seinen Rat und für seine Ermutigung, dieses Buch zu realisieren.

Berlin, März 2001

Jürgen Samland

Einleitung

Jürgen Samland

Wie fit sind die Führungskräfte Ihres Unternehmens? Diese Frage so offen auszusprechen und sich über möglichst objektive Methoden zur Messung dieser „Fitneß“ Gedanken zu machen, ist zumindest im deutschsprachigen Raum ein verhältnismäßig neues Thema.

Während sich bisher alle möglichen Programme zur Potentialerfassung an die gewerblichen und angestellten Mitarbeiter im Unternehmen richteten, ist die Überprüfung des Managements eines Unternehmen etwas, was zuvor nicht Teil der Führungskultur war. Hier ist man bisher davon ausgegangen, daß Gott demjenigen, dem er ein Amt gibt, auch zu dem entsprechenden notwendigen Sachverstand verhilft. Die „Entzauberung“ der Führungskräfte hat in dem Maße eingesetzt, in dem die Suche nach Excellence in der Unternehmensführung dazu geführt hat, diese mit der Leistung der Führungskräfte im Unternehmen in unmittelbaren Zusammenhang zu bringen.

Das Vertrauen in die vorhandenen fachlichen und sozialen Kompetenzen der Führungskräfte oder Manager wurde in der Vergangenheit auch durch die Kontinuität, d.h. den langen, absehbaren Lebenszyklus des Unternehmens gestützt. Mit der Beständigkeit der Unternehmen und mit langen Planungszeiträumen einher ging auch die Möglichkeit, Führungskräfte systematisch auf ihre zukünftigen Aufgaben vorzubereiten und so sicherzustellen, daß sie den künftigen, überschaubaren Anforderungen gerecht wurden. Diese vielfach lebenslang angelegten Laufbahn- beziehungsweise Karrieremuster verändern sich zur Zeit nachhaltig. Die Lebenszyklen der Karrieren definieren sich neu und werden deutlich kürzer.[1]

---

1 Sattelberger, Human Resources Management im Umbruch 1996, S. 84ff.

Das alte, bekannte Unternehmensumfeld existiert so nicht mehr. Spätestens mit der Öffnung der nationalen Märkte und ihrer Globalisierung hat die Veränderungsgeschwindigkeit in einem vorher nicht gekannten Maß zugenommen. Nicht nur der Zusammenschluß und der Kauf von Unternehmen, sondern auch die Veränderung von Strategien in bestehenden Unternehmensbereichen hat dazu geführt, daß die erfolgreiche Führungskraft von gestern morgen keineswegs mehr die geeignete Kraft sein muß. Der Manager, der in einem etablierten Markt erfolgreich ist, muß dies nicht zwangsläufig auch in einem neuen Markt sein.

Gleiches gilt für die Frage des Zusammenschlusses von Unternehmen. Während man sich mit der Due Diligence ein Instrument geschaffen hat, um im Vorfeld von „Mergers and Acquisitions“ alle entscheidungserheblichen finanziellen Aspekte des Unternehmens zu erfassen und damit möglichst transparente Entscheidungsvoraussetzungen zu schaffen, ist der „weiche“ Faktor Mensch bisher sträflich vernachlässigt worden. In der klassischen Due Diligence hat der Controller, bildlich gesprochen, die Funktion des Lotsen auf dem Schiff inne, das man übernehmen möchte. Selten genug wird allerdings die Personalabteilung nach ihrer Einschätzung gefragt, ob denn die Offiziere auf diesem Schiff geeignet sind, das beabsichtigte Ziel unter den gegebenen Voraussetzungen zu erreichen.

Dieses Verhalten, das man fast als Ignoranz bezeichnen möchte, hat dazu geführt, daß mehr als 60 Prozent aller Mergers and Acquisitions-Aktivitäten scheitern oder das geplante Ziel nicht erreichen. Eine Reihe von Untersuchungen renommierter internationaler Business Schools bestätigen diese Aussage. Trotz dieser inzwischen hinlänglich bekannten Ergebnisse hat die Sensibilität für dieses Thema nur in geringen Maße zugenommen. Die Entscheidungen werden noch immer ganz wesentlich vom Finanzbereich unter Ausschluß der Personalverantwortlichen getroffen, worin sich der geringe Stellenwert und die mangelnde Akzeptanz dieses Ressorts im Unternehmen ausdrückt.[1]

Wenn also die Einstellung „Führungskräfte werden nicht beurteilt“ immer weniger zu einer Führungskultur mit gemeinsamer Ergebnisverantwortung und konstruktiver Partnerschaft paßt, stellt sich grund-

---

1 Vgl. Sendele, Die Personalvorstände bleiben zu häufig außen vor, F.A.Z. v. 10.7.2000, S. 29; Böhm, Arbeitsfeld Personalmanagement: Trends, Chancen, Perspektiven in: Personalführung 9/99, S. 16.

sätzlich die Frage, wie denn die Leistungsfähigkeit einer Führungskraft zu messen sei.

Während sich bei Berufsanfängern Assessment Center-Verfahren mit einer Vielzahl von Tests durchgesetzt haben, mit denen man die grundsätzliche Eignung eines entsprechenden Kandidaten für eine bestimmte Funktion recht sicher feststellen kann, ist dies bei den Mitgliedern der Führungsetagen etwas anders.

Mit dem Management-Audit hat sich in den letzten Jahren ein Instrument in das Bewußtsein der interessierten Öffentlichkeit geschoben, mit dem man dieser besonderen Situation gerecht wird. Was verbirgt sich denn nun eigentlich hinter dem Begriff „Audit"? Der Begriff „Audit" stammt ursprünglich aus dem angelsächsischen Sprachschatz und wird dort im Sinne einer finanztechnischen, revisionsartigen, rückwärtsgerichteten Betrachtung verstanden, wie sie bei einer Wirtschaftsprüfung oder einer Analyse des Gesamtunternehmens innerhalb einer Due Diligence vorkommt. In den USA wird deshalb für eine Untersuchung der Potentiale des Managements häufig der Begriff „Appraisal" verwendet. Darüber hinaus haben sich weitere Begriffe eingebürgert, die jedoch in der Regel nur dazu dienen, einen möglichst eigenständigen Markennamen zu etablieren.

Insbesondere in seiner Entstehungszeit hatte das Instrument des Management-Audits, ebenso wie z.B. das 360°-Grad-Feedback, bei den Führungskräften ein sehr negatives Image. Aus seiner revisionsartigen, rückwärtsgerichteten Betrachtung von Managementleistungen und der damit erwarteten Dokumentation von „Fehlverhalten" assoziierten die meisten Betroffenen mit dem Audit letztlich ein „Köpfe-Rollen". Eine solche Erwartung der Manager gibt allerdings beredt Aufschluß über die jeweilige Unternehmenskultur und über die Abwesenheit einer positiven zukunftsorientierten Personalmanagement-Strategie, die mit einem Mehr an gemeinsamer Ergebnisverantwortung und konstruktiver Partnerschaft ausgestattet sein müßte. Statt dessen war die Hoffnung auf Förderung vielfach durch die Furcht vor Stillstand oder Rückschritt bei der eigenen Karriere beeinträchtigt.

Inzwischen hat sich die Einstellung zu modernen Potentialerkennungsmethoden verändert. Diese Entwicklung beruht auf einem zunehmenden Maß an Verständnis für eine zukunftsorientierte, moderne Human Resources-Politik im Unternehmen und einer Akzeptanz der veränderten Rahmenbedingungen im Unternehmen einschließlich der veränderten Bedingungen für individuelle berufliche Karrieren. Die Akzeptanz steigt insbesondere bei den Managern, die zunehmend den Nutzen des Audits für ihre eigene Karriereplanung erkennen.

In Deutschland bietet mittlerweile eine Vielzahl großer, mittlerer und kleiner Unternehmensberatungen ihre besondere Form des Audits zur Bewertung des Managements an. Gleichwohl hat dieses Instrument in der deutschsprachigen Managementliteratur, zumindest soweit sie sich an den breiten, interessierten Leserkreis wendet, kaum Aufmerksamkeit gefunden, sieht man einmal von einigen Aufsätzen in Managermagazinen und Wirtschaftszeitungen ab.

Ziel dieses Buches ist es, diese Lücke zu einem Teil zu schließen und der Frage nachzugehen, wie diese Potentialerfassung der Manager ganz praktisch vor sich geht. Dabei ist weniger daran gedacht, den wissenschaftlich interessierten Leser zu erreichen, sondern all denen, die sich im Unternehmensumfeld mit dem Thema Management-Audit auseinandersetzen, praktische Hilfestellung zu leisten. Dazu gehören Eigentümer, Aufsichtsräte oder Mitglieder des Top-Managements, die sich mit der Frage nach der „Fitneß" ihrer Manager auseinandersetzen und ein Audit als mögliches Instrument in Erwägung ziehen. Für diesen Personenkreis ist nicht nur die Frage interessant, was ein solches Audit leisten kann und wo seine Grenzen sind, sondern es ist sicherlich auch entscheidend, ob diese Art des Audits in die Kultur des betroffenen Unternehmens paßt beziehungsweise der eigenen Vorstellung eines solches Instrumentes entspricht.

Damit ist es jedoch nicht getan. Mit einem Audit, an dem ein größerer Kreis von Managern teilnimmt, erzeugt man in jedem Unternehmen nachhaltig Aufmerksamkeit. Auch wenn nur der Kreis der Führungskräfte oder die leitenden Angestellten involviert sind, so werden dennoch alle damit verbundenen Fragen in der Unternehmensöffentlichkeit diskutiert.

Daraus ergibt sich ein zweiter Kreis von Personen, die sich mit der Frage nach dem Inhalt solcher Audits intensiv auseinandersetzen. Es sind dies die Betroffenen oder „Auditierten". Für sie geht es darum, klar zu erkennen, in welcher Situation sie sich befinden und wie dieses Audit im Kontext der bekannten Personalmanagement-Strategie in ihrem Unternehmen einzuordnen ist.

Eine dritte Gruppe, an die sich dieses Buch wendet, sind die Vertretungen der Mitarbeiter im Unternehmen, also die Sprecherausschüsse der Leitenden Angestellten und die Betriebsratsgremien. Auch wenn ein Audit, das das obere Management einbezieht, nicht die Klientel der Betriebsräte betrifft, so sind diese in den meisten Unternehmen zumindest daran interessiert zu erkennen, worum es eigentlich geht, damit sie in der Lage sind, den übrigen Mitarbeitern ihre Einschätzung zu vermitteln und eventuelle Befürchtungen abzubauen.

Die Transparenz betrieblicher Entscheidungen ist immer der beste Weg, negative Einschätzungen oder gar Ängste abzubauen. Deshalb ist es das vordringliche Ziel dieses Buches, Klarheit zu schaffen. Transparenz und Vergleichbarkeit scheinen allerdings auch nicht bei allen Unternehmensberatungen, die sich mit diesem Thema beschäftigen, vordringlicher Anspruch zu sein.

Nicht alle großen Beratungen, die diese Dienstleistung anbieten, zeigten sich interessiert, ihren Ansatz darzustellen. Im Gegenteil wurde die Sorge erkennbar, daß die Methode ihres Ansatzes bekannt und damit auch vergleichbar werden könnte. Ebenso wurde zum Teil die Befürchtung geäußert, dem interessierten Leser könnten so weitere Anbieter auf diesem Markt bekannt werden. Wenn also jetzt hier eine Reihe von Audit-Ansätzen beschrieben werden, so geschieht dies mit dem Ziel, das Spektrum der bestehenden Möglichkeiten darzustellen.

Mit der Entscheidung für eine bestimmte Form des Audits ist es allerdings nicht getan. Für alle Beteiligten eines Audit-Prozesses ergeben sich eine Reihe weiterer Fragen. Zunächst sicher die nach der Qualität beziehungsweise der Validität der erzielten Ergebnisse. Denn nicht nur die erheblichen Kosten für eine solche Untersuchung, sondern auch der Einfluß auf die Motivation des Managements in einem Unternehmen machen es nötig, sich sicher zu sein, daß die Qualität einer solchen Maßnahme, die von externen Beratern durchgeführt wird, angemessen ist. Ferner stellt sich in der betrieblichen Zusammenarbeit sofort die Frage, ob eine solche Entscheidung, wenn sie denn in einem der deutschen Gesetzgebung unterliegenden Unternehmen durchgeführt werden soll, nicht die Mitbestimmungs- und Mitwirkungsrechte der Betriebsräte und des Sprecherausschusses der Leitenden Angestellten betrifft. Schließlich unterliegen Führungskräfte sehr häufig dem Mitbestimmungsrecht der Betriebsräte, da der Kreis der Leitenden Angestellten im

Sinne des Sprecherausschußgesetzes in der Tat nur einen deutlich kleineren Kreis von Personen betrifft.

Interessant ist in diesem Zusammenhang, daß das Interesse der Betriebsräte oder Gewerkschaften, zum Thema „Management-Audit" Stellung zu nehmen, sehr gering war. Obwohl von beiden Gruppen in schwierigen Unternehmenssituationen die angeblich fehlenden Qualifikationen der Manager im Unternehmen vernehmlich gerügt werden, wollten sie hier keine Position beziehen. Dies mag daran liegen, daß sie sich mit dieser Thematik noch nicht ausreichend beschäftigt haben, was wiederum darauf zurückzuführen sein dürfte, daß hier noch eine unausgesprochene Trennung der Zuständigkeiten zwischen den Gremien der betrieblichen Mitbestimmung und der Unternehmensleitung funktioniert. Für die Maßnahmen, die gegenüber dem Management ergriffen werden, fühlen sich Betriebsräte und Gewerkschaften nicht verantwortlich.

Doch die Frage der rechtlichen Bewertung eines Audits im Unternehmen zeigt weitere Facetten. Was geschieht mit den Ergebnissen eines Audits, die aus verschiedenen Gründen heraus nicht zutreffend sind? (Mögen sie den beurteilten Manager in einem zu positiven oder aber auch in einem zu negativen Licht erscheinen lassen.) In beiden Fällen könnten daraus falsche Managemententscheidungen resultieren, über deren Konsequenzen auch unter rechtlichen Haftungsaspekten nachgedacht werden muß.

Was geschieht schließlich, wenn die Entscheidung, ein Audit durchzuführen, ein Unternehmen oder eine Betriebsstätte betrifft, die sich in einem anderen Kulturkreis befindet? Gerade im Rahmen internationaler Merger and Acquisition-Aktivitäten häufen sich die Situationen, in denen Unternehmen sich über die tatsächlichen Qualitäten des übernommenen Managements schnellstmöglich Klarheit in Form eines Audits verschaffen wollen. So verständlich dieser Wunsch ist, sollte doch in jedem Falle genau überlegt werden, ob dies der richtige Weg ist. Denn ohne ausreichende interkulturelle Sensibilität und Kompetenz kann ein Audit, wie es in unserem Kulturkreis mit entsprechender Kommunikation vermittelbar ist, die vermeintlich gelungene Akquise auf einem fremden Markt in eine bittere Niederlage verwandeln.

Der Erfolg von Management-Audits hängt damit von einer ganzen Reihe von betrieblichen „Umweltbedingungen" ab. Nur wenn diese Teil einer modernen Personalstrategie sind, bei der neben dem Wohl des Unternehmens und seiner Mitarbeiter auch die Manager Berücksichtigung finden, können sie erfolgreich sein. Audits, die nur im Sinne einer retrospektiven Betrachtung die Leistung einzelner Manager bewerten sollen, haben ihren Zweck verfehlt und führen zu einer Atmosphäre der Repression, bei der die Gefahr groß ist, daß sie sich „top-down" im gesamten Unternehmen ausbreitet. Audits, die demgegenüber das Ziel haben, prospektiv zu erkennen, ob jedes Mitglied des Managements die ihm gemäße Aufgabe innehat und von daher sein Beitrag zur gemeinsamen Zukunftsperspektive des Unternehmens möglichst hoch ist, bauen Ängste hinsichtlich der persönlichen Lebensplanung des „Auditierten" ab und setzen darüber hinaus neue Kräfte frei. Eine solche Stimmung beeinflußt ebenfalls die Atmosphäre im Unternehmen. Sie schafft Raum für ein strategisches Personalmanagement, bei dem die Erkenntnis, daß die Ressource Mensch für die Umsetzung jeder Strategie von entscheidender Bedeutung ist, angemessen berücksichtigt wird.

I

Ein neues Führungsmodell

Das Management-Audit als neues Führungsinstrument

Klaus Leciejewski
KDL - Consulting, Köln

Überblick

- Ein Management-Audit soll das Leistungspotential einer Führungskraft mit dem Blick auf die Zukunft ermitteln. Eine derartige Potentialanalyse dient der Erschließung von Wertsteigerungsmöglichkeiten im Unternehmen.
- Eine derartige Analyse kann zwar niemals vollständig objektiv sein, aber bei Einhaltung verschiedener methodischer Vorgehensweisen kann ein hoher Grad von Objektivität erreicht werden.
- Eine kurze Übersicht der wichtigsten Audit-Formen sowie des Ablaufs bietet eine erste Orientierung.

Der Manager

Es ist offensichtlich, daß das Management-Audit etwas mit „managen" zu tun hat. Das „managen" ist die vornehmste Tätigkeit eines Managers. Was jedoch ist ein Manager?

Der Begriff des Managers wurde 1954 in den USA geprägt. Eigentlich war es nicht der Manager, sondern mehr das Management, welches in diesen Tagen aus der Taufe gehoben wurde. Da aber das Management sich aus den Managern zusammensetzt, war mit dem Erscheinen des Buches „The Practice of Management" von Peter Drucker auch „der Manager" entstanden. Selbstverständlich gab es schon lange vor dieser Zeit sowohl die Manager als auch das Management eines Unternehmens, aber es gab praktisch keine Reflexion darüber. Peter Drucker hatte tatsächlich das erste Buch über Management geschrieben, und es löste eine bis heute anhaltende Flut von Publikationen über die Manager und ihr Management aus. In diesem Sinne ist dieses Buch auch nur eines davon: Aber es unterscheidet sich deutlich von den anderen. Es ist das erste Buch, welches sich explizit damit beschäftigt, wie das *Potential eines Managers ermittelt werden kann.* Im Gegensatz dazu beschäftigen sich andere Bücher zur Potentialanalyse lediglich ganz allgemein mit dem Potential von Mitarbeitern in Unternehmen. Sie konzentrieren sich nicht auf das Management, sondern beschäftigen sich mit Methoden, welche ebenso in der Auswahl von Berufsanfängern eingesetzt werden wie auch zur Analyse der Fähigkeiten von Mitarbeitern außerhalb des Managements.

Die Führungskräfte

In Deutschland hat sich noch ein anderer Begriff herausgebildet, der synonym für Manager verwendet wird: die Führungskraft. Wir gehen in diesem Buch ebenso vor. Drucker hatte auf die Frage, was ein Manager sei, mit der Aufzählung geantwortet, was ein Manager macht:

„Ein Manager *legt* Ziele *fest.*
Ein Manager *organisiert.*
Ein Manager *motiviert* und kommuniziert.
Ein Manager *beurteilt* anhand eingeführter Maßstäbe.
Ein Manager *fördert* die Entwicklung von Mitarbeitern."[1]

Auch in Deutschland wird eine Führungskraft durch Hinweise auf ihre Tätigkeit definiert, wobei sehr unterschiedliche Hinweise verwendet werden. Beispielsweise meint der Hinweis auf die *Verantwortung*, daß eine Führungskraft eine Person ist, die Einfluß auf das Gesamtergebnis des Unternehmen beziehungsweise eines wichtigen Teiles davon hat. Demnach wäre aber jeder Anlagenfahrer in der Chemie- oder Papierindustrie eine Führungskraft.

Ein weiterer Hinweis ist der auf die Unterstellung. Damit ist gemeint, daß eine Führungskraft andere Menschen führt. Das würde aber auch

1 Vgl. Jack Beatty: Die Welt des Peter Drucker. Campus 1998, S. 129.

auf einen Vorarbeiter zutreffen und sogar auf einen Sachbearbeiter mit nur einem Mitarbeiter.

Eine andere Variante besteht in dem Hinweis auf das Einkommen. Zumeist wird dabei eine Grenze um 120.000 DM genannt. Die Einkommenshöhe variiert jedoch von Branche zu Branche und innerhalb einer Branche auch noch von Funktion zu Funktion. Deshalb ist eine derartige Grenze wenig praktikabel.

Das „Gabler Wirtschaftslexikon" (14. Auflage 1997) liefert eine schöne deutsche akademische Definition: „Personen oder Personengruppen, die Willensbildung und Willensdurchsetzung gegenüber anderen Personen wahrnehmen unter Übernahme der hiermit verbundenen Verantwortung." Diese und andere Definitionen können ohne weiteres durch Gegenbeispiele widerlegt werden. Eine weitverbreitete Alltagsdefinition macht es sich ganz leicht: „Führungskräfte sind diejenigen Mitarbeiter, die die Geschäftsleitung dafür hält."

In der Wirtschaftsrealität sind die Grenzen zwischen den Führungskräften und denen, die geführt werden, recht fließend. Das hat auch einen wesentlichen Vorteil. Es muß einfach respektiert werden, daß an den Rändern der Gruppe „Führungskräfte" breite Übergänge existieren. Damit ist dieser Begriff auch entsprechend den zeitlichen Veränderungen variabel einsetzbar und verliert nicht wie so manche andere seine Berechtigung. Demgegenüber würde eine starre Begriffsverwendung immer zu offensichtlichen Mißverständnissen führen.

Das Potential

Das Verständnis des Potentials einer Führungskraft ist nicht ganz so verschwommen wie das des Managers. Im Kern geht es um seine Leistungsfähigkeit. Diese ist jedoch niemals abstrakt und absolut zu beurteilen, sondern sie muß sich stets auf ein bestimmtes Ziel innerhalb einer bestimmten Position beziehen. International weit verbreitet ist die Verknüpfung des Potentials mit der „Validität: die Fähigkeit, zukünftige Berufsleistung und berufsbezogenes Lernen vorherzusagen."[1]

---

1 Vgl. Martin Kleinmann/Bernd Strauß: Potentialfeststellung und Personalentwicklung. Göttingen 1998, S. 15.

Die Ermittlung des Leistungspotentials einer Führungskraft

- gemessen an den zukünftigen Anforderungen, die die Geschäftsleitung an diese Position stellt
- verglichen mit externen Benchmarks anderer Unternehmen bzw. Positionen

Durch eine
- neutrale
- systematische
- einheitliche

Bewertungsmethode

Abbildung 1: Was leistet ein Management-Audit?

In einem anderen weit verbreiteten Buch stellt sich der Autor erst gar nicht der Frage, was unter Potential zu verstehen sei, sondern geht gleich über zu dessen Beurteilung: „Mit Hilfe der Potentialbeurteilung soll – aufgrund der erbrachten vergangenheitsbezogenen Leistung – zukünftige Leistung prognostiziert werden.“[1]

Dieser Zukunftsaspekt ist im Unternehmen der entscheidende. Wie in Abbildung 1 „Was leistet ein Management-Audit?“ dargestellt ist, weist die Ermittlung des Leistungspotentials einer Führungskraft in die Zukunft. Dies bedeutet auch den Vergleich mit anderen Unternehmen und erfordert eine geeignete Vorgehensweise.

Das Audit

Der Begriff „Audit“ stammt aus dem angelsächsischen Sprachschatz und wird dort im Sinne einer Überprüfung verwendet. Die in diesem Buch auch verwendete Bezeichnung „Appraisal“ bedeutet eine Auswertung oder auch eine Leistungsbewertung. Beide Begriffe werden synonym verwendet. Ihre unterschiedliche Verwendung durch verschiedene

1 Vgl. Ekkehard Crisand/ Pamela Stephan: Personalbeurteilungssystem. Heidelberg 1994, S. 17.

Unternehmensberatungen dient nur dazu, einen Eigennamen für das Beratungsprodukt dieser Unternehmensberatung zu kreieren. Es soll ein unverwechselbarer Markenname geschaffen werden. Die Konstruktionen der Potentialanalysen der einzelnen Beratungsgesellschaften unterscheiden sich jedoch weder in ihren wichtigsten Zielen noch in ihren Kerninhalten.

In den USA wird unter einem Audit allerdings etwas anderes verstanden. Ein Audit bezieht sich auf eine Wirtschaftsprüfung oder eine Analyse des Gesamtunternehmens oder auf einen Bestandteil innerhalb einer Due Diligence-Prüfung. Deshalb ist im angelsächsischen Raum der Begriff „Appraisal" gebräuchlicher.

Das Audit zur Ermittlung des Potentials eines Managers beziehungsweise des Managements eines Unternehmens insgesamt oder auch einer Abteilung darin ist im wesentlichen zuerst in Deutschland entwickelt worden. Damit ist das Management-Audit eines der ganz wenigen Managementinstrumente, die in der zweiten Hälfte des 20. Jahrhunderts in Deutschland entstanden, also nicht aus den USA zu uns „herübergeschwappt" sind.

Der Verbreitungsgrad

Vor etwas weniger als zehn Jahren begannen einige Direct Search Gesellschaften, erste Audits im großen Stil durchzuführen. Dafür wurde auch ein erster systematischer Ansatz entwickelt, der bis heute zu einer klaren systematischen Vorgehensweise ausgeformt worden ist. Damit ist dieses Instrument auch universell einsetzbar. Jedes Jahr werden in Deutschland über einhundert Audits mit mehr als 2.000 Teilnehmern durchgeführt.

Mit dem Management-Audit wiederholte sich das, was sich bereits bei der Verbreitung des Direct Search gezeigt hatte. Je mehr Unternehmen dieses Instrumentarium einsetzten, desto perfekter wurde es entwickelt und desto mehr Anerkennung erfuhr es.

Die Zielstellung des strategischen Personalmanagements

- Sicherstellung der strategischen Personalressourcen
- Erhöhung der Wettbewerbsfähigkeit
- vorausschauende Personalsteuerung und -führung
- Wirtschaftlichkeit der Personalarbeit

Abbildung 2: Das Management-Audit als Teil des strategischen Personalmanagements

Ausgangspunkt

Der Ausgangspunkt eines jeden Management-Audits sollte die strategische Personalentwicklung sein. Das trifft auch auf diejenigen Situationen zu, in denen – wie in Turn Around-Situationen – die Geschäftsleitung in sehr kurzer Zeit erfassen muß, auf welches Potential sie sich bei den Veränderungen in der nächsten Zeit stützen kann. Auch wenn dabei sehr kurzfristige Entscheidungen getroffen werden müssen, so wird damit ebenso über das Führungskräftepotential der Zukunft entschieden. In Abbildung 2 „Das Management-Audit als Teil des strategischen Personalmanagements" sind die Zielstellungen des strategische Personalmanagements als die wichtigsten Ausgangspunkte für ein Management-Audit zusammengestellt.

In zahlreichen Unternehmen ist die strategische Personalarbeit immer noch unbekannt. Personalentscheidungen werden vom Unternehmensalltag und von Zufällen bestimmt. Die Entscheidungskette „Zielvorgaben – Handlungsalternativen – Maßnahmen – Erfolgskontrollen" ist nur selten die Grundlage der Personalarbeit. Sehr häufig gehen die Geschäftsleitungen davon aus, daß sie die Fähigkeiten ihrer Führungskräfte eigentlich komplett im Kopf haben. Die Aussage „Ich kenne die Stärken und Schwächen meiner Leute ziemlich gut" ist dafür typisch. Falls dies tatsächlich zutreffen sollten, bliebe immer noch die Frage zu beantworten, ob denn auch die Leute sich ihrer Stärken und Schwächen bewußt sind.

Der Berater hat auf dieses Phänomen eine deutliche Antwort. Fast immer belegt seine Erfahrung genau das Gegenteil. Die Geschäftsleitungen sind allenfalls allgemein über die Eigenschaften und Fähigkeiten ihrer wichtigsten Mitarbeiter informiert, von einer exakten Kenntnis kann zumeist gar keine Rede sein. Dies ist in der alltäglichen Arbeit auch gar nicht möglich, denn diese wird von einer Segmentierung der Führungstätigkeit bestimmt. Immer nur partiell – in der Aufgabenlösung und im Zeithorizont – werden Eindrücke gespeichert, so können Zufälle Kontinuitäten überlagern. Das Bild bleibt immer verzerrt, und bestenfalls ist es unvollständig.

Strategisches Denken bedeutet jedoch, im Unternehmensalltag die Erfordernisse der Zukunft zu berücksichtigen. Eine Neupositionierung des Unternehmens auf dem Markt wird zum Scheitern verurteilt sein, wenn dafür nicht die dazu erforderlichen Ressourcen an Führungskräften berücksichtigt werden. Strategische Neuorientierung bedeutet deshalb zuerst die Orientierung auf die vorhandenen Human Resources im Unternehmen.

In Abbildung 3 wird das „Ziel des Management-Audits" als eine Verknüpfung der Veränderungen innerhalb des Führungskräftepotentials mit der Unternehmensstrategie verstanden. Wenn ein Management-Audit in diesen Kontext eingebunden wird, kann es den Führungskräften auch vermittelt werden. Das Management-Audit ist dann ein unumgänglicher Bestandteil ihrer eigenen Positionierung.

Das Ziel des Management-Audits

Das Management-Audit nimmt eine Adjustierung des Potentials der Führungskräfte mit der strategischen Ausrichtung des Unternehmens vor.

Abbildung 3: Das Ziel des Management-Audits

Die Einsatzmöglichkeiten

Aus Abbildung 4 „Wann ist der Einsatz eines Management-Audits sinnvoll?“ geht hervor, daß ein Management-Audit sehr vielfältig eingesetzt werden kann. Im Kern stellen diese Einsatzgebiete jedoch nur Variationen zweier wesentlicher Situationen im Unternehmen dar.

Wann ist der Einsatz eines Management-Audits sinnvoll?

- ▶ Strategische Neuausrichtung
- ▶ Wechsel im Top-Management
- ▶ Mergers and Acquisitions
- ▶ Due Diligence
- ▶ Beteiligungen
- ▶ Umstrukturierungen
- ▶ Diversifikation in neue Geschäftsfelder
- ▶ Fusionen und Unternehmenszusammenschlüsse

Abbildung 4: Wann ist der Einsatz eines Management-Audits sinnvoll?

Die erste Situation ist das regelmäßige Erfassen von Potentialveränderungen. Wie aus Abbildung 5 „Das Potential der Führungskräfte verändert sich“ zu ersehen ist, bleibt das Potential niemals konstant. Es ist permanent Einflüssen aus dem Unternehmen und von außen ausgesetzt. Es verändert sich ständig dadurch, daß eine Führungskraft

- laufend neue Erfahrungen gewinnt,
- eigene Bewältigungsstrategien für die sich verändernden Leistungsanforderungen entwickelt,
- der „Macht der Gewohnheit“ erliegt,
- permanentem Druck des Marktes ausgesetzt ist.

Dadurch verschieben sich nach einiger Zeit die Ansatzpunkte der Human Resources für die Unternehmensstrategie. Deshalb muß das Potential auch in Abständen überprüft oder neu ermittelt werden.

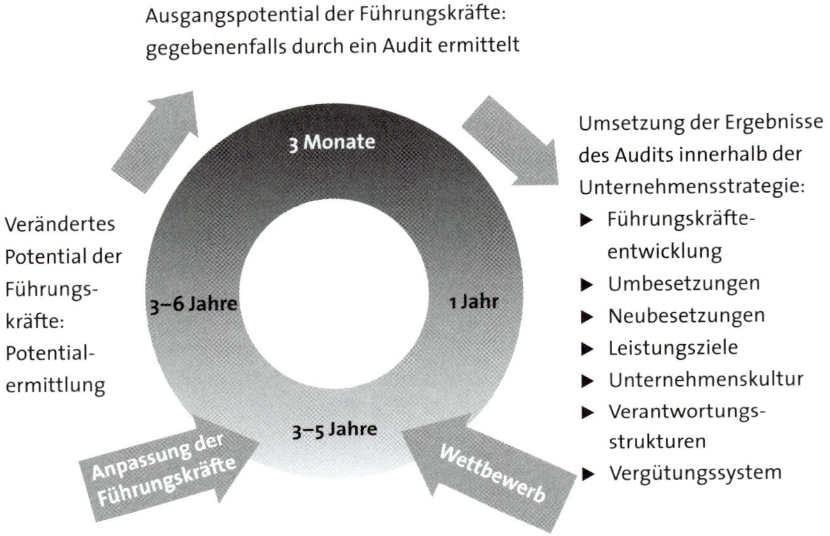

Abbildung 5: Das Potential der Führungskräfte verändert sich

Die zweite Situation sind abrupte Veränderungen der Unternehmenssituation, die irgendeine Form von Due Diligence erforderlich machen. Das bedeutet, aus einer akuten Unternehmenssituation heraus muß ermittelt werden, inwieweit sich das Potential der Führungskräfte mit den sich aus dem veränderten Unternehmensumfeld ergebenden Anforderungen in Übereinstimmung befindet.

Die Methodenvielfalt

Die für ein Management-Audit eingesetzten Methoden variieren von Anbieter zu Anbieter. In Abbildung 6 „Verschiedene Methoden für ein Management-Audit" werden fünf davon angeführt. Als Kernmethode des Management-Audit hat sich jedoch das strukturierte Interview durchgesetzt. Um dieses strukturierte Interview herum gruppieren die Anbieter verschiedene Module, oder sie unterscheiden sich in partiellen Vorgehensweisen. In der Praxis hat sich für das mittlere bis obere Ma-

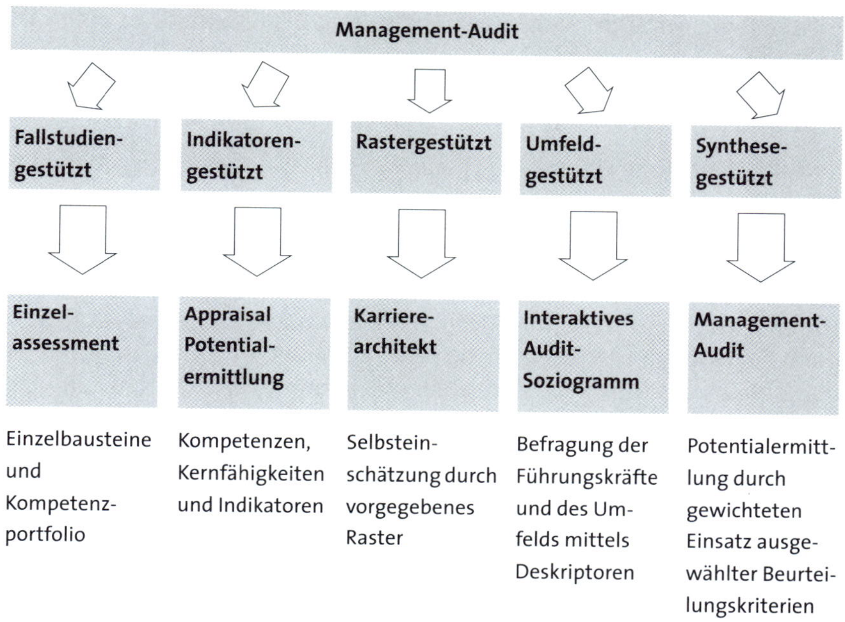

Abbildung 6: Verschiedene Methoden für ein Management-Audit

nagement jedoch das von externen Beratern entwickelte und gesteuerte Interview eindeutig durchgesetzt.

Dieses ist jedoch nur erfolgreich, wenn

1. es gründlich mit allen Beteiligten vorbereitet und offen kommuniziert wird,
2. es von erfahrenen und unabhängigen Beratern durchgeführt wird,
3. seine Resultate allen Beteiligten offengelegt werden und die Umsetzung der Resultate nachvollziehbar ist.

Management-Audit und Assessment Center

Das strukturierte Interview als zentraler Bestandteil eines Management-Audits und damit als Diagnoseinstrumentarium ist nur eine von verschiedenen Vorgehensweisen. Andere Instrumentarien, wie Selbstbefragungen – vor allem verschiedene Formen von psychologischen Tests – oder Praxissimulationen – vor allem Rollenspiele und Gruppendiskussionen –, nehmen in einigen anderen Ländern einen höheren Stellenwert ein. In Deutschland haben sie sich in der Praxis des Audits nicht durchgesetzt.

So zutreffend diese Feststellung generell ist, so unterliegt sie jedoch Einschränkungen. In den Skandinavischen Ländern ist das Assessment Center als Diagnoseinstrumentarium auch auf der mittleren und oberen Führungskräfte-Ebene weit verbreitet. In den USA werden psychologische Tests ganz selbstverständlich auch in diesem Segment eingesetzt. Unternehmen aus diesen Ländern erwarten, daß ihre Instrumentarien auch bei ihren deutschen Dependancen eingesetzt werden. Generell jedoch bleibt das Einsatzgebiet dieser Methoden in Deutschland im wesentlichen auf den Nachwuchsbereich beschränkt.

Das hat nichts mit einer deutschen Tradition zu tun, sondern beruht auf inhaltlichen Gründen. Es macht keinen Sinn, das Potential einer Führungskraft mit zehnjähriger Berufserfahrung in erster Linie durch einen Leistungstest oder durch ein Rollenspiel zu ermitteln. Sie hat bereits die Fähigkeit zum Führen von Menschen nachgewiesen, wenigstens ist davon generell auszugehen. Die Fragestellung eines Audits ist weitaus differenzierter und diffiziler als diejenige eines Assessment Centers.

Indessen gibt es darüber unter den Personalberatern auch abweichende Meinungen. Es ist jedoch unstrittig, das jeder Test schematisiert ist und niemals die Fragenvielfalt umfassen kann, die in einem Interview auftritt. Ein erfahrener Berater agiert quasi in jeder Phase eines Interviews aktiv. Fast keine seiner Reaktionen ist vorgefertigt oder vorher festgelegt, wie dies in standardisierten Tests der Fall ist.

In Rollenspielen oder in anderen Modulen eines Assessment Centers sollen Verhaltensweisen einer Führungskraft anhand simulierter Praxisbeispiele getestet werden. Diese Führungskraft hat sich jedoch bereits jahrelang in derartigen Praxisbeispielen bewähren müssen. Sie sind sozusagen ihre alltägliche Realität. Es ist also sinnlos, etwas zu simulieren, was sowieso schon jeden Tag zur Aufgabenbewältigung der Führungskraft gehört.

Derartige schematisierte Instrumentarien haben jedoch gegenüber dem hier beschriebenen Management-Audit einen wesentlichen Vorteil. Sie suggerieren eine höhere Objektivität der Entscheidungen. Der Mensch scheint aus ihnen entfernt worden zu sein. Der Beobachter – oder der Personalverantwortliche – überläßt die Entscheidungen der Technik, und die Wirkung dieser Technik wurde vorher von entsprechenden Testreihen scheinbar bestätigt.

Die Geschäftsleitung eines Unternehmens erhält also Resultate, die nicht mehr zu bezweifeln sind. Während es in der Auswertungsgruppe eines Management-Audit durchaus zu Diskussionen über einzelne Bewertungen kommen kann – und in der Praxis zu einem geringen Prozentsatz auch immer wieder kommt –, entsteht das Resultat eines Tests mittels einfacher statistischer Methoden. Der Personalverantwortliche eines Unternehmens kann sich aus seiner persönlichen Verantwortung quasi herausziehen. Wenn sich die Resultate nach einiger Zeit als unzutreffend erweisen, dann hat nicht er falsche Entscheidungen getroffen, sondern der Test war falsch konzipiert. In der Realität der Unternehmen ist dies oft eine sehr bequeme Lösung.

Es gibt noch ein weiteres Argument für den Einsatz des strukturierten Interviews. Dieses mag auf den ersten Blick sehr vordergründig klingen. Es ist jedoch meiner Auffassung nach dasjenige, welches alle Argumente zugunsten anderer Diagnoseinstrumente klar widerlegt. Moderne, standardisierte Tests werden von Maschinen beziehungsweise an Maschinen durchgeführt, in der Regel an einem PC. Dieser PC nimmt auch gleich automatisch die Auswertung vor. Nicht ganz so eindeutig ist es mit der Durchführung und der Auswertung von Assessment Centern, aber auch dabei setzen sich immer mehr PC-gestützte Module durch. In der Praxis – die so manchen theoretischen Behauptungen unzweifelhaft zuwiderläuft – werden in Assessment Centern (AC) junge Hochschulabsolventen, zumeist Diplompsychologen, eingesetzt. Diese Hochschulabsolventen beobachten zwar die Teilnehmer, aber dies anhand ihnen vorgegebener Kriterien- beziehungsweise Auswertungsbögen. Dadurch kommen auch die niedrigen Preise des ACs zustande. In der Regel liegen sie nicht viel höher als 800 DM je Teilnehmer. Demgegenüber sind Kosten in Höhe von 10.000 DM für einen auditierten Manager normal.

Wenn also eine Maschine oder ein Hochschulabsolvent in der Lage wäre, das Potential eine Managers mit zehn Jahren erfolgreich nachgewiesener Führungserfahrung treffend zu beurteilen, dann müßte eine Potentialanalyse hier gar nicht weiter diskutiert werden. Sie wäre eine

Aufgabe, die sich innerhalb der Psychologie – letztlich auch mathematisch – lösen lassen würde. Da dem in der Praxis nicht so ist, können nur erfahrene Berater Potentialanalysen vornehmen.

Indessen haben alle andere Diagnoseinstrumente durchaus ihre Berechtigung, jedoch nur zur Begleitung, quasi zur Ergänzung des strukturierten Interviews. Sie können das Interview vorbereiten und die Resultate des Interviews untermauern – mehr aber nicht.

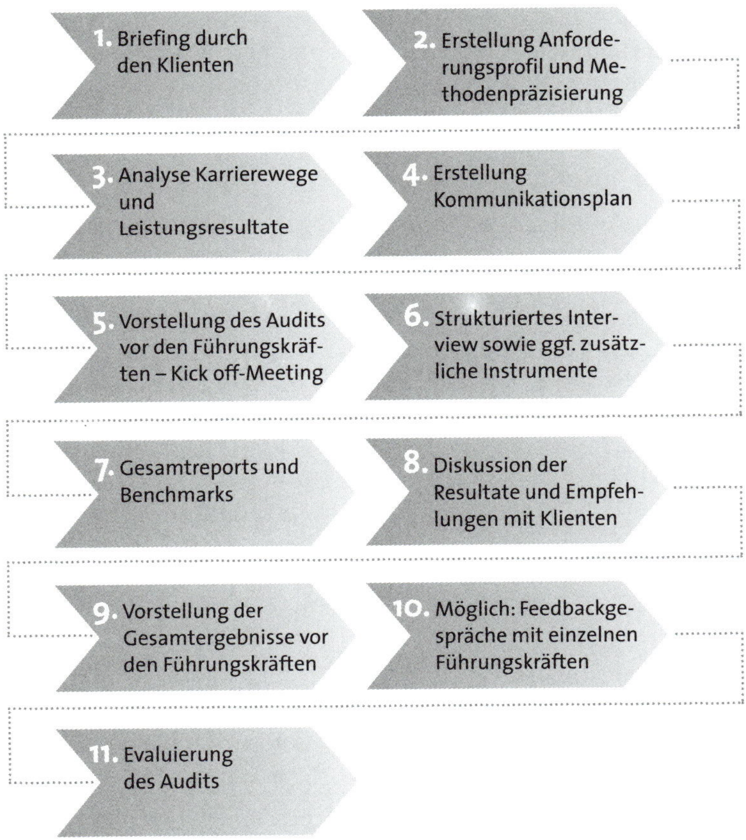

Abbildung 7: Die elf Phasen des Projektverlaufes

Ablauf eines Management-Audits

Jeder Anbieter verfügt über seinen speziellen Audit-Ablauf. Allerdings sind dies nur Variationen des in Abbildung 7 „Die elf Phasen des Projektverlaufes“ vorgestellten Phasenverlaufes. Jede Phase hat ein eigenes Gewicht im Audit, und in jeder Phase können Fehler unterlaufen, die den Gesamterfolg beeinträchtigen, wenn nicht sogar die anderen Phasen zunichte machen. Erfolgt das Briefing durch den Klienten unzureichend, wird es im gesamten Audit-Verlauf Unstimmigkeiten geben. Wird ein Audit nicht evaluiert, können seine Resultate im Sande verlaufen. Die Geschäftsleitung muß sich die Kontrolle über jede der einzelnen Phasen sichern und nach jeder einzelnen Phase Rechenschaft über den erreichten Status ablegen.

Die Objektivität eines Management-Audits

Kein Instrumentarium zur Analyse menschlicher Faktoren ist vollständig objektiv. Es wird sich ein solches auch nicht finden lassen. Die Einschätzung menschlicher Verhaltensweisen oder Eigenschaften und Fähigkeiten wird immer von Menschen vorgenommen werden. Eine subjektive Komponente ist deshalb überhaupt nicht auszuschließen. Dieser Zusammenhang kann auch durch eine einfache Feststellung ausgedrückt werden: Der Mensch ist keine Maschine. Die Maschine ist ein Produkt des Menschen. Eigentlich ist dieser Zusammenhang so selbstverständlich, daß er hier gar nicht angeführt werden müßte. Warum also doch?

Jede Geschäftsleitung ist bestrebt, ihre Führungskräfte so einzusetzen, daß sie optimale Ergebnisse erzielen können. Dafür muß sie genau diese Eigenschaften und Fähigkeiten erkennen. Jede Potentialanalyse versucht, diese Eigenschaften und Fähigkeiten zu ergründen und zwar so, daß das Resultat nicht von der Persönlichkeit des einzelnen Beurteilers beeinflußt wird. Je höher also der Grad an Objektivität ist, den eine Potentialanalyse verspricht, desto wertvoller ist sie für die Geschäftsleitung eines Unternehmens. Deshalb bemühen sich die Entwickler derartiger Instrumentarien, genau diesen Grad an Objektivität zu steigern.

Damit ist jedoch die Gefahr verbunden, daß die Geschäftsleitungen den weiter oben angeführten Zusammenhang verkennen. Eine vollständige

Objektivität ist nicht zu erreichen, und auch eine Steigerung stößt an Grenzen. Jede Potentialanalyse kann immer nur in Grenzen objektiv sein. Wird dieser Zusammenhang verkannt und verläßt sich eine Geschäftsleitung allein auf die Resultate der Analyse, ist sie Abweichungen in der Realität hilflos ausgeliefert.

Das Wissen um die stets eingeschränkte Objektivität hingegen verhindert blinde Glaubwürdigkeit. Es ermöglicht, daß die Geschäftsleitung die Veränderungen des Potentials stets überprüft und sich einen individuellen Entscheidungsspielraum bewahrt.

Aus Abbildung 8 „Die sechs Quellen der Potentialermittlung" geht hervor, daß sich um das Interview andere Quellen gruppieren. Auch diese verfügen allerdings nicht über eine vollständige Objektivität. Das Funktionsprofil, der Karriereweg und die Leistungsresultate stehen zwar fest, aber ihre Bewertung innerhalb des Kontextes ist wieder subjektiv. Sie sind deshalb zwar nicht direkt, wohl aber indirekt von den Beurteilern abhängig. Eine Kollegeneinschätzung und eine Selbsteinschätzung können zusätzlich eingesetzt werden. Dafür werden dann wiederum recht unterschiedliche Methoden verwendet.

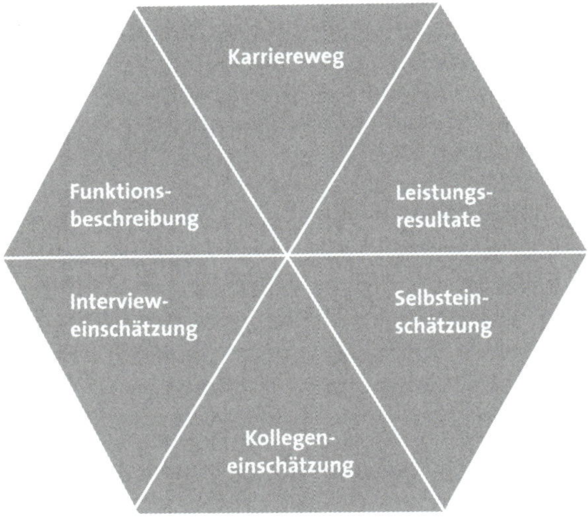

Abbildung 8: Die sechs Quellen der Potentialermittlung

Unabhängig von den Quellen und den Methoden kann die Erhöhung des Grades an Objektivität vor allem durch die Vorgehensweisen beim Ablauf des Audits erfolgen. Dazu gehören insbesondere:

- eine gründliche Vorbereitung des Audits,
- jeweils zwei Berater pro auditierte Führungskraft,
- wenn möglich zwei Interviews mit zwei unterschiedlichen Beraterteams.

Ergebnisse für das Unternehmen

In Abbildung 9 „Der langfristige Nutzen des Management-Audits für das Unternehmen" sind mögliche Resultate des Audits für das Unternehmen zusammengestellt. Es ist ziemlich unwahrscheinlich, daß diese alle gleichermaßen für jede Geschäftsleitung zutreffen werden. Jedes Unternehmen ist in einer anderen Verfassung. Wenn ein Unternehmen beispielsweise über eine stringente Organisationsstruktur und über ein Top-Management verfügt, werden die Hinweise aus einem Audit zu Organisations- und Führungsproblemen wahrscheinlich geringer als in anderen Unternehmen ausfallen. Demgegenüber ist die Gesamtbilanz der Führungskräfte oder das in- und externe Personal-Benchmarking für alle Unternehmen von ähnlicher Bedeutung.

- ▶ Transparenz über die aktuelle Situation des Führungskräftepotentials
- ▶ Gesamtbilanz der Führungskräfte
- ▶ in- und externes Personal-Benchmarking
- ▶ gesicherte Grundlagen für die zukünftige Besetzungspolitik
- ▶ fundierte Empfehlung zur Führungskräfteentwicklung
- ▶ Hinweise auf übergeordnete Organisations- und Führungsprobleme
- ▶ Aufzeigen von Bruchstellen zwischen Unternehmensstrategie und Führungskräftepotential
- ▶ Verbesserung der internen Unternehmenskommunikation

Das Management-Audit dient der Erschließung von Potentialen zur Effizienz- und Wertsteigerung des Unternehmens

Abbildung 9: Der langfristige Nutzen des Management-Audits für das Unternehmen

- persönliche Standortbestimmung durch neutrales und offenes Feedback
- Offenlegung von Stärken und Schwächen
- Dialog zwischen Unternehmensleitung und Führungsmannschaft
- persönliche Entscheidungs- und Entwicklungshilfe
- Integration in die Personalarbeit

Das Management-Audit verbessert die Motivation der Führungskraft und ihre Identifikation mit der Unternehmensstrategie

Abbildung 10: Ergebniserwartung eines Management-Audits für die Führungskräfte

Letztlich soll eine Potentialanalyse immer der Erschließung von Wertsteigerungsmöglichkeiten dienen. Das ist das ausschlaggebende Resultat für ein Unternehmen.

Ergebnisse für die Führungskräfte

Abbildung 10 „Ergebniserwartung eines Management-Audits für die Führungskräfte" zeigt auf, welche Ergebnisse eine Führungskraft für sich aus dem Audit erwarten kann. Es ist wenig wahrscheinlich, daß diese allesamt in gleichem Maße für jede Führungskraft eintreffen werden. Es wird immer Führungskräfte in jedem Unternehmen geben, die sich ihrer Stärken und Schwächen besser als andere bewußt sind. Aber jedes Audit kann den Dialog zwischen den Führungskräften und der Geschäftsleitung verbessern.

Qualitätsanforderungen an Management-Audits

Wolfgang Kring
Info - Institut für Organisationen, Kloster Arnsburg, Lich

Überblick

- Der Begriff „Audit" wird in vielen Bereichen mit genau definierten Anforderungen, Qualitätsmaßstäben und Prüfskizzen assoziiert. Anders dagegen bei Management-Audits: Hier liegen inzwischen eine Vielzahl qualitativ sehr unterschiedlicher Vorgehensweisen und Modelle vor.
- Neben der Qualität der eingesetzten Methoden und der Prozessqualität werden im Beitrag auch die Soziale Qualität, die Kontextqualität sowie Aspekte der Qualität des externen Partners und des Auftraggebers beleuchtet und erstmals klare Qualitätsanforderungen abgeleitet.
- Eine Checkliste bietet möglichen Anwendern und betroffenen Führungskräften eine Orientierungshilfe in Bezug auf die Beurteilung der Qualität eines Management-Audits.
- In einem Exkurs wird die Methodik des Intersessments als zeit- und kostenökonomische Variante skizziert. Sie dient der Verbesserung der methodischen Qualität des klassischen teilstrukturierten Consultantinterviews.

Einleitung

Mit dem Begriff Management-Audit werden eine Vielzahl unterschiedlicher Vorgehensweisen und Modelle assoziiert. Fast ebenso vielfältig sind die unternehmerischen Hintergründe, vor denen auf die Durchführung von Management-Audits zurückgegriffen wird – angefangen beim „klassischen" Einsatz im Rahmen von Unternehmenskäufen oder im Due Diligence-Verfahren über Umstrukturierungen bis hin zur strategischen Neuorientierung oder gar der langfristigen Potentialplanung eines Unternehmens.

Als gemeinsamer Nenner der verschiedenen Vorgehensweisen und Anwendungszusammenhänge bleibt letztendlich die Frage, wie das Potential einer (Top-)Führungskraft bezogen auf die zukünftigen Anforderungen bestmöglich ermittelt werden kann. Ziel ist der Abgleich (beziehungsweise die Anpassung) der im Unternehmen vorhandenen Potentiale mit den für die erfolgreiche Bewältigung der zukünftigen Aufgaben des Unternehmens erforderlichen Potentialen.

Führende Beratungsunternehmen in Deutschland haben jeweils ihre eigenen Vorgehensweisen entwickelt und dafür entsprechende Eigennamen kreiert (vgl. hierzu den Beitrag von Klaus Leciejewski, Abbildung 6, S. 27). Zudem setzen viele mittlere und kleinere Beratungsunternehmen ebenfalls eigene Methoden zur Potentialanalyse für Top-Führungskräfte in bezug auf die Eignung für zukünftige, veränderte Aufgaben ein. Dabei wird häufig – teilweise bewußt – der Begriff des „Management-Audits" vermieden. Zu den von Leciejewski genannten jährlich über einhundert Audits mit mehr als 2000 Teilnehmern in Deutschland kann nach Schätzung des Autors mindestens nochmals die gleiche Menge von Potentialanalysen für obere Führungskräfte mit ganz ähnlichen Anwendungshintergründen hinzugerechnet werden. So ist es kaum mehr möglich, sich einen Überblick über die angebotenen Methoden und Vorgehensweisen zu verschaffen. Jedes der von den Beratungsinstituten angebotenen Modelle erscheint in sich schlüssig und argumentativ gut begründet.

Wie also soll der besonnene Anwender – ob Aufsichtsrat oder Geschäftsführer, ob betroffene Führungskraft oder Vorsitzender des Betriebsrats – die Qualität eines angebotenen Management-Audits beurteilen? Wie valide oder aussagekräftig kann ein Audit überhaupt sein? Was ist bei der Auswahl eines externen Partners zu beachten, und unter

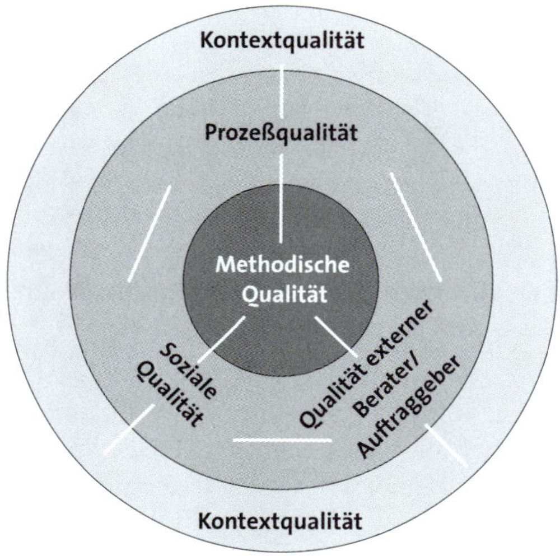

Abbildung 1: Qualitätsanforderungen an Management-Audits

welchen Umständen kann man sich auf die Analyseergebnisse verlassen? Für diese und ähnliche Fragen soll dieser Beitrag eine Hilfestellung sein.

Eine Kernfrage ist dabei: Was macht die Validität, also die Vorhersagekraft zukünftiger Leistungen der Führungskraft, eines Management-Audits aus? Der Begriff Validität wird hierbei der Einfachheit halber gleichgesetzt mit der Qualität der Aussage oder der Gültigkeit der Ergebnisse der Potentialanalyse – auf die Feinheiten der wissenschaftlichen Diskussion in bezug auf die verschiedenen Begriffsbestimmungen der Personalpsychologie (z.B. prädiktive Validität, Konstruktvalidität, Kriteriumsvalidität) soll in diesem Praxisbeitrag nicht eingegangen werden.

Neben der methodischen Qualität beziehungsweise im engeren Sinn der prognostischen Güte der eingesetzten Methoden sind bei einem umfassenden Qualitätscheck weitere Facetten zu betrachten. Dazu gehören die „Prozeßqualität“ und die „Soziale Qualität“ des Management-Audits sowie die Berücksichtigung von Kontextbedingungen (z.B. kulturelle Unterschiede). Wir schlagen deshalb einen Qualitätscheck nach den folgenden Kategorien vor, in die sich auch dieser Beitrag gliedert (vgl. Abbildung 1):

A) Prozeßqualität

B) Methodische Qualität

C) Soziale Qualität

D) Kontextqualität (kultureller Kontext)

E) Aspekte der Qualität des externen Beraters/Auftraggebers

Dabei liegt der Schwerpunkt der Betrachtung auf der methodischen Qualität und der Prozeßqualität. Die anderen Kategorien, insbesondere die Soziale Qualität und die Kontextqualität (kulturelles Umfeld) werden nur kurz beleuchtet, wenngleich natürlich auch Wechselwirkungen zwischen den verschiedenen Qualitätsbereichen bestehen. Am Ende dieses Beitrags werden die wichtigsten Punkte pro Kategorie zudem in Form einer Checkliste festgehalten.

A) Prozeßqualität

Die grundlegenden Schritte im Audit-Prozeß sind zusammengefaßt:

1. Klare Orientierung des Top-Managements sowie des externen Partners über die künftige, zumindest mittelfristige strategische Ausrichtung des Unternehmens
2. Definition der Anforderungen an das Managementteam und idealerweise Definition und Abstimmung der Anforderungen an die einzelnen Managementpositionen
3. Anpassung des Audit-Instruments an die unternehmensspezifischen sowie die positionsspezifischen Anforderungen
4. Vorstellung und Begründung des Management-Audits sowie der vor- und nachgelagerten Prozesse vor den Führungskräften
5. Durchführung des Audits: strukturierte Interviews (meist ausschließlich durch externe Berater), teilweise Selbst- und Fremdeinschätzungen mittels Fragebogen, teilweise weitere Übungen/Fallstudien, teilweise Nutzung bereits vorhandener Daten (z.B. Beurteilungen, Leistungsergebnisse)

6. Auswertung und Aufbereitung der Ergebnisse mit Handlungsempfehlungen
7. Präsentation vor dem Top-Management und Umsetzungsplanung
8. Rückmeldung, zum Teil in Form von Feedback-Gesprächen, an die Führungskräfte.

Angesichts der großen Heterogenität der eingesetzten Methoden ist es erfreulich, daß in bezug auf die Prozeßgestaltung zumindest die grundlegenden Schritte bei den meisten Anbietern vergleichbar sind. Deutliche Qualitätsunterschiede gibt es dagegen in der Ausgestaltung der einzelnen Projektphasen.

1./2. Orientierung über die strategische Ausrichtung und Definition der Anforderungen

Es ist natürlich ein Unterschied, ob ein Vorstand über die mittelfristige strategische Ausrichtung und davon abgeleitet über die Anforderungen an einzelne Managementpositionen in einem mehrtägigen Workshop Konsens erzielt, oder ob ein externer Berater auf der Grundlage eines Briefings positionsspezifische Anforderungen definiert oder ob lediglich allgemeine, teilweise konfliktuöse „strategische Tendenzaussagen" einzelner Vorstandsmitglieder vorliegen und auf positionsspezifische Ableitungen ganz verzichtet wird. Als Qualitätsmerkmal für einen überzeugenden und nachhaltigen Audit-Prozeß bleibt festzuhalten:

- starke Einbindung und Commitment des Vorstandes/Geschäftsführung
- Konsens über die mittelfristige Unternehmensstrategie und die daraus abgeleiteten Anforderungen an die Unternehmensfunktion/Positionen
- Konkretisierung und Beschreibung der Anforderungen in möglichst klar voneinander abgegrenzten Kompetenzbereichen.

3. Anpassung des Audit-Instruments

Die Anpassung des Audit-Instruments an die unternehmensspezifischen sowie die positionsspezifischen Anforderungen sollte grundsätzlicher

Standard sein. Das heißt, die Methoden und beispielsweise die eingesetzten Fragen müssen auf die spezifische Aufgabenstellung des Unternehmens und die definierten Schlüsselkompetenzen ausgerichtet sein. Nur in begründeten Ausnahmefällen, z.B. dem expliziten Wunsch der Unternehmensführung, lediglich ein grobes Stärken-Schwächenprofil unabhängig von der derzeitigen und zukünftigen Eignung für bestimmte Positionen zu erhalten, kann auf eine positionsspezifische Anpassung verzichtet werden. In diesem Fall erlauben die Ergebnisse natürlich auch nur eine begrenzte Aussage darüber, ob beispielsweise der derzeitige Positionsinhaber den zukünftigen Anforderungen gerade dieser Managementposition gewachsen ist. Prüfkriterien in bezug auf die Anpassung sind:

- Anpassung des Audit-Instruments an die unternehmensspezifischen sowie die positionsspezifischen Anforderungen
- Ausrichtung der eingesetzten Methoden/Fragen auf die spezifische Fragestellung des Unternehmens und die definierten Schlüsselkompetenzen.

4. Vorstellung und Begründung des Management-Audits vor den Führungskräften

Weitere wesentliche Unterschiede bestehen in der Information der betroffenen Führungskräfte über Hintergrund und Zielsetzung des Audits sowie der möglichen Konsequenzen. Es ist sinnvoll und fair, im Vorfeld der Durchführung des Audits klare Spielregeln für den Umgang mit den Ergebnissen festzulegen und diese auch an die Beteiligten zu kommunizieren (u.a. Wer bekommt wenn welche Ergebnisse in welcher Form? Wie lange werden diese gegebenenfalls aufbewahrt? Wie wird weiter mit den Ergebnissen umgegangen? Gibt es für jede teilnehmende Führungskraft ein Feedback-Gespräch? In welchem Zeitrahmen nach der Durchführung des Audits?) Für unsere Checkliste können wir ergänzen:

- ausführliche Begründung und Information über das Management-Audit sowie die vor- und nachgelagerten Prozesse vor den Führungskräften
- Vereinbarung und Kommunikation von Spielregeln für den Umgang mit den Ergebnissen.

5. Durchführung des Audits

Auf den Punkt Durchführung des Audits, die dabei eingesetzten Methoden und die Qualifikation der Durchführenden wird in Teil B) Methodenqualität eingegangen.

6. Auswertung und Aufbereitung der Ergebnisse mit Handlungsempfehlungen

Erhebliche Unterschiede gibt es auch in der Qualität der Ergebnisaufbereitung. Meistens gibt es neben einer numerischen oder grafischen Aufbereitung der Ergebnisse z.B. in Profilform auch ein schriftliches Gutachten oder Potentialbeschreibung. Teilweise erfolgt auch die Clusterung der Kandidaten vor dem Hintergrund typisierender Modelle (Stars und Talente, Problemfälle und Leistungsträger oder Traktoren, Promotoren, Boykotteure, Stille Verbündete etc.). Diese Typisierungen sind zwar sehr anschaulich und vereinfachend für das Management, für die Betroffenen jedoch wenig hilfreich. Für die schriftliche Begutachtung gilt in der Regel: Qualität hat ihren Preis. Wer den betroffenen Führungskräften und gegebenenfalls der Personalentwicklung einen echten Mehrwert bieten möchte, sollte nicht bei den Gutachten sparen. Ansonsten besteht leicht die Gefahr, daß letztendlich vorgefertigte Textbausteine oder auch von Praktikanten auf der Grundlage von Beobachtungsnotizen vorbereitete Gutachten und teilweise nicht nachvollziehbare Schlußfolgerungen vorliegen. Qualitätskriterien für die Gutachten sollten sein:

- Ausschließliche Abfassung durch den durchführenden Interviewer/Auditor
- Herstellung von Transparenz zwischen Beobachtungen, Beurteilungen und Schlußfolgerungen aus den Ergebnissen, am besten pro Anforderungsbereich
- Ableitung von Handlungsempfehlungen und gegebenenfalls Entwicklungshinweisen.

7./8. Präsentation vor dem Top-Management und Umsetzungsplanung sowie Rückmeldung der Ergebnisse an die Führungskräfte

Bei den Punkten Präsentation vor dem Top-Management und Umsetzungsplanung sowie Rückmeldung der Ergebnisse an die Führungskräfte treten in der Praxis wenige Problempunkte auf. Eine neutrale und sachbezogene Darstellung der Ergebnisse und Hinweise für die Umsetzungsplanung kann eigentlich bei jedem seriösen Beratungsunternehmen vorausgesetzt werden. Ebenso gehört das Führen von professionellen Feedback-Gesprächen zum Standardrepertoire eines Beraters. Allerdings sollte das Führen von ausführlichen Feedback-Gesprächen – auch in den kritischen Fällen – als Teil des Standardprozesses definiert werden (vgl. Teil C) Soziale Qualität). Form und Inhalt der Rückmeldung an die Führungskräfte sollten in einem professionellen und glaubwürdigen Prozeß grundsätzlich schon vor der Durchführung feststehen und auch kommuniziert und nicht wie in vielen Fällen erst bei der Vorstellung der Ergebnisse im Vorstand diskutiert werden. Ein Abhängigmachen der Rückmeldung von den Ergebnissen ist auch schon von daher

Beurteiler: / Methoden:	Externer Berater	Betroffene Führungskraft	Kollegen	Vorgesetzter	Geschäftspartner
Strukturiertes Interview	X				
Fallstudie	X				
Fragebogen, alternativ Kurzinterviews		X	X	X	X
Leistungsbeurteilung				X	

Abbildung 2: Beispiele für typische Methoden und Beurteiler/Perspektiven

problematisch, als es schwierig ist, für „Leistungsträger“, „Mittelklasse“ und „Problemfälle“ unterschiedliche Rückmeldeformen zu implementieren. Festgehalten werden kann:

- Form und Inhalt der Rückmeldung an die Führungskräfte grundsätzlich schon vor der Durchführung festlegen und kommunizieren.

B) Methodische Qualität

Zum besseren Verständnis der heute vorhandenen vielfältigen Formen des Management-Audits ist anzumerken, daß sich das Verfahren des Management-Audits historisch gesehen aus einer marktwirtschaftlichen „Bedarfssituation“ heraus entwickelt hat. Die zunehmende Zahl von Mergers and Acquisitions Anfang der neunziger Jahre hat das Bedürfnis verstärkt, sich in relativ kurzer Zeit einen umfassenden Überblick über die „Qualität“ der Führungsmannschaft zu verschaffen. Die angesprochenen Beratungsinstitute haben dabei zunächst überwiegend auf die bei ihnen bereits vorhandenen Methoden der Personalauswahl und -beurteilung (Interviews, Fragebogen zum Selbst- und Fremdbild, Fallstudien etc., vgl. Abbildung 2) zurückgegriffen, diese an die entsprechende Aufgabenstellung des Management-Audits angepaßt und in der Folge weiter verfeinert.

Deshalb ist es auch nicht verwunderlich, daß die methodischen Ansätze und die methodische Qualität – anders als bei eignungsdiagnostischen Verfahren, die stärker im wissenschaftlichen Bereich geprägt und dann auf den Wirtschaftsbereich übertragen wurden – sehr heterogen sind. Praktikabilitäts- und Plausibilitätskriterien scheinen dabei teilweise im Vordergrund gestanden zu haben – bei dem sicherlich auch gleichzeitig vorhandenen Bemühen um eine „vernünftige“ methodische Qualität des Verfahrens.

Methodische Anleihen gibt es je nach Anbieter im Bereich Einzel-Assessment Center, bei 360°-Feedback-Systemen oder auch im Bereich des Performance Appraisal. In fast allen Verfahren hat sich ein strukturiertes Interview als ein wesentlicher Bestandteil durchgesetzt. Erhebliche Unterschiede bestehen in den neben dem Interview eingesetzten weiteren methodischen Bestandteilen (z.B. Fallstudie, Selbsteinschätzungsbogen) und den – neben dem externen Berater – in den Audit-Prozeß einbezogenen Personengruppen (z.B. Kollegen, Geschäftspartner, Vorgesetzte der Führungskräfte) sowie gegebenenfalls weiteren Informationsquellen (z.B. besondere Leistungen in der Vergangenheit). Unterschiede, teilweise begrifflicher, teilweise inhaltlicher Natur, bestehen auch in den erfaßten Kompetenzbereichen und in der Art der Integration und Gewichtung der Daten aus den verschiedenen Informationsquellen. Die meisten „Audit-Systeme" erscheinen in sich schlüssig, und es würde den Rahmen dieses Beitrags sprengen, die verschiedenen Ansätze miteinander zu vergleichen. Natürlich wird kein Verfahren eine perfekte Prognose der Leistungsfähigkeit von Führungskräften bezogen auf bestimmte zukünftige Anforderungen ermöglichen. Um jedoch eine hohe Trefferquote zu gewährleisten, gibt es bestimmte Grundprinzipien, die – wenn sie in einem Verfahren berücksichtigt werden – die Wahrscheinlichkeit für eine zuverlässige, valide Aussage deutlich erhöhen.

Wichtige Prinzipien zur Gewährleistung einer hohen Qualität sind dabei:

1. Anforderungsorientiertes Vorgehen,
2. Multi-methodaler Ansatz,
3. Nutzung verschiedener Informationsquellen/Perspektiven,
4. Mehraugenprinzip,
5. Strukturiertheit des Interviews/des Verfahrens,
6. Qualifikation des/der Durchführenden,
7. Transparenz und klare Darlegung von Beobachtungen/Rückschlüssen/ Interpretationen.

1. Anforderungsorientiertes Vorgehen

Auf die Notwendigkeit und die unterschiedliche Ausgestaltung der Definition von Anforderungsprofilen wurde bereits im Abschnitt Prozeßqualität eingegangen. Ergänzende Qualitätskriterien sind:

a) Die Anforderungsbereiche sind klar definiert und durch konkrete Verhaltensweisen beschrieben. Das heißt, es ist klar beschrieben, welche Verhaltensweisen zu einer hohen Bewertung und welche zu einer niedrigen Bewertung in einem Kompetenzbereich führen.

b) Die einzelnen Anforderungs- oder Kompetenzbereiche sind möglichst „trennscharf" definiert, d.h. inhaltlich klar voneinander abgegrenzt, so daß das gleiche Verhalten nicht mehrfach erfaßt und in unterschiedlichen Begriffen dargestellt wird.

c) Neben den Anforderungsbereichen ist auch die Höhe der erforderlichen Ausprägung im jeweiligen Kompetenzbereich festgelegt – idealerweise für die einzelnen Positionen (beispielsweise anhand eines numerischen/grafischen Sollprofils).

2. Multi-methodaler Ansatz

Dieser Grundsatz aus der Eignungsdiagnostik besagt, daß die valide Messung eines Merkmals am besten gelingt, wenn dieses mehrfach, und zwar mit unterschiedlichen Methoden erfaßt wird (vgl. Multi-trait-multi-method-Messungen zur Konstruktvalidität). Da jede Methode für sich genommen mit bestimmten Fehlerquellen behaftet ist, ist die Erfassung eines Merkmals auf verschiedene Art und Weise, also mit unterschiedlichen Methoden, am zuverlässigsten. Natürlich haben auch die eingesetzten Methoden per se eine unterschiedliche Aussagekraft. Ein freies Gespräch hat im Schnitt eine geringere Validität als ein teilstrukturiertes Interview oder ein komplettes Assessment Center, ein Feedback von zehn unterschiedlichen Kollegen und Geschäftspartnern besitzt in der Regel eine höhere Aussagekraft als eine Selbstbeschreibung. Die Güte der unterschiedlichen Methoden in ihren verschiedenen Ausgestaltungen an dieser Stelle zu diskutieren würde den Rahmen dieses Beitrags überschreiten. Als Minimalvariante für Managment-Audits schlagen wir vor, daß ein Kompetenzbereich durch mindestens zwei unterschiedliche Methoden erfaßt werden sollte. Demgemäß wäre das ausschließliche Durchführen eines zweistündigen strukturierten Interviews nicht als ausreichend für eine valide Messung anzusehen, auch nicht, wenn es mit zwei Interviewern erfolgt. Hinzukommen sollten beispielsweise das Fremdbild durch die Kollegen oder weitere Übungen und Informationsquellen. In Assessment Centern gilt übrigens häufig als Standard, daß ein Kompetenzbereich in mindestens drei verschiedenen Übungen erfaßt werden sollte. Als Qualitätskriterium halten wir fest:

- Jeder Kompetenzbereich wird durch mindestens zwei, idealerweise drei oder mehr unterschiedliche Methoden erfaßt.

3. Nutzung verschiedener Informationsquellen/Perspektiven

Grundsätzlich ist es sinnvoll, möglichst viele unterschiedliche Informationsquellen und Perspektiven in den Audit-Prozeß einzubeziehen. Natürlich können je nach Anwendungshintergrund und Zielsetzung des Audits, beispielsweise im Rahmen von Akquisitionen, bestimmte Informationsquellen nicht oder nur sehr schwer zugänglich oder kann deren Nutzung aus politischen Gründen nicht sinnvoll sein. Das von externen Beratern durchgeführte strukturierte Interview mit der betroffenen Führungskraft ist in der Regel eine sehr wichtige und oftmals entscheidende Informationsquelle. Es gibt wie weiter unten aufgeführt aus methodischer Sicht und angesichts der Bedeutung der Ergebnisse jedoch erhebliche Einwände, sich ausschließlich auf diese Informationsquelle zu verlassen. Als Mindestqualitätsmaß sollte gelten, daß bei der Datengenerierung auf mindestens zwei relativ unabhängige Informationsquellen Bezug genommen wird, beispielsweise Interview durch externen Berater und Befragung der Kollegen oder Rückgriff auf, sofern vorhanden, aktuelle Leistungsbeurteilungen durch den Vorgesetzten.

Zudem sollte stets geprüft werden, inwieweit nicht internes Personal in die Durchführung der Audits eingebunden werden kann, beispielsweise interne Berater oder Mitarbeiter der Personalentwicklung. In bestimmten Situationen kann dies aus politischen Gründen nicht gewünscht sein, teilweise ist auch kein internes Personal mit entsprechendem Qualifikationsprofil vorhanden (vgl. 6. Qualifikation des/der Durchführenden). In vielen Fällen kann es jedoch ein wichtiges Ziel sein, Wissen und methodisches Know-how ins Unternehmen zu transferieren – gerade in bezug auf die zyklische Anpassung der Personalpotentiale an strategische Veränderungen. Als Qualitätskriterien können hieraus abgeleitet werden:

- Bei der Datengenerierung wird auf mindestens zwei unterschiedliche Informationsquellen/Perspektiven zurückgegriffen.
- Es gibt das Angebot, das Wissen und das methodische Know-how transparent zu machen und wenn möglich auch interne Experten in die Durchführung von Audits einzubeziehen.

4. Mehraugenprinzip

Die Potentialanalyseverfahren – ob Interviewform oder weitere Übungen – sollten grundsätzlich von zwei Personen durchgeführt werden. Dies hat neben praktischen Erwägungen vor allem den Grund, daß „mehr Augen tatsächlich mehr sehen", d.h. mehr und genauer beobachten können. Auch durch den Abgleich und die offene Diskussion über die gemachten Beobachtungen und Ergebnisse können Aspekte ins Bewußtsein rücken, die sonst möglicherweise unbeachtet geblieben wären. Auch nie auszuschließende Sympathieeffekte können dadurch verringert werden. Allerdings darf nicht als Trugschluß angenommen werden, daß der Einsatz von zwei Personen Beobachtungsfehler und Interviewereffekte quasi automatisch reduzieren würde. Beobachtungs- und Beurteilungsfehler lassen sich am besten durch bestimmte Strukturierungshilfen eindämmen. Insbesondere bei großvolumigen, teilweise mehrere hundert Führungskräfte umfassenden Audits sollte außerdem darauf geachtet werden, daß sich keine festen „Interviewerpärchen" bilden, sondern die Berater in wechselnden Zusammensetzungen zusammenarbeiten. Zu achten ist zusammenfassend insbesondere auf:

- Durchführung der Audits grundsätzlich von zwei Personen, wobei dies zwei externe Berater oder ein externer und ein interner Experte sein können
- wechselnde Paarbildung bei den Interviewern/Auditoren/Assessoren.

5. Strukturiertheit des Interviews/des Verfahrens

Bevor auf verschiedene Anforderungen in bezug auf die Strukturierung des Audits eingegangen wird, soll kurz auf den Zusammenhang zwischen Minimaldauer und Aussagekraft des Verfahrens hingewiesen werden. Natürlich besteht kein lineares Verhältnis zwischen der Dauer und der Aussagekraft eines Audits. Mit zunehmender Länge des Verfahrens steigt nicht automatisch die Qualität, und ein methodisch schlecht angelegtes Audit wird auch durch einen hohen zeitlichen Aufwand in der Durchführung nicht besser. Andererseits gilt der Umkehrschluß, daß eine umfassende und zutreffende Potentialanalyse zu definierten Kompetenzbereichen einen bestimmten zeitlichen Mindestaufwand benötigt. Möglicherweise versprochene „Short Cuts" – quasi die „30 Minuten Blickdiagnose" sind unseriös. Es gibt weder die „Wunderberater", die nach einem einstündigen Interview das Potential einer Führungskraft umfassend beschreiben können, noch die zuverlässigen Persönlichkeitstests oder Selbstbeschreibungsbögen, die nach 10–15 Minuten ein auch nur annähernd valides und für die Zwecke des Management-Audits brauchbares Bild liefern. Bei einem seriösen Potentialanalyseverfahren mit einem strukturierten Interview muß man von mindestens zwei Stunden, gegebenenfalls bei Kombination mit weiteren Übungen von drei bis vier Stunden pro Teilnehmer ausgehen.

- Das Audit beziehungsweise die im Audit angewandten Potentialdiagnoseverfahren wie z. B. ein strukturiertes Interview dauern insgesamt minimal zwei Stunden pro Teilnehmer.

Da sich ein längeres Consultantinterview als Kernbestandteil in fast allen Formen des Management-Audits durchgesetzt hat, soll im folgenden exemplarisch auf die methodischen Aspekte der Strukturierung dieser Vorgehensweise kurz eingegangen werden. Zudem wird abschließend in einem Exkurs „Intersessment" eine Möglichkeit dargestellt, mit der die methodische Qualität von Audits gesteigert werden könnte. Auf die anderen eingesetzten Methoden (Fragebogen, Fallstudien etc.) im Detail einzugehen würde den Rahmen dieses Beitrags sprengen. Hier sind grundsätzlich ähnliche Anforderungen in bezug auf die Strukturiertheit der Durchführung, Auswertung und Beurteilung zu stellen wie beim Consultantinterview.

Grundsätzlich ist festzustellen, daß die Aussagekraft eines teilstrukturierten oder strukturierten Interviews höher ist als die Durchführung eines mehr oder weniger unstrukturierten Interviews. Die über Jahrzehnte hinweg erarbeiteten wissenschaftlichen Forschungsergebnisse diesbezüglich sind eindeutig. Der teilweise verbreiteten Meinung, daß zwei erfahrene Berater in einem intensiveren Gespräch schon die Stärken und Schwächen eines Teilnehmers zuverlässig ermitteln könnten, ist deshalb nicht zuzustimmen. Es gibt genügend Beispiele aus der Praxis, in denen auch sehr erfahrene Interviewer – Personalleiter, Personalvorstände und Berater – in ihrer subjektiven Einschätzung „daneben liegen". Natürlich ist Erfahrung ein wichtiges Qualitätskriterium, allerdings – wie von selbstkritischen Zeitgenossen immer wieder bestätigt wird – schützt langjährige Erfahrung in der Personalbeurteilung und Gesprächsführung noch längst nicht vor Beobachtungsfehlern und Interviewereffekten.

Es gibt verschiedene Ansätze, die Aussagekraft von Interviews zu steigern: Mischung freier und strukturierter Gesprächsanteile, situative Fragen, biographiebezogene Fragen, Competency Based Interviewing, BARS Skalen (Behavioral Anchored Rating Scales) zur Einschätzung der Antworten des Interviewten. Dabei hat auch das „Bauchgefühl" durchaus seine Berechtigung und kann im Sinne eines summarischen Eindrucks als eine Facette im Ergebnisprofil festgehalten werden. Auf die einzelnen Interviewtechniken näher einzugehen würde zu weit führen. Als Grundanforderungen in bezug auf eine (Teil-)Strukturierung des Interviews können jedoch formuliert werden:

- Das Interview sollte mindestens teilstrukturiert sein, und die verschiedenen Kompetenzbereiche sollen durch klar definierte und abgegrenzte Fragenbereiche erfaßt werden.
- Die Zuordnung von Fragen und Beobachtungskategorien zu Kompetenzbereichen sollte klar erkennbar sein.

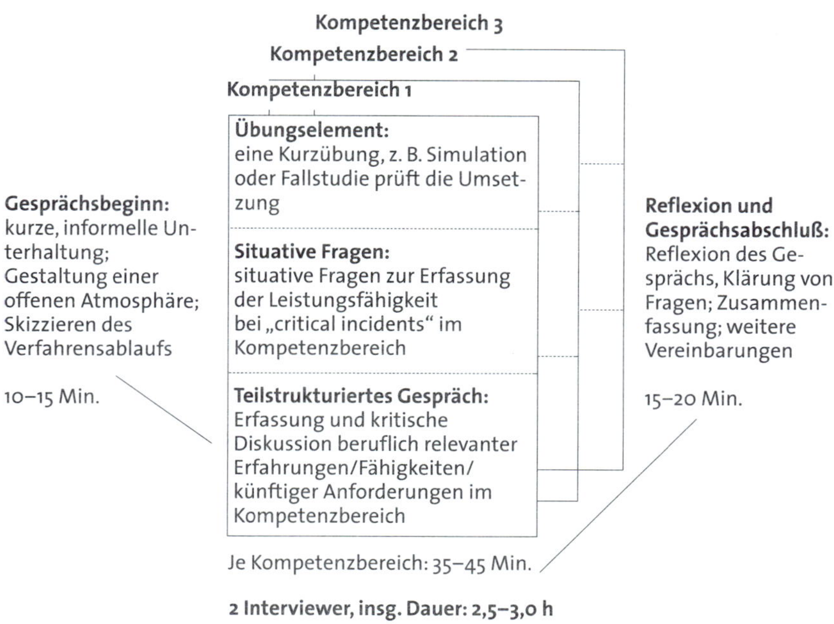

Abbildung 3: Ablauf eines Intersessments

- Es muß klar nachvollziehbar sein, aufgrund welcher Kriterien, Aussagen oder Verhaltensweisen eine bestimmte Bewertung in den einzelnen Kompetenzbereichen zustande kommt (Bewertungsmodus).
- Der Auswertungsmodus muß transparent und nachvollziehbar sein (beispielsweise durch zahlenmäßige Ratings pro Kompetenzbereich von jedem Interviewer, die anschließend gemittelt und bei größeren Abweichungen diskutiert werden).

Exkurs: Intersessments als zeit- und kostenökonomische Möglichkeit zur Erhöhung der methodischen Qualität in Management-Audits.

Was ist ein Intersessment und wie läuft es ab?

Der Begriff „Intersessment" ist ein Kunstwort, abgeleitet von Interview und Assessment. Das Intersessment ist eine Methode zur anforderungsorientierten Potentialeinschätzung, welche die Elemente eines multimethodalen Interviews und Bausteine aus dem Assessment Center in einem integrierten Verfahren kombiniert. Dem Intersessment liegt ein kompetenzbezogener Ablauf zugrunde, in dem jede Kompetenz mehrfach mit verschiedenen Methoden überprüft wird: a) mit einem teilstrukturierten Interview, b) mit situativen Fragen und c) mit Kurzübungen.

Ein Intersessment dauert ca. 2,5 bis 3 Stunden und wird von zwei Interviewern durchgeführt. Die verschiedenen Kompetenzbereiche werden in Blöcke strukturiert (z.B. Führungspotentiale, Problemlösefähigkeit und Organisationskompetenz, soziale Kompetenzen, Veränderungsbereitschaft und Innovationspotential). Diese werden in einem zyklischen Ablauf nacheinander bearbeitet, zunächst jeweils im Rahmen eines teilstrukturierten Gesprächs, dann über situative Fragen und dann in einem Umsetzungscheck (Kurzübung, z.B. Kurzzrollenspiel oder kurze Fallübung). Anschließend wird zum nächsten Kompetenzbereich übergegangen (vgl. Abbildung 3).

Welches sind die wesentlichen methodischen Verbesserungen und Vorteile?

Das Intersessment als möglicher Kernbestandteil eines Management-Audits erfüllt die meisten methodischen Anforderungen an ein hochwertiges Management-Audit: Das Verfahren ist anforderungsorientiert, die Fragen und Übungen/Simulationen werden nach Anforderungen zusammengestellt. Jede Kompetenz wird von drei verschiedenen methodischen Ansätzen erfaßt, d.h. der Grundsatz des multimethodalen Vorgehens ist erfüllt, das Mehraugenprinzip ist gewährleistet und ebenso die Teilstrukturiertheit des Verfahrens.

Ohne das „Bauchgefühl" außer acht zu lassen ist auch nach Ablauf des Verfahrens später genau nachvollziehbar, wie welche Ergebnisse zustande gekommen sind; die Beobachtungen, Auswertungs- und Bewertungsmodi sind transparent, nachvollziehbar und vollständig dokumentiert. Zudem ist das Verfahren bewußt dergestalt strukturiert, daß typische Beobachtungs- und Bewertungsfehler deutlich reduziert werden. Das Instrument sollte allerdings noch um mindestens eine weitere Informationsquelle, beispielsweise die Einschätzung durch Kollegen, ergänzt werden, um als sinnvolles Audit-Verfahren eingesetzt werden zu können. Intersessments überwinden die Defizite klassischer teilstrukturierter Consultantinterviews und nutzen die Vorteile multimethodaler Interview- und Assessment Center-Technik. Sie sind zeit- und kostenökonomisch und für Teilnehmer und Durchführende insofern sehr angenehm, als die einzelnen Bestandteile und Methoden in einen einheitlichen Ablauf eingebettet sind.

6. Qualifikation des/der Durchführenden

Allgemeine Qualitätskriterien für die das Audit durchführenden Personen beziehungsweise Berater aufzustellen ist insofern ein sehr undankbares Unterfangen, als man sich in jedem Fall die Schelte derer einfängt, die das Gefühl haben, dabei zu schlecht weggekommen zu sein. Auffallend ist zudem, daß gegebene Empfehlungen bezüglich der Qualifikation der Berater teilweise weniger von inhaltlichen Gesichtspunkten, sondern stärker davon abzuhängen scheinen, welche personellen Ressourcen das jeweilige Beratungsinstitut anzubieten hat. Dabei ist der Reigen der potentiellen Auditoren/Assessoren sehr bunt: angefangen von methodenorientierten Diplompsychologen, die oft ihre ersten Berufserfahrungen in der Personalberatung sammeln („engagierter Frischling“, Gruppe der 24 bis 28jährigen) über Senior Consultants mit fünf bis zehn Jahren Beratungserfahrung (Gruppe der 30er bis Anfang 40er) bis hin zu kürzlich ins Beratungsgeschäft eingestiegenen, sehr lebenserfahrenen und sich stark auf die eigene „Menschenkenntnis“ und das „Bauchgefühl“ verlassenden ehemaligen Personalleitern oder Führungskräften ganz unterschiedlicher fachlicher Couleur, Ingenieure, Betriebswirte etc. („Frühpensionäre“, Gruppe der über 50jährigen).

Jede der typisierten Beratergruppen hat für sich genommen ihre Berechtigung, und natürlich hängt die Qualität eines Beraters in erster Linie von seinen sozialen und fachlichen Kompetenzen, seiner Persönlichkeit und den tatsächlich gemachten Erfahrungen im Bereich von Audits/Potentialanalysen ab. Dennoch dürften beispielsweise Akzeptanzprobleme bei der Gruppe der unter 30jährigen mit wenig Berufserfahrung statistisch gesehen deutlich häufiger auftreten als bei den anderen Gruppen.

Als ersten Ansatz zur Definition von Mindestqualifikationen schlagen wir vor:

- Ein Mindestalter für alle an der Durchführung der Audits beteiligten Berater von 30 Jahren.
- Studienhintergrund Psychologie, idealerweise mit Schwerpunkt auf beruflicher Eignungsdiagnostik und mindestens fünf Jahre Berufserfahrung, davon mindestens zwei Jahre im Bereich der Personalberatung (mit Schwerpunkten in Personalauswahl/ Personalbeurteilung/Potentialanalyse).
- Für andere Studienhintergründe, z.B. Betriebswirtschaft, Jura, Ingenieurwesen: mindestens fünf Jahre Berufserfahrung in für die Tätigkeit relevanten Bereichen (z.B. Personalleiter, Personalentwickler, Personalreferent), davon mindestens zwei Jahre im Bereich der Personalberatung (mit Schwerpunkten in Personalauswahl/Personalbeurteilung/Potentialanalyse).

Diese Anforderungen erscheinen vielleicht auf den ersten Blick eher niedrig – es gibt jedoch genügend Hinweise dafür, daß diese Mindestqualifikationen längst nicht in jedem Fall erfüllt waren oder sind. Das auftraggebende Unternehmen ist also gut damit beraten, sich die Kompetenzprofile der einzelnen Berater genau anzuschauen, auch und gerade bei großvolumigen Audit-Projekten.

- Das Kompetenzprofil jedes bei der Durchführung der Audits eingesetzten Beraters liegt vor, erfüllt die oben genannten Mindestvoraussetzungen und erscheint in sich überzeugend für die zuverlässige Durchführung der Audits und die daraus resultierende Potentialbeschreibung.

Bemerkenswert ist auch, daß die Durchführung von Management-Audits deutlich weniger stark eine Domäne der Berater mit psychologischem Qualifikationshintergrund ist als beispielsweise die Durchführung von Einzel-Assessment Centern. Zu erwähnen ist im Zusammenhang mit der Qualifikation des Durchführenden auch, daß in bestimmten Ländern, beispielsweise den USA, rechtliche Vorschriften in bezug auf die erforderliche Qualifikation für die Durchführung von psychologischen Testverfahren existieren. So gibt es abgestufte Klassifizierungen, viele Verfahren dürfen beispielsweise nur von Psychologen eingesetzt werden, und ohne den erforderlichen Qualifikationsnachweis sind diese häufig noch nicht einmal im Handel erhältlich. Die Forderung, für die Durchführung von Management-Audits ebenfalls ausschließlich Diplompsychologen einzusetzen – die zweifelsohne im Vergleich mit anderen Fachrichtungen durch das Studium wesentlich besser auf diese Aufgabe vorbereitet sind –, erscheint jedoch insofern nicht angemessen, als daß das für die Aufgabe notwendige Wissen möglicherweise auch im späteren Berufsleben „on the job“ oder durch entsprechende Weiterqualifikationen erworben werden kann. In jedem Fall müssen – auch unter rechtlichen Gesichtspunkten – Personen, die Audits durchführen, für diese Aufgabe hinreichend ausgebildet sein.

7. Transparenz und klare Darlegung von Beobachtungen/Rückschlüssen/Interpretationen

Auf die Transparenz und klare Darlegung von Beobachtungen/Rückschlüssen/Interpretationen wurde bereits unter 5. hinsichtlich der Strukturiertheit des Interviews Bezug genommen. Dies gilt analog für alle anderen eingesetzten Verfahren. Hierbei geht es stets darum, daß die Zuordnung von Verhaltensweisen oder Aussagen zu Kompetenzbereichen sowie der Auswertungs- und Beurteilungsmodus für Dritte, beispielsweise für den Auftraggeber transparent und nachvollziehbar sein muß – der auditierten Führungskraft muß dies während des Verfahrens natürlich nicht bekannt sein.

So muß beispielsweise bei Fallstudien klar erkennbar sein, welche Aspekte der Aufgabenbearbeitung welchen Kompetenzbereichen zugeordnet sind und wie die Bewertung zustande kommt. Bei Fragebogenaktionen muß beispielsweise dargelegt werden, welche Fragen welchen Kompetenzbereichen zugeordnet sind, wie und warum diese gegebenenfalls gewichtet sind und wie der Ergebniswert pro Kompetenzbereich berechnet wird.

Auch das Vorgehen, wie die Daten aus den verschiedenen Elementen der Potentialanalyse abschließend in Gesamtwerte integriert und gegebenenfalls interpretiert werden, muß transparent, nachvollziehbar und begründet sein. Anforderungen an die Transparenz der Ergebnisfindung sind zusammengefaßt:

- Die Zuordnung von Verhaltensweisen oder Aussagen zu den einzelnen Kompetenzbereichen ist für jede im Audit eingesetzte Methode definiert.
- Für jedes eingesetzte methodische Element ist klar nachvollziehbar, wie die Auswertung und die Bewertung in den Kompetenzbereichen erfolgt.
- Die Integration und mögliche Interpretation der Informationen aus den verschiedenen Bestandteilen des Verfahrens in eine Gesamtergebnis ist transparent, nachvollziehbar und begründet.

C) Soziale Qualität

Die Audit-Situation weist naturgemäß ein starkes Machtungleichgewicht zwischen den Auditierenden und dem Auditierten beziehungsweise zwischen dem Unternehmen und der betroffenen Führungskraft auf. Mit Sozialer Qualität ist ein Mindestmaß an Ausgeglichenheit, Reziprozität oder sozialer Fairneß im Audit-Prozeß gemeint, d.h. die Berücksichtigung und Wahrung berechtigter Interessen der Auditierten.

Dies ist nicht nur aus moralischen Gründen einsichtig. Auch für das Erzielen hochwertiger Audit-Ergebnisse ist eine bestimmte Akzeptanz des

Verfahrens bei den Betroffenen notwendig. Mangelnde Akzeptanz führt nicht nur zu Widerständen und Spannungen im Unternehmen, sondern erschwert zudem den Audit-Prozeß, da die betroffenen Führungskräfte sich während des Audits weniger offen verhalten, teilweise extremes „Self-Monitoring" (d.i. Überwachung und Kontrolle des eigenen Verhaltens) betreiben oder den Fortgang des Verfahrens mit mehr oder weniger offenen Formen des Widerstandes behindern.

Wenn die oben genannten Qualitätsanforderungen in bezug auf die Prozeßqualität (vgl. Teil A) berücksichtigt werden, trägt dies sicher schon deutlich zur Gewährleistung der Sozialen Qualität bei, insbesondere durch die Punkte:

- Ausführliche Begründung und Information über das Management-Audit sowie die vor- und nachgelagerten Prozesse vor den Führungskräften und die
- Vereinbarung und Kommunikation von Spielregeln.
- Ausführliche Potentialbeschreibungen mit Transparenz zwischen Beobachtungen, Beurteilungen und Schlußfolgerungen sowie die
- Ableitung von Handlungsempfehlungen und gegebenenfalls Entwicklungshinweisen.

Auch verschiedene Aspekte aus dem Bereich der Methodenqualität (vgl. Teil B) sind förderlich für eine hohe Akzeptanz des Verfahrens und die Wahrnehmung eines Mindestmaßes an sozialer Fairneß durch die Betroffenen, beispielsweise

- die Wahrnehmung, daß das Audit von entsprechend kompetenten und qualifizierten Beratern durchgeführt wird, und die
- Wahrnehmung, daß das Verfahren nicht „willkürlich", sondern nach einer bestimmten, nachvollziehbaren Systematik und Strukturierung abläuft.

Als ergänzende Kriterien für die Soziale Qualität des Verfahrens können genannt werden:

- eine angemessene Form der Rückmeldung der Ergebnisse an die einzelnen Führungskräfte, insbesondere in einem vertraulichen Vier-Augen-Gespräch,

- das Aufzeigen von Chancen, Verbesserungsmöglichkeiten und Handlungsalternativen in der schriftlichen Potentialbeschreibung und insbesondere im mündlichen Feedback-Gespräch,
- ein erstes kurzes Feedback beziehungsweise eine Reflexion über die Leistungen möglichst zeitnah, idealerweise bereits am Tag der Durchführung des Audits,
- das Aufstellen eines persönlichen Entwicklungs- oder Handlungsplans auch für die „Problemfälle" in einem Gespräch mit dem externen Berater, dem Vorgesetztem der Führungskraft (meist Vorstand/GF), gegebenenfalls der Personalabteilung und der betroffenen Führungskraft oder zumindest das Angebot für ein klärendes Gespräch.

D) Kontextqualität/Berücksichtigung des kulturellen Kontextes

Je nach kulturellem Kontext können die genannten Elemente der Prozeß-, Methoden- und Sozialen Qualität unterschiedlich bewertet werden. Möglicherweise ist die Durchführung von Management-Audits in bestimmten Kulturkreisen gar nicht sinnvoll, oder das Instrument und die Vorgehensweise müssen völlig neu definiert werden. (Vgl. hierzu den Beitrag von Claudia Müller in diesem Band.) Eine Darstellung, welche Qualitätsanforderungen in welchem Ausmaß in welchem kulturellen Kontext sinnvoll sind, würde den Rahmen dieses Beitrags überschreiten. Grundsätzlich scheint es sinnvoll – wie beispielsweise im Bereich interkultureller Trainings –, bei dem Vorhaben, Management-Audits in anderen Kulturkreisen durchzuführen, entsprechende Kontext-Experten hinzuzuziehen. Dies können beispielsweise einheimische Trainer und Berater sein, die mit den jeweiligen kulturellen Spielregeln vertraut sind. In einem bikulturell besetzten Team könnte dann eine Überprüfung der Chancen und Risiken einer Durchführung beziehungsweise eine Anpassung der Methodik an kulturell akzeptierte oder zumindest tragbare Vorgehensweisen durchgeführt werden. Als Mindestanforderungen können formuliert werden:

- Überprüfung der Chancen und Risiken einer Durchführung eines Management-Audits im jeweiligen Kulturkreis mit Hilfe von Kontextexperten.

- Gegebenenfalls Anpassung der Methodik an kulturell akzeptierte oder zumindest tragbare Vorgehensweisen durch ein gemischtes, kulturübergreifend besetztes Team.

E) Aspekte der Qualität des externen Beraters/des Auftraggebers

Auf zwei Qualitätsaspekte in bezug auf den externen Partner beziehungsweise die Spielarten der Zusammenarbeit zwischen externem Partner und Auftraggeber soll zunächst kurz eingegangen werden. Dies sind:

1. die Vermeidung von Interessenkonflikten beim externen Partner und
2. das Ausmaß der Instrumentalisierung des externen Beraters.

1. Die Vermeidung von Interessenkonflikten beim externen Partner

Für ein Beratungsunternehmen, das beim Auftraggeber die Rekrutierung von Spitzenkräften über Direct Search betreut und gleichzeitig die Management-Audits durchführt, besteht grundsätzlich ein Konfliktfeld. Wenn das Ergebnis des Management-Audits viele Problemfälle aufzeigt, bedeutet dies viele Anschlußaufträge im Search Bereich. Obwohl sicher viele Berater diese Bereiche bewußt voneinander zu trennen versuchen, so besteht doch immer die Gefahr und der Verdacht, daß insbesondere bei strittigen Fällen die Einschätzung doch schneller in Richtung „Problemfall" gehen könnte. Um sich als Unternehmen erst gar nicht einem solchem Verdacht auszusetzen, ist es besser, die Durchführung der Audits und die Durchführung der Search-Aktivitäten von verschiedenen Beratungsunternehmen durchführen zu lassen – ebenso wie viele Unternehmen bereits bewußt für die Personalbeschaffungsseite und die Personalentwicklungsseite grundsätzlich unterschiedliche Partner wählen.

- Der die Audits durchführende externe Partner ist nicht im Direct Search oder in anderen möglicherweise konkurrierenden Feldern im Unternehmen tätig.

2. Ausmaß der Instrumentalisierung des externen Beraters

Unternehmen, die sich ausschließlich auf die Einschätzung des externen Beraters verlassen, möchten sich häufig der Verantwortung entziehen, die sich aus der Durchführung und Umsetzung des Management-Audits ergibt. Hier ist auch für den externen Berater insofern Vorsicht geboten, als die Gefahr der politischen Instrumentalisierung besteht. Eigentlich ist es ja gerade ein legitimer Sinn und Zweck eines Audits, zur Einschätzung des Potentials der Führungskräfte einen externen Berater als neutralen Fachmann und Experten hinzuzuziehen. Allerdings entsteht hier schnell eine Grauzone, wenn ausschließlich die externe Meinung zählt und der durchführende Berater dann auch noch im Vorfeld vom Vorstand hinsichtlich der zu auditierenden Personen gebrieft wurde. Einerseits wird sich ein seriöser Berater von mehr oder weniger offensichtlichen Manipulationsversuchen oder Hinweisen nicht beeinflussen lassen – zumindest nicht bewußt. Andererseits gibt es auch hin und wieder „schwarze Schafe" unter den Beratern und den Auftraggebern. Vorsicht ist jedoch grundsätzlich immer dann geboten, wenn eine hohe Machtkonzentration und/oder nicht transparente Vorgehensweisen vorliegen, z.B. in folgender Konstellation: Das Unternehmen verläßt sich ausschließlich auf die Potentialeinschätzung des externen Partners, weitere Informationsquellen werden ausgeschaltet. Der Externe führt ein „Black Box"-Verfahren durch, d.h. die Zuordnung von Fragen und Beobachtungskategorien zu Kompetenzbereichen ist nicht erkennbar, und es ist nicht eindeutig nachvollziehbar, aufgrund welcher Kriterien, Aussagen oder Verhaltensweisen eine bestimmte Bewertung der betroffenen Führungskraft in den einzelnen Kompetenzbereichen erfolgt. Als Prüfmerkmale für die Checkliste können wir festhalten:

- Das Unternehmen verläßt sich nicht ausschließlich auf die Potentialeinschätzung des externen Partners.
- Der externe Partner führt kein „Black Box"-Verfahren durch (vgl. Teil B), 5. Strukturiertheit des Interviews/des Verfahrens und 7. Transparenz der Ergebnisfindung).

3. Weitere Aspekte

In Teil B) Methodenqualität wurde bereits auf wichtige Aspekte in bezug auf die Qualifikation der externen Berater eingegangen, die das Management-Audit durchführen. Die ohnehin üblichen Kriterien wie Erfahrung des externen Beratungsunternehmens mit Management-Audits, Referenzen, Lieferfähigkeit, bisherige Erfahrungen in der Zusammenarbeit mit dem Partner brauchen nicht weiter ausgeführt werden, ebensowenig wie das Preis-Leistungsverhältnis, wobei hier unzweifelhaft die Qualität der Leistung im Vordergrund stehen sollte. Interessant ist noch der Aspekt der Verfügbarkeit von – idealerweise branchenbezogenen – Benchmarks. Allerdings ist genau darauf zu achten, ob es sich dabei um bloße heuristische Erfahrungswerte einiger weniger Berater oder um systematisch aufgearbeitete Vergleichsdaten handelt. Für die Checkliste können wir ergänzend festhalten:

- Erfahrung des externen Beratungsunternehmens mit Management-Audits, Referenzen,
- Lieferfähigkeit,
- bisherige Erfahrungen in der Zusammenarbeit mit dem externen Partner,
- Preis-Leistungs-Verhältnis, wobei hier eindeutig die Qualität der Leistung im Vordergrund stehen sollte,
- Vorhandensein branchenbezogener Benchmarks in systematisch verwertbarer Form.

Zusammenfassung und Ausblick

Der Begriff Audit wird in vielen Bereichen mit genau definierten Anforderungen, Qualitätsmaßstäben und Prüfkriterien assoziiert (z.B. technische Bereiche, Öko-Audit etc.). Im Bereich des Managment-Audits liegen dagegen bisher keine beschriebenen Qualitätsanforderungen vor. Angesichts der Vielfalt der unterschiedlichen Vorgehensweisen und Modelle im Bereich des Management-Audits und der Tragweite der aus dem Instrument abgeleiteten Konsequenzen für Unternehmen und betroffene Führungskräfte scheint es dringend erforderlich, einheitliche Qualitätsstandards zu definieren.

Andererseits sind die verschiedenen Anwendungshintergründe sehr heterogen und erfordern eine individuell auf die jeweilige Situation des Unternehmens und die Zielsetzung des Projekts ausgestaltete Vorgehensweise. Deshalb sollten nach Ansicht des Autors lediglich grundlegende Qualitätskriterien im Sinne von Mindeststandards definiert werden. Entsprechend wurden mögliche Mindestanforderungen in bezug auf verschiedene Qualitätsaspekte oder -kategorien in diesem Beitrag entwickelt. Es wird an dieser Stelle zudem bewußt keine Gewichtung der einzelnen Kriterien vorgeschlagen – abgesehen davon, daß zwischen diesen unterschiedliche Wechselwirkungen bestehen.

Manche Autoren und Anwender ziehen Begriffe wie Management Appraisal, Evaluation oder Potentialanalyse dem Begriff des Management-Audits vor, wenngleich derzeit einiges darauf hindeutet, daß sich der Begriff des Management-Audits als Leitbegriff durchsetzen wird. Unabhängig von den verwendeten Begriffen sollte man sich der Bedeutung der Qualitätsanforderungen bewußt sein und diesen auch gerecht werden.

Der vorliegende Beitrag soll eine erste Orientierungshilfe in bezug auf die Qualität von Management-Audits geben und die Diskussion um einheitliche Mindeststandard in diesem Bereich vorantreiben.

Literaturhinweise

Leciejewski, Klaus, „Das Management-Audit als neues Führungsinstrument", in diesem Band.

Müller, Claudia, „Besonderheiten beim Einsatz des Management-Audits im internationalen Umfeld", in diesem Band.

Checkliste – Qualitätsanforderungen an Management Audits

Skala jeweils 5-stufig (trifft nicht zu – trifft voll zu)

Teil A Prozeßqualität	––	–	±	+	++
Starke Einbindung und Commitment des Vorstandes/ Geschäftsführung	☐	☐	☐	☐	☐
Konsens über die mittelfristige Unternehmensstrategie und die daraus abgeleiteten Anforderungen an die Unternehmensfunktionen / Positionen	☐	☐	☐	☐	☐
Konkretisierung und Beschreibung der Anforderungen in möglichst klar voneinander abgegrenzten Kompetenzbereichen	☐	☐	☐	☐	☐
Anpassung des Auditinstruments an die unternehmensspezifischen sowie die positionsspezifischen Anforderungen	☐	☐	☐	☐	☐
Ausrichtung der eingesetzten Methoden / Fragen auf die spezifische Fragestellung des Unternehmens und die definierten Schlüsselkompetenzen	☐	☐	☐	☐	☐
Ausführliche Begründung und Information der Führungskräfte über das Management Audit sowie die vor- und nachgelagerten Prozesse	☐	☐	☐	☐	☐
Vereinbarung und Kommunikation von Spielregeln für den Umgang mit den Ergebnissen	☐	☐	☐	☐	☐
Gutachten / Potenzialbeschreibung:					
– Ausschließliche Abfassung der Gutachten/ Potenzialbeschreibungen durch den durchführenden Interviewer / Auditor	☐	☐	☐	☐	☐
– Herstellung von Transparenz zwischen Beobachtungen, Beurteilungen und Schlußfolgerungen aus den Ergebnissen, am besten pro Anforderungsbereich	☐	☐	☐	☐	☐
– Ableitung von Handlungsempfehlungen und ggf. Entwicklungshinweisen	☐	☐	☐	☐	☐
Form und Inhalt der Rückmeldung an die Führungskräfte sind bereits vor der Durchführung festlegt und kommuniziert.	☐	☐	☐	☐	☐

Teil B) Methodische Qualität	––	–	±	+	++
Anforderungsorientiertes Vorgehen:					
– Die Anforderungsbereiche sind klar definiert und durch konkrete Verhaltensweisen beschrieben. D.h. es ist klar beschrieben, welche Verhaltensweisen zu einer hohen Bewertung und welche zu einer niedrigen Bewertung in einem Kompetenzbereich führen.	☐	☐	☐	☐	☐

- Die einzelnen Anforderungs- oder Kompetenzbereiche sind möglichst "trennscharf" definiert, d.h. inhaltlich klar voneinander abgegrenzt, so daß das gleiche Verhalten nicht mehrfach erfaßt und in unterschiedlichen Begriffen dargestellt wird. ☐ ☐ ☐ ☐ ☐
- Neben den Anforderungsbereichen ist auch die Höhe der erforderlichen Ausprägung im jeweiligen Kompetenzbereich festgelegt - idealerweise für die einzelnen Positionen (bspw. anhand eines numerischen / grafischen Sollprofils). ☐ ☐ ☐ ☐ ☐

Multi-methodaler Ansatz: Jeder Kompetenzbereich wird durch mindestens zwei, idealerweise drei oder mehr unterschiedliche Methoden erfaßt. ☐ ☐ ☐ ☐ ☐

Verschiedene Perspektiven: Bei der Datengenerierung wird auf mindestens zwei unterschiedliche Informationsquellen/ Perspektiven zurückgegriffen. ☐ ☐ ☐ ☐ ☐

Mehraugenprinzip: Durchführung der Audits grundsätzlich durch zwei Personen, wobei dies zwei externe Berater oder ein externer und ein interner Experte sein können. ☐ ☐ ☐ ☐ ☐

Strukturiertheit des Verfahrens / Interviews:

- Das Interview ist mindestens teilstrukturiert und die verschiedenen Kompetenzbereiche werden durch klar definierte und abgegrenzte Fragenbereiche erfaßt. ☐ ☐ ☐ ☐ ☐
- Die Zuordnung von Fragen und Beobachtungskategorien zu Kompetenzbereichen ist klar erkennbar. ☐ ☐ ☐ ☐ ☐
- Es ist klar nachvollziehbar, aufgrund welcher Kriterien, Aussagen oder Verhaltensweisen eine bestimmte Bewertung in den einzelnen Kompetenzbereichen zustande kommt (Bewertungsmodus). ☐ ☐ ☐ ☐ ☐
- Der Auswertungsmodus ist transparent und nachvollziehbar (bspw. durch zahlenmäßige Ratings pro Kompetenzbereich von jedem Interviewer, die anschließend gemittelt und wobei größere Abweichungen diskutiert werden).**Tip:** Lassen Sie sich den Leitfaden vorher zeigen, führen Sie einige Probeverfahren durch und lassen Sie sich anschließend genau erklären, wie die Interviewer zu den Ergebnissen gekommen sind. ☐ ☐ ☐ ☐ ☐

Qualifikation der Durchführenden:

- Mindestalter für alle an der Durchführung der Audits beteiligten Berater von 30 Jahren ☐ ☐ ☐ ☐ ☐
- Studienhintergrund Psychologie, idealerweise mit Schwerpunkt auf beruflicher Eignungsdiagnostik und mindestens 5 Jahre Berufserfahrung, davon mindestens zwei Jahre im Bereich der Personalberatung (mit Schwerpunkten im Bereich Personalauswahl/ Personalbeurteilung/ Potenzialanalyse) ☐ ☐ ☐ ☐ ☐
- für andere Studienhintergründe, z.B. Betriebswirtschaft, Jura, Ingenieurwesen: mindestens 5 Jahre Berufserfahrung in für die Tätigkeit relevanten Bereichen (z.B. Personalleiter, Personalentwickler, Personalreferent), davon mindestens zwei Jahre im ☐ ☐ ☐ ☐ ☐

Bereich der Personalberatung (mit Schwerpunkten im Bereich Personalauswahl/ Personalbeurteilung/ Potenzialanalyse)

- Das Kompetenzprofil jedes bei der Durchführung der Audits eingesetzten Beraters liegt vor, erfüllt die o.g. Mindestvoraussetzungen und erscheint in sich überzeugend für die zuverlässige Durchführung der Audits und die daraus resultierende Potenzialbeschreibung. ☐ ☐ ☐ ☐ ☐

Transparenz des Ergebnisfindung:

- Die Zuordnung von Verhaltensweisen oder Aussagen zu den einzelnen Kompetenzbereichen ist für jedes im Audit eingesetzte Verfahren definiert. ☐ ☐ ☐ ☐ ☐
- Für jedes eingesetzte methodische Element ist klar dargelegt, wie die Auswertung und die Bewertung in bezug auf die unterschiedlichen Kompetenzbereiche erfolgt.

Die Integration und mögliche Interpretation der Informationen aus den verschiedenen Bestandteilen des Verfahrens in ein Gesamtergebnis ist transparent, nachvollziehbar und begründet. ☐ ☐ ☐ ☐ ☐

Sonstiges:

- Das Audit bzw. die im Audit angewandten Potenzialdiagnoseverfahren wie strukturiertes Interview dauern insgesamt minimal zwei Stunden pro Teilnehmer. ☐ ☐ ☐ ☐ ☐
- Wechselnde Paarbildung bei den Interviewern / Auditoren / Assessoren ☐ ☐ ☐ ☐ ☐
- Es besteht das Angebot, das Wissen und das methodische Know how transparent zu machen und wenn möglich auch interne Experten in die Durchführung von Audits einzubeziehen. ☐ ☐ ☐ ☐ ☐

Teil C) Soziale Qualität — – ± + ++

Aus der Prozeßqualität und der methodischen Qualität abgeleitete, zusammengefaßte Punkte:
Ausführliche Potenzialbeschreibungen mit Transparenz zwischen Beobachtungen, Beurteilungen und Schlußfolgerungen. ☐ ☐ ☐ ☐ ☐

Wahrnehmung, daß das Audit durch entsprechend kompetente und qualifizierte Berater durchgeführt wird ☐ ☐ ☐ ☐ ☐

Wahrnehmung, daß das Verfahren nicht „willkürlich", sondern nach einer bestimmten, nachvollziehbaren Systematik und Strukturierung abläuft. ☐ ☐ ☐ ☐ ☐

Ergänzende Kriterien:

- Angemessene Form der Rückmeldung der Ergebnisse an die einzelnen Führungskräfte, insbesondere in einem vertraulichen 4-Augen-Gespräch ☐ ☐ ☐ ☐ ☐
- Aufzeigen von Chancen, Verbesserungsmöglichkeiten und Handlungsalternativen in der schriftlichen Potenzialbeschreibung und insbesondere im mündlichen Feedbackgespräch ☐ ☐ ☐ ☐ ☐

Ein erstes kurzes Feedback bzw. eine Reflexion über die Leistungen möglichst zeitnah, idealerweise bereits am Tag der Durchführung des Audits	☐	☐	☐	☐	☐
Aufstellen eines persönlichen Entwicklungs- oder Handlungsplans auch für die „Problemfälle“ in einem Gespräch mit dem externen Berater, dem Vorgesetztem der Führungskraft, ggf. Personalabteilung und der betroffenen Führungskraft oder zumindest das Angebot für ein klärendes Gespräch	☐	☐	☐	☐	☐

Teil D) Kontextqualität / Berücksichtigung des kulturellen Kontextes	––	–	±	+	++
Chancen und Risiken einer Durchführung des Management-Audits im jeweiligen Kulturkreis wurden mit Hilfe von Kontextexperten überprüft.	☐	☐	☐	☐	☐
Ggf. Anpassung der Methodik an kulturell akzeptierte oder zumindest tragbare Vorgehensweisen.	☐	☐	☐	☐	☐

Teil E) Aspekte der Qualität des externen Beraters, Partners / des Auftraggebers	––	–	±	+	++
Vermeidung von Interessenkonflikten beim externen Partner: Der die Audits durchführende externe Partner ist nicht im Direct Search oder in anderen möglicherweise konkurrierenden Feldern für das auftraggebende Unternehmen tätig.	☐	☐	☐	☐	☐
Vermeidung der Instrumentalisierung des externen Beraters:					
– Das Unternehmen verläßt sich nicht ausschließlich auf die Potenzialeinschätzung des externen Partners.	☐	☐	☐	☐	☐
– Der externe Partner führt kein „Black Box“-Verfahren durch (vgl. Methodische Qualität: Strukturiertheit des Verfahrens/ Interviews und Transparenz der Ergebnisfindung).	☐	☐	☐	☐	☐
Weitere Aspekte:					
– Erfahrung des externen Beratungsunternehmens mit Management-Audits, Referenzen	☐	☐	☐	☐	☐
– Lieferfähigkeit	☐	☐	☐	☐	☐
– bisherige Erfahrungen in der Zusammenarbeit mit dem externen Partner	☐	☐	☐	☐	☐
– Leistungs-Preis-Verhältnis, wobei hier eindeutig die Qualität der Leistung im Vordergrund stehen sollte	☐	☐	☐	☐	☐
– Vorhandensein branchenbezogener Benchmarks in systematisch verwertbarer Form	☐	☐	☐	☐	☐

Management-Audit – Möglichkeiten der Potentialanalyse in Unternehmen

Christine Kaul und Sebastian Krapoth
Volkswagen Coaching, Wolfsburg

Überblick

- Es werden verschiedene übliche Verfahren der Potentialanalyse von Führungskräften dargestellt. Um die Anwendungspraxis darzustellen, wird überwiegend auf die Erfahrungen bei der Volkswagen AG zurückgegriffen.
- Das Management-Audit i.e.S. findet hauptsächlich in den höheren Management-Ebenen Anwendung und dient in der Regel der Selektion von Spitzenleistern.
- Die Vorgesetzteneinschätzung dient dazu, der Führungskraft einen Selbstbild-Fremdbildabgleich bezüglich ihrer Führungsqualitäten zu geben. Nicht überall ist dies, wie im Praxisbeispiel, eine freiwillige Maßnahme.
- Die 360°- Einschätzung gibt einen umfassenderen Eindruck von den Kompetenzen. Dieses Instrument ist nicht ausschließlich bezogen auf die Führungsqualitäten, und es bezieht einen größeren Personenkreis in die Fremdbildanalyse mit ein.

„Der richtige Mann/die richtige Frau an der richtigen Stelle": Schon immer standen Unternehmen vor der Notwendigkeit, aus einer Anzahl möglicher Kandidaten eine(n) für eine bestimmte Funktion auszuwählen. Erst in jüngerer Zeit verändert sich hier das Denken. Nicht der Mensch ist passend zur Aufgabe auszuwählen, sondern die Aufgabe passend zum Menschen zu gestalten. Trotzdem besteht in vielen Fällen das grundlegende Problem der Personalselektion und -plazierung fort.

Wenn wir hier von Beurteilungsverfahren sprechen, so sollen die Einschätzungsverfahren, die in Unternehmen immens an Bedeutung gewinnen, nicht unerwähnt bleiben. Die Motive ihrer Anwendung liegen in der Regel nicht in Selektion und Plazierung, sondern vielmehr in Unternehmensentwicklung, Organisationsentwicklung und/oder Entwicklung des Individuums.

Vier Begriffe sollen im folgenden gegeneinander abgegrenzt werden. Sie stehen für die derzeit gängigen Verfahren der Bewertung und Beurteilung: Management-Audit (im engeren Sinne) und Assessment Center für Führungsnachwuchskräfte sowie die Verfahren zur Einschätzung und systematischen Performance-Rückmeldung: Vorgesetzten-Einschätzung und 360°-Einschätzung.

Management-Audit

Der Begriff Management-Audit wird heute mit unterschiedlicher Bedeutung verwendet. Zum einen umgreift er in generalisierter Form unspezifisch alle Verfahren der Management-Bewertung. Im engeren Sinne wird von Management-Audit dann gesprochen, wenn es beispielsweise um Fusionen und Akquisitionsprozesse geht: Analog zu etwa der finanziellen Bewertung eines Unternehmens stellt das Management-Audit den Versuch einer Bewertung der Führungsmannschaft dar.

Zahlreiche Untersuchungen belegen immer wieder, daß die Vernachlässigung dieser menschlichen Dimension ein wesentlicher Faktor für das Scheitern vieler Fusionen sein kann. Die Auswahl der entsprechend motivierten und kompetenten Führungskräfte beeinflußt in hohem Maß die Integration der unterschiedlichen Unternehmenskulturen. Die Identifikation der Spitzenleute unter den Führungskräften gewährleistet darüber hinaus den Erfolg der ersten Phase nach der Fusion. Andere Anlässe für ein Management-Audit sind beispielsweise die Notwendigkeit der Reduktion des Führungskreises oder die Nachfolgeplanung in der Unternehmensspitze.

Eine Studie von Egon Zehnder International – einer der bekannten Anbieter von Management-Audits – will deutlich machen, welch erheblicher, auch finanzieller Schaden einem Unternehmen zugefügt wird, wenn keine ausreichende Analyse des Managementpotentials erfolgt (Püschel, Ensser in Focus 2/99). Insgesamt bedauern die Autoren die geringe Akzeptanz beziehungsweise Anwendung von Management-Audits in europäischen Unternehmen. Die Auswahl der auditierten Personen erfolgt entweder stichprobenartig oder umfaßt alle Personen des oberen Führungskreises.

Das Management-Audit im engeren Sinne erfolgt in der Regel in Form eines intensiven, mehrstündigen Interviews zu Themen wie (Berufs-)Biographie, Leistungsverhalten, Werthaltungen sowie zur konkreten jüngsten Managementarbeit. Auch Fallstudien können in das Audit eingeflochten werden. Ein oder zwei erfahrene Unternehmensberater führen diese Interviews und erstellen im Anschluß ein ausführliches Gutachten mit Blick auf den Auditierungsanlaß. Einige der Auditoren greifen hierfür auch auf Ergebnisse von Papier-Bleistift-Tests zurück, wie etwa den bekannten MBTI.

Insgesamt läßt sich feststellen, daß das Management-Audit ein hochgradig individualisiertes Verfahren darstellt, dessen Durchführung von den Beratern genau an das jeweilige Unternehmen und den Auditierungsanlaß angepaßt werden muß. In der Regel wird jede Person allein auditiert, es werden keine Gruppenverfahren angewendet wie beispielsweise beim Assessment Center. Da das Management-Audit im Normalfall auch nur bei hochrangigen Führungskräften angewendet wird, ist nachvollziehbar, daß eine Standardvorgehensweise kaum greifen kann. Vor allem die Qualität der Berater ist letztlich von entscheidender Bedeutung. Die Validität und Reliabilität des Verfahrens steht und fällt mit deren diagnostischer Kompetenz.

Das Verfahren selbst kann verständlicherweise nur dann ein sinnvolles Instrument sein, wenn es in den Kontext einer expliziten Unternehmens- und Personalentwicklungsstrategie des durchführenden Unternehmens eingebettet erfolgt. Managementpotentiale und -defizite, Lücken und ein Überangebot an Managementkompetenz sind überhaupt nur in bezug auf eine Unternehmensstrategie definierbar.

Folglich ist es auch schwierig, eindeutige Qualitätskriterien und standardisierte Vorgehensweisen für die Durchführung eines Management-Audits zu definieren. Zu unterschiedlich können die Fragestellungen sein, zu bedeutsam ist die Forderung nach individueller Anpassung des Verfahrens an die jeweilige Fragestellung, die Unternehmens- und Führungskultur.

Will man überhaupt von einer möglichen Standardisierung sprechen, könnte man allenfalls von einem groben Raster ausgehen, nach dem ein Auditierungsprozeß typischerweise abläuft: Zu Beginn muß sicherlich eine konkrete, strategische Unternehmensentscheidung stehen, aufgrund derer Ziele für ein Management-Audit formuliert werden können. Im Anschluß sollten spezifische Anforderungsprofile für die zu auditierenden Personen beziehungsweise Positionen definiert werden. Je nach Ausgangslage, dem speziellen Personenkreis (und den Beratern) werden dann – wie erwähnt – individuell angepaßt, spezielle Methoden und Werkzeuge für den Auditierungsprozeß ausgewählt. Nach Rückmeldung der Ergebnisse beschließt das Unternehmen in der Regel entsprechende Maßnahmen oder fällt zielführende Entscheidungen.

Obwohl Management-Audits beliebter werden, sind sie doch eher punktuell und anlaßbezogen angewandte Beurteilungsverfahren, im Gegensatz zum Assessment Center. Bei den Marken der Volkswagen Gruppe wurde in der Vergangenheit bei verschiedenen Anlässen mit Management-Audits gearbeitet. Es gehört aber nicht zu den Standardinstrumenten der Management-Entwicklungsprogramme.

Assessment Center für Führungsnachwuchskräfte

Das Assessment Center ist ein standardisierteres Verfahren als das Management-Audit. Es handelt sich zwar auch hier um eine Kombination verschiedener eignungsdiagnostischer Verfahren. Die Art der Aufgaben und Übungen ist aber meist sehr ähnlich (z.B. Gruppendiskussionen, Präsentationen, Planspiele), zudem erfolgt die Durchführung fast immer in einer Gruppe.

Assessment Center zur Personalrekrutierung haben sich in den letzten Jahren in Unternehmen immer mehr etabliert. Ziel dabei ist, Kandidaten bezüglich eines umfassenden Anforderungsprofils näher kennenlernen und treffsicherer einschätzen zu können, als es nur bei der

Durchführung von Interviews oder nach rein äußerlichen Auswahlkriterien möglich wäre. Wird das Verfahren allein zur Personalauswahl eingesetzt, erfolgt häufig nur eine Beurteilung hinsichtlich „geeignet" versus „ungeeignet" für die zu besetzende Stelle.

Aber auch bei der internen Auswahl unter den Potentialträgern eines Unternehmens werden inzwischen fast überall derartige Verfahren angewendet. Um individuelle Entwicklungspotentiale und spezifischen Förderungsbedarf zu bestimmen, verfolgt man hier eher das Ziel, zu differenzierteren Beurteilungen über die Teilnehmer zu kommen. Ein sehr wichtiger Aspekt ist dabei das individuelle Feedback an die Teilnehmer, verbunden mit der Empfehlung zu bestimmten Entwicklungsmaßnahmen. Ein solches Assessment Center wird auch bei der Volkswagen AG angewendet, es soll im folgenden dargestellt werden.

Das Assessment Center, die Orientierungsklausur Management (OKM), ist eingebettet in ein umfassendes Nachwuchs- und Förderungsprogramm, das bei Volkswagen 1997 eingeführt wurde. Dieses sogenannte Junior Management Programm (JUMP) hat eine gezielte Auswahl und Entwicklung der Fach- und Führungskräfte der unteren und mittleren Managementebene zum Ziel.

Bei der OKM handelt es sich um ein Assessment Center, das in einem Verfahren eine differenzierte Potentialeinschätzung sowohl für Fachaufgaben als auch für Führungsaufgaben ermöglicht. Aufgrund der Potentialeinschätzung werden Empfehlungen für folgende Karrierewege im Management ausgesprochen:

- Fachaufgaben managen – als Experte im Management,
- Mitarbeiter führen – als Teamleiter im Management,
- Strategisch denken und führen – als Führungskraft im Management.

Wer bei Volkswagen einen dieser Karrierewege einschlagen möchte, muß am JUMP-Programm teilnehmen. Die Teilnahme an der OKM und daraus resultierend eine Empfehlung für einen der oben genannten Managementwege sind für die weiteren Schritte im Jump-Programm unabdingbare Voraussetzungen.

Die Teilnehmer an der OKM werden grundsätzlich von ihren Vorgesetzten vorgeschlagen. Eine Hilfe für die Vorauswahl ist der „Orientierungsbogen Management", in dem herausfordernde Arbeitssituationen von Management-Nachwuchskräften beschrieben sind (basierend auf dem Verfahren der „critical incident technique"). Dieser Leitfaden dient dem Vorgesetzten und dem potentiellen Kandidaten als Grundlage für ein gemeinsames Gespräch, in dem geklärt wird, ob der Mitarbeiter die Anforderungen des Managements erfüllt. Das Anforderungsprofil für Management-Nachwuchskräfte umfaßt 15 Kriterien aus den Bereichen „Kognitive Fähigkeiten", „Innerer Antrieb/Motivation", „Unternehmerische Fähigkeiten" und „Soziale Kompetenz".

In der OKM werden verschiedene Übungskategorien eingesetzt, die auf den spezifischen Anforderungen der Empfehlungsrichtungen im Management basieren:

1. Übungen mit Fachbezug als Abbild der Anforderungen an den Fachmanager,
2. Übungen zur Mitarbeiterführung als Abbild der Anforderungen an den Teamleiter,
3. Strategische Übungen als Abbild der Anforderungen an Führungskräfte im mittleren Management.

Die OKM dauert insgesamt drei Tage. Zehn Teilnehmer werden von sechs Beobachtern (vom Vorstand ausgewählte Führungskräfte, die zuvor mit einem intensiven Beobachtertraining geschult werden) in elf verschiedenen Übungssituationen beobachtet und nach den Kriterien des Anforderungsprofils für Management-Nachwuchskräfte bewertet. Zwei Eignungsdiagnostiker der Volkswagen Coaching GmbH begleiten und moderieren das AC (Assessment Center). Sie sind für die Qualität des Verfahrens und die Steuerung des Beurteilungsprozesses verantwortlich.

Im Verlauf des ACs werden verschiedenartige Übungselemente eingesetzt. Dazu zählen Gruppenübungen, Mitarbeitergespräche, ein Einzelvortrag mit anschließender Diskussion, eine Computersimulation und ein strukturiertes Interview. Jedes Kriterium wird dabei mehrfach beobachtet. Gearbeitet wird jeweils parallel in zwei Fünfergruppen, wobei ein systematischer Wechsel in der Zusammensetzung der Gruppen und Beobachter gewährleistet ist.

Alle Kriterien des Anforderungsprofils wurden auf der Basis einer fünfstufigen Skalierung operationalisiert. Im unmittelbaren Anschluß an jede Übung wird eine individuelle Bewertung der Teilnehmer vorgenommen. Nach dem Ende aller Übungen folgt eine Beobachterkonferenz, in der eine Gesamtharmonisierung der Beurteilung der Kandidaten vorgenommen wird. Das bedeutet, daß sich alle Beobachter gemeinsam auf die Bewertung der Kandidaten einigen. Darüber hinaus werden für jeden Teilnehmer individuelle Entwicklungsempfehlungen erarbeitet.

Am dritten Tag des ACs wird jedem Teilnehmer in einem ausführlichen Feedback-Gespräch sein Ergebnis der OKM mit der daraus resultierenden Empfehlung für die weitere berufliche Entwicklung mitgeteilt, etwa zwei Wochen später erhalten die Teilnehmer noch ein schriftliches Gutachten mit ihren Ergebnissen.

Da bei der Rückmeldung an die Teilnehmer sehr individuell und sorgfältig vorgegangen wird, können die meisten in der Regel ihre Beurteilungen auch gut annehmen. Sicherlich fällt hier ebenso positiv ins Gewicht, daß jeder Teilnehmer – egal, welcher Art seine Empfehlung ist – wirklich hilfreiche Hinweise für seine weitere Karriereplanung und persönliche Entwicklung bekommt. Gleichwohl ist psychologisch nachvollziehbar, daß diejenigen, für die das AC einen eher negativen Ausgang nahm, das Verfahren gelegentlich kritischer beurteilen als erfolgreiche Teilnehmer.

Im Anschluß an die OKM folgt ein Entwicklungsprogramm, das ein Basisprogramm (Seminare, Projektarbeit) beinhaltet, an dem alle Management-Nachwuchskräfte teilnehmen, sowie differenzierte Bausteine, die individuell auf die jeweilige Empfehlungsrichtung abgestimmt sind. Im Gegensatz zum Management-Audit unterliegt das Assessment Center testtheoretischen Grundprinzipien, die die Berechnung von Konstruktvalidität, prognostischer Validität und Reliabilitäten ermöglichen. Diese methodischen Konstruktionsbedingungen gelten auch für die zwei im folgenden dargestellten Einschätzungsverfahren.

Handelte es sich bei den bisher dargestellten Verfahren um Instrumente, die von Unternehmen vor allem dazu genutzt werden, mit unterschiedlichen Zielsetzungen Personal zu selektieren, sollen jetzt Einschätzungsverfahren im Mittelpunkt stehen, die der individuellen Weiterentwicklung (hier vor allem das 360°-Feedback) und auch der Organisationsentwicklung (Vorgesetzteneinschätzung) dienen können. Diese Verfahren werden wieder am Beispiel der Volkswagen AG dargestellt.

Die Einschätzung des Vorgesetzten

Die Vorgesetzteneinschätzung ist ein Feedback-Verfahren, bei dem das Verhalten einer Führungskraft von ihren unmittelbaren Mitarbeitern und der Führungskraft selbst eingeschätzt wird. Ziel dabei ist eine Verbesserung der Zusammenarbeit von Führungskraft und Mitarbeitern im Sinne des kooperativen Führens. Auf der Basis von konkreten Rückmeldungen der Mitarbeiter soll es zu einer Optimierung des Führungsverhaltens kommen. Das Verfahren ist bei Volkswagen seit 1995 etabliert, die Zielgruppe umfaßt alle Führungskräfte.

Die Teilnahme an der Vorgesetzteneinschätzung ist freiwillig. Die Führungskraft entscheidet selbst, ob sie eine Einschätzung vornehmen lassen will; ebenso ist es jedem Mitarbeiter freigestellt, ob er sich an der Einschätzung beteiligen möchte. Um die Anonymität wahren zu können, müssen aber mindestens vier Mitarbeiter Einschätzungen abgeben. Alle Daten werden vertraulich behandelt: Die Befragten geben ihre Einschätzungen anonym ab, und die Rückmeldung der Ergebnisse erfolgt nur an den Vorgesetzten und die Befragten.

Mitarbeiterführung als Kernaufgabe des Managements steht im Mittelpunkt der Vorgesetzteneinschätzung. Mittels eines standardisierten Fragebogens, in dem die Führungsgrundsätze von Volkswagen operationalisiert sind, werden systematisch Daten über die Effektivität der Führung gesammelt.

Die einzelnen Items sind handlungsbezogen formuliert, neben einer Einschätzung über den Ist-Zustand wird bei jedem Item zusätzlich nach der empfundenen Wichtigkeit des jeweiligen Verhaltens gefragt. Der Selbsteinschätzungsbogen für die Führungskraft enthält dieselben Items in der Ich-Form.

Aus dem Verfahren resultiert für die Führungskraft eine klare Rückmeldung über ihr Führungsverhalten. Sie kann erkennen, ob das eigene Verhalten effektiv ist und bei den Mitarbeitern wunschgemäß ankommt. Darüber hinaus erfolgt ein Selbstbild-Fremdbild-Abgleich des Führungsverhaltens. Die Mitarbeiter sind in der Regel motiviert teilzunehmen, weil sie das Gefühl haben, einbezogen zu werden und so während des Prozesses Mitspracherecht auszuüben.

Bei der Durchführung einer Vorgesetzteneinschätzung findet zunächst ein Vorgespräch mit der Führungskraft statt. Dann wird das Instrument allen, die sich beteiligen, gemeinsam vorgestellt. Im Anschluß werden die Fragebogen zur Datenerhebung verteilt.

Die Daten werden zunächst nur der Führungskraft zurückgemeldet, so daß sie zuerst die Gelegenheit hat, allein über die Ergebnisse zu reflektieren. Kurz danach findet eine Schlußrunde mit allen Beteiligten statt, in der die Ergebnisse präsentiert und dann gemeinsam diskutiert werden. Die schriftliche Darstellung der Ergebnisse erhält nur die Führungskraft, und es bleibt ihr überlassen, wie sie damit umgehen möchte.

Mögliche Folgeaktivitäten können von einem Einzel-Coaching für die Führungskraft über den Besuch von Seminaren bis hin zu Maßnahmen für die ganze Organisationseinheit (Teamentwicklung etc.) sehr vielfältig sein.

Bei der Vorgesetzteneinschätzung handelt es sich um eine gänzlich freiwillige Maßnahme, in die alle Betroffenen einbezogen werden, so daß es bei der Anwendung des Verfahrens keine Akzeptanzprobleme gibt. Probleme können allerdings in der Folge entstehen, da natürlich allein die Durchführung einer Vorgesetzteneinschätzung bei den Befragten bestimmte Erwartungen weckt. Sollten die Befragten den Eindruck haben, daß die Führungskraft mit den ihr rückgemeldeten Ergebnissen nichts „anfängt“, obwohl sie den Bedarf dazu sehen, können sich etwaige Probleme sicherlich noch vergrößern.

360°-Einschätzung

360°-Einschätzung, Rundum-Einschätzung oder, oder...; die Menge der Begriffe für dieses Verfahren zeigt, daß es in immer mehr Unternehmen als Instrument der Führungskräfteeinschätzung angewendet wird.

Während die 360°-Einschätzung z.B. in den USA ein verpflichtendes Element der Managementbeurteilung darstellt, konnte sich das Verfahren in deutschen Unternehmen eher als freiwillige Maßnahme etablieren.

Instrumente unterschiedlichster Provenienz kommen in den Unternehmen zum Einsatz: Zum einen gibt es Anbieter „konfektionierter“ 360°-Einschätzungen, die, basierend auf allgemeinen Managementtheorien von einzelnen Instituten, vertrieben und ausgewertet werden. Andererseits haben sich viele Unternehmen entschieden, den etwas schwierigeren Weg zu gehen, ein „maßgeschneidertes“ Instrument zu entwickeln, das die Unternehmenskultur, die Performance-Erwartungen und die Führungsphilosophie des Unternehmens und damit eine „Idealnorm“ für das Management widerspiegelt. (Diesen Weg ist die Volkswagen AG gegangen.)

Der Begriff 360° bezieht sich auf zweierlei: Die Befragtengruppe und den eingeschätzten Kompetenzenumfang. Die Befragtengruppe umfaßt (bei der Volkswagen AG) den Berichtsweg mit Mitarbeitern und Vorgesetzten, die Prozeßkette mit Kunden und Lieferanten und die Hierarchiekollegen. Eingeschätzt werden alle Aspekte des Volkswagen-Kompetenzmodells (unternehmerische, fachliche, soziale und persönliche Kompetenz). Diese 360°-Einschätzung wird ausschließlich in der ersten und zweiten Führungsebene angewendet – und zwar freiwillig. Die Teilnahme als Einschätzender ist niedrigschwellig gestaltet, da Anonymität und die Freiwilligkeit gesichert sind.

Die Rückmeldung der erhobenen Daten, die ausschließlich an den Feedback-Nehmer erfolgt, ist der wichtigste Teil der 360°-Einschätzung. Der Vergleich der Selbsteinschätzung mit den Fremdeinschätzungen der verschiedenen Bezugsgruppen und der Vergleich der Fremdeinschätzungen mit den Ergebnissen von ca. 200 eingeschätzten Führungskräften innerhalb und außerhalb Volkswagen geben dem Feedback-Nehmer ein sehr konkretes Bild von seiner Wirkung im Unternehmen. Es finden immer mindestens zwei ausführliche Feedback-Gespräche statt. Diese müssen in ihrer Bedeutung sehr hoch eingeschätzt werden, sind sie doch der Ausgangspunkt für das eigentliche Ziel einer 360°-Einschätzung: dem Manager persönliche Weiterentwicklung, individuelles Wachstum und Kompetenzausbau zu ermöglichen.

Die 360°-Einschätzung ist bei Volkswagen ein gerne genutztes Verfahren zu einer persönlichen Standortbestimmung. Insgesamt gilt, ähnlich wie bei der Vorgesetzteneinschätzung, daß bei Durchführung und Teilnahme – insbesondere auch wegen der gesicherten Anonymität – die Akzeptanz bei allen Beteiligten sehr hoch ist. Aufgrund der Rückmeldung der Ergebnisse allein an den Feedback-Nehmer tritt hier auch nicht so sehr das Problem von speziellen Erwartungen seitens der Feedback-Geber auf. Inwieweit der Feedback-Nehmer schließlich in der Lage ist, in seinen Augen negative oder enttäuschende Fremdeinschätzungen anzunehmen und vielleicht positiv für sich zu nutzen, hängt sicherlich auch eng mit der Kompetenz des Beraters zusammen, der das Verfahren und die Feedback-Gespräche durchführt.

Fazit und Ausblick

	Verfahren	Statistische Verfahren	Methode	Personenkreis	Zweck
Management-Audit	un-strukturiert	Nein	Interviews	Oberes Management	Selektion
Assessment Center	gemischte Verfahren	unter-schiedlich	Einzel- und Gruppen-übungen	FNKs*, untere Führungs-ebene	Selektion
Vorgesetzten-einschätzung	strukturiert	Ja	Fragebogen	Führungs-kräfte und Meister	Veränderung
360°-Feedback	strukturiert	Ja	Fragebogen	Mittleres und oberes Management	Selbstbild-/Fremdbild-Vergleich

* FNK d.i. Führungsnachwuchskraft

Abbildung: Die wichtigsten Merkmale der dargestellten Verfahren im Vergleich

Insgesamt betrachtet, ist die Verwendung diagnostischer Verfahren im Managementbereich inzwischen sehr etabliert. Bei den individuellen Feedback-Verfahren gibt es zahlreiche in der Praxis bewährte Instrumente, die von Führungskräften und Organisationen zur individuellen beziehungsweise organisatorischen Weiterentwicklung genutzt werden. Hier kann es in der Zukunft darum gehen, die diagnostischen Verfahren sich wandelnden Managementkompetenzen und wirtschaftlichen Bedingungen (zunehmende Globalisierung, neue Kommunikationsformen etc.) anzupassen.

Betrachtet man die Verfahren zur Selektion und Plazierung, kann festgehalten werden, daß die Anwendung von standardisierten Verfahren um so schwieriger wird, je höher man sich in der Hierarchie bewegt. Insbesondere beim Management-Audit (im engeren Sinne) ist immer das

Gespür und die Kompetenz des Beraters ausschlaggebend; er muß seine Erfahrung gewinnbringend für die Unternehmen einfließen lassen, um bei Auditierungsprozessen zu erfolgreichen Ergebnissen zu kommen. Wie dieser Erfolg und die Qualität eines Managment-Audits gemessen werden kann, ist sicherlich diskussionswürdig. Zur Zeit sind wohl hauptsächlich die langfristige Zufriedenheit der Kunden und die weitere Entwicklung eines Unternehmens die entscheidenden Meßgrößen.

Rechtliche Rahmenbedingungen für ein Management-Audit

Stefan Fischer und Joachim Littig
Quack Rechtsanwälte, Berlin

Überblick

- Eine rechtliche Verpflichtung eines Managers, an einem Management-Audit teilzunehmen, besteht allenfalls ausnahmsweise.
- Soweit es sich bei den Managern um (in der Regel außertarifliche) Angestellte oder um leitende Angestellte i.S.d. Betriebsverfassungsgesetzes handelt, sind bei der Planung und Durchführung eines Management-Audits höchst unterschiedliche Mitbestimmungsrechte des Betriebsrates oder aber lediglich Mitwirkungsrechte des Sprecherausschusses zu beachten. Für Organmitglieder bestehen derartige Einschränkungen nicht.
- Bei der Verwertung der gefundenen Ergebnisse und der konkreten Umsetzung der gewonnenen Erkenntnisse sind die jeweiligen individuellen Rechte der betroffenen Manager ebenso zu beachten wie gegebenenfalls Informationsrechte des Sprecherausschusses oder sogar Mitbestimmungsrechte des Betriebsrates.
- Der beauftragte Gutachter muß damit rechnen, daß Fehler des Gutachtens sowohl gegenüber dem Auftraggeber (Arbeitgeber) wie im Einzelfall auch gegenüber dem auditierten Manager zu Schadensersatzpflichten führen können.

Einleitung

Steht ein Unternehmen oder ein Unternehmensteil zum Kauf oder Verkauf an, so trifft der potentielle Erwerber eine häufig äußerst komplexe Kaufentscheidung, die es notwendig macht, das Kaufobjekt umfassend zu auditieren. Im Regelfall wird die Prüfung des zu kaufenden Objekts, die man gemeinhin unter Verwendung eines aus dem US-amerikanischen Recht herrührenden Begriff „Due Diligence" nennt (wörtlich übersetzt etwa „erforderliche Sorgfalt")[1], sich mindestens auf betriebswirtschaftliche und steuerliche sowie rechtliche Aspekte erstrecken. Im Rahmen des Legal Audit findet regelmäßig auch eine arbeits- und dienstvertragsrechtliche Überprüfung statt, einschließlich einer Überprüfung der rechtlichen Situation in bezug auf die Organe (Geschäftsführer, Vorstände usw.) und leitenden Angestellten beziehungsweise sonstigen „hochrangigen" Angestellten des Kaufobjekts (das „Management"). Für den Käufer ist es dabei naturgemäß von erheblichem Interesse, eine möglichst genaue Kenntnis über die Organisations- und Führungsstruktur des Unternehmens einschließlich der Stärken und Schwächen seiner Führungskräfte zu erhalten. Neben einer Überprüfung der rechtlichen Situation im Rahmen der Due Diligence kann das Interesse aber auch dahingehen, sich über Leistungsfähigkeit, Motivation und Führungsverhalten u.ä. des Managements einen Eindruck zu verschaffen.

Aber nicht allein im Rahmen einer Akquisitionsmaßnahme muß es zu einem Management-Audit kommen; vielmehr kann eine Überprüfung u.a. der Leistungsfähigkeit des Managements beziehungsweise der Führungskräfte auch aus anderen Gründen von Interesse sein, z.B. für die Gesellschafter bei der Verhandlung für Vertragsverlängerungen von Geschäftsführern und Vorständen oder bei der Entscheidung, wem eine neue wichtige Aufgabe übertragen werden kann. Die nachfolgend dargestellten Grundsätze gelten auch hier gleichermaßen.

Bei der Auditierung des betroffenen Managements sind rechtliche Rahmenbedingungen zu beachten. Sowohl aus der Sicht des Managers als auch aus der Sicht des Auditierenden sollte man sich aber bewußt sein, daß vor allem im Bereich der Führungskräfte rechtliche Maßstäbe in der betrieblichen Praxis nicht allein ausschlaggebend sind, da praktische Zwänge auftreten, die zwar einer rechtlichen Lösung zugeführt werden

1 Vgl. Merkt, WiB 1996, S. 145.

können, ohne aber der Wirklichkeit immer zu entsprechen. So kann die Weigerung eines Managers zur Teilnahme an einem Management-Audit zwar rechtlich unbedenklich sein, jedoch in der Praxis das vorzeitige Ende einer vielversprechenden Karriere bedeuten. Dennoch gilt: Arbeitnehmer wie Arbeitgeber bewegen sich nicht im rechtsfreien Raum. Dieser Beitrag soll daher dem Auditierten wie dem Auditierenden Leitfaden für den Umgang mit Management-Audits sein und einen sichereren Umgang mit diesem personalwirtschaftlichen Instrument ermöglichen.

Betroffener Personenkreis

a) Organmitglieder

Die Überprüfung der Leistungsfähigkeit und Führungsstärke des Managements wird sich in der Regel auf die obersten und oberen Führungskräfte eines Unternehmens beziehungsweise eines Unternehmensteils beschränken. Dies sind vor allem die Organe der Gesellschaft selbst (also die rechtlichen Vertreter einer juristischen Person, wie Geschäftsführer der GmbH oder Vorstände einer AG). Sie sind nicht Arbeitnehmer im arbeitsrechtlichen Sinne.[1] Im Regelfall besteht nach der neueren Rechtsprechung des Bundesarbeitsgerichts (BAG)[2] neben dem Dienstverhältnis des Organs kein Arbeitsverhältnis; und zwar auch dann nicht, wenn das Organ zunächst Arbeitnehmer war und erst später in eine Organstellung hineingewachsen ist. Dies schließt jedoch nicht aus, unter Umständen einzelne Arbeitnehmerschutzvorschriften im seltenen Einzelfall auf Organe anzuwenden.

b) Angestellte

In Management-Audit-Maßnahmen können auch Angestellte einbezogen sein. Bei diesen gilt es aus juristischer Sicht zu unterscheiden, ob es sich um leitende Angestellte oder um sonstige Angestellte (in Führungspositionen) handelt. Werden nicht-leitende Angestellte in die Auditie-

---

1 Siehe aber auch Seiten 86 und 96.

2 BAG NZA 1997, S. 674; BAG NZA 1997, S. 509(LS 5); BAG BB 1994, S. 287; BAG GmbHR 1996, S. 681; siehe auch LAG Düsseldorf MDR 1984, S. 386.

rung einbezogen, gelten für diesen Personenkreis – insbesondere wegen der notwendigen Beteiligung des Betriebsrates – eigene, stärker reglementierte Rahmenbedingungen.

Die nachfolgenden Ausführungen behandeln daher sowohl die Gruppen der Organe einer juristischen Person, der „echten" leitenden Angestellten, wie in § 5 Abs. 3 des Betriebsverfassungsgesetzes (BetrVG) definiert, als auch die Gruppe der sonstigen Angestellten in Führungspositionen jeweils gesondert, wo dies aus juristischen Gründen notwendig ist. Soweit eine Differenzierung zwischen diesen drei Gruppen für die juristische Betrachtungsweise aber bedeutungslos ist, soll nachfolgend stets nur von dem „Manager" beziehungsweise dem „Management" gesprochen werden, im übrigen aber von den Organen, den leitenden Angestellten und von Arbeitnehmern.

c) Leitende Angestellte

Ist die Definition des betroffenen Personenkreises bei den Organen einer Gesellschaft noch eindeutig, so verdient insbesondere der Begriff der leitenden Angestellten eine nähere Betrachtung, zumal wesentliche rechtliche Rahmenbedingungen untrennbar mit der exakten Bestimmung dieses Personenkreises verbunden sind.

Leitende Angestellte sind Arbeitnehmer und daher im Dienste eines anderen (ihres Arbeitgebers) zur Leistung fremdbestimmter Arbeit in persönlicher Abhängigkeit aufgrund eines privatrechtlichen Vertrages verpflichtet. Auf die Gruppe der leitenden Angestellten – wie auf die Organmitglieder – findet das Betriebsverfassungsgesetz (BetrVG) mit geringen Ausnahmen keine Anwendung, so daß ihre Zuordnung entweder zu den „Leitenden" oder zu den sonstigen Arbeitnehmern des Betriebes, für die allein der Betriebsrat zuständig ist, von erheblicher praktischer Bedeutung ist. In der Praxis steht diese Statusfrage häufig (erst) dann im Mittelpunkt des Interesses, wenn man sich voneinander trennen möchte (vor allem, wenn dies der Wunsch des Arbeitgebers ist). Denn dann ergibt sich in der arbeitsgerichtlichen Auseinandersetzung nicht selten die Problematik, daß der Arbeitgeber den Betriebsrat nicht zur beabsichtigten Kündigung angehört hat, so daß die Kündigung schon aus diesem formalen Gesichtspunkt heraus unwirksam wäre, wäre der Gekündigte in Wahrheit nicht leitender Angestellter im Sinne des Gesetzes. Ferner kann es auch anläßlich von Betriebsratswahlen zu Streit zwischen den Betriebsparteien über den Status einer Mitarbeiters kommen, der vom aktiven und passiven Wahlrecht als leitender Angestellter ausgeschlossen wäre.

Da in der Praxis nicht selten in Arbeitsverträgen Festlegungen darüber anzutreffen sind, daß ein Arbeitnehmer „leitender Angestellter" ist, muß an dieser Stelle darauf hingewiesen werden, daß dies für die juristische Bewertung nicht mehr als Indizcharakter hat und statt dessen maßgeblich ist, ob die gesetzlichen Kriterien für die Qualifikation als leitender Angestellter erfüllt sind. Vertragliche Vereinbarungen sind nicht ausschlaggebend. Häufig führt vielmehr, z.B. im Rahmen einer Due Diligence, eine Überprüfung des Status derjenigen, die im Betrieb bis dahin gemeinhin als leitende Angestellten bezeichnet wurden, zu der Feststellung, daß im Unternehmen tatsächlich nicht ein einziger „echter" leitender Angestellter im Sinne des § 5 Abs. 3 BetrVG beschäftigt wird.

„Leitender Angestellter" im Sinne des BetrVG ist, wer nach Arbeitsvertrag und Stellung im Unternehmen/Betrieb

1. entweder zur selbständigen Einstellung und Entlassung von im Betrieb oder in der Betriebsabteilung beschäftigten Arbeitnehmern berechtigt ist, oder

2. Generalvollmacht oder Prokura hat und dessen Prokura auch im Verhältnis zum Arbeitgeber nicht unbedeutend ist oder

3. regelmäßig sonstige Aufgaben wahrnimmt, die für den Bestand und die Entwicklung des Unternehmens oder eines Betriebs von Bedeutung sind und deren Erfüllung besondere Erfahrungen und Kenntnisse voraussetzt, wenn er dabei entweder die Entscheidungen im wesentlichen frei von Weisungen trifft oder sie maßgeblich beeinflußt; dies kann auch bei Vorgaben insbesondere aufgrund von Rechtsvorschriften, Plänen oder Richtlinien sowie bei Zusammenarbeit mit anderen leitenden Angestellten gegeben sein (§ 5 Abs. 3 Ziffern 1–3 BetrVG).

Daneben enthält § 5 Abs. 4 BetrVG noch Zweifelsfallregelungen, von deren Wiederholung hier abgesehen wird.

Es würde den Umfang und den Zweck dieses Beitrags bei weitem sprengen, wollte man nun zunächst in eine eingehende Abgrenzung „echter" und „unechter" leitender Angestellter eintreten. An dieser Stelle mag es daher genügen, zusammenfassend festzuhalten, daß dem „echten" leitenden Angestellten eine solche Stellung im Rechtssinne nur dann zukommt, wenn die tatsächlichen Verhältnisse mit seiner vertraglichen Position übereinstimmen[1] und der leitende Angestellte im Kern unternehmerische Aufgaben wahrnimmt. Auf den „echten" leitenden Angestellten findet statt des BetrVG das Gesetz über Sprecherausschüsse der leitenden Angestellten (Sprecherausschußgesetz – SprAuG) Anwendung, welches seinerseits zur Definition des leitenden Angestellten auf § 5 Abs. 3 BetrVG verweist. Der vom SprAuG erfaßte Personenkreis hat das Recht, unter bestimmten Voraussetzungen einen Sprecherausschuß zu wählen, dem jedoch in Anbetracht der Nähe der leitenden Angestellten zum Unternehmer weitaus weniger Mitwirkungs- und Mitbestimmungsrechte zukommen als dem Betriebsrat nach dem BetrVG.

Arten des Management-Audits

Die Möglichkeiten, Führungskräfte eines Unternehmens zu auditieren, sind vielfältig. Beispielhaft, aber keineswegs abschließend seien Fragebögen, Streßinterviews, Mitarbeitergespräche, psychologische Tests beziehungsweise Gutachten und die Durchführung eines Assessment Centers erwähnt. Hierzu sei auf die vielfältigen Beiträge der Mitautoren dieses Buches verwiesen.

Planung eines Management-Audits

Schon in einem sehr frühen Stadium, nämlich bereits bei der Planung eines Management-Audits, ist zu überprüfen, welche Rechtsvorschriften zu beachten und welche betriebliche Gremien möglicherweise zu beteiligen sind.

Individualrechtliche Ansprüche, also solche des betroffenen Managers, die es zu beachten gäbe, etwa auf frühzeitige Information oder gar Beteiligung des Managements bei der Planung, Auswahl oder Bestimmung der Art des Management-Audits, sind jedoch nicht zu erkennen.

Kollektivrechtliche Schranken sind allerdings zu beachten. In Betracht kommen insbesondere Mitbestimmungsrechte des Betriebsrates, soweit

1 Urteil des BAG vom 11. 3. 1982, AP Nr. 28 zu § 5 BetrVG 1972.

es um solche Arbeitnehmer geht, die weder Organ der Gesellschaft noch leitende Angestellte i.S.d. § 5 BetrVG sind, sondern unter die Gruppe der „sonstigen“ Führungskräfte fallen.

a) Mitbestimmung nach § 94 BetrVG

Vor allem besteht ein (erzwingbares) Mitbestimmungsrecht des Betriebsrates nach § 94 Abs. 2 BetrVG, wonach es seiner Zustimmung bedarf, wenn allgemeine Beurteilungsgrundsätze aufgestellt werden. Dies sind verobjektivierte und nach einheitlichen Kriterien ausgerichtete Bewertungen der Leistung oder des Verhaltens, die eine Vergleichbarkeit schaffen sollen.

Aber auch ein Zustimmungserfordernis gemäß § 94 Abs. 1 BetrVG hinsichtlich der Einführung und Verwendung von Personalfragebögen kommt durchaus in Betracht. Denn im Verlaufe eines Management-Audits ist es denkbar – je nach Ausgestaltung –, daß der Proband Tests und Arbeitsproben abzugeben hat, die möglicherweise auf standardisierten Erhebungsbögen festgehalten werden, die nach Durchlaufen aller Einzelelemente des Management-Audits (Tests, Assessment Center usw.) nach vorgegebenen Kriterien als individuelles Fähigkeitsprofil des Probanden ausgewertet und mit anderen Kandidaten verglichen werden. Damit kann ein Management-Audit letztlich eine intensivere Form des Personalfragebogens sein, jedenfalls soweit es sich um standardisierte Fragen handelt, auch wenn diese letztlich aufgrund eines Interviews oder in einem zulässigen psychologischen Test vom Befrager niedergelegt und ausgefüllt werden.[1] Alle standardisierten Bewertungen der Eignung von Arbeitnehmern, insbesondere deren Potentiale für Führungsfunktionen, Spezialistenaufgaben oder Auslandseinsätze (Potentialanalyse) sowie die hierbei angewandten Verfahren (z.B. Entwicklungs-Assessement Center) unterliegen dem erzwingbaren Mitbestimmungsrecht des § 94 Abs. 2 BetrVG.[2] Ohne Zustimmung des Betriebsrates können sie daher weder eingeführt noch angewandt werden.

---

1 Vgl. Urteil des BAG vom 21. 9. 1993, AP Nr. 4 zu § 94 BetrVG 1972; Fitting/Kaiser/Heither/Engels, 20. Auflage, § 94 BetrVG, Rdnr. 11; Schönfeld/Gennen, NZA 1989, 543ff., 544.

2 Jedzig, DB 1996, S. 1337ff.

b) Mitbestimmung nach § 95 BetrVG

Wesensmerkmal mancher Management-Audits ist auch ihr besonderer Zuschnitt auf die speziellen Anforderungen am Arbeitsplatz. Wenn und soweit der Arbeitgeber in Vorbereitung eines Management-Audits Anforderungsprofile erstellt, in denen für einen bestimmten Arbeitsplatz die fachlichen, persönlichen und sonstigen Anforderungen abstrakt festgelegt werden, die ein Stelleninhaber erfüllen soll, liegt hierin keine Auswahlrichtlinie, die Mitbestimmungsrechte des Betriebsrates nach § 95 Abs. 1 und 2 BetrVG auslösen; die Erstellung von Stellenbeschreibungen oder Anforderungsprofilen etc. ist mitbestimmungsfrei und unterliegt allein der Organisationsgewalt des Arbeitgebers.[1]

Denkbar ist es auch, schon die Verwendung eines Management-Audits als das Kriterium oder eines von mehreren Kriterien für die Auswahl von Personen im Sinne von Auswahlrichtlinien anzusehen, die ebenfalls der erzwingbaren Mitbestimmung des § 95 Abs. 1 BetrVG unterliegen. Denn in der Regel stellen Management-Audits keinen Selbstzweck dar, sondern sollen Rückschlüsse auf die Probanden geben, um Folgemaßnahmen wie z.B. Versetzungen, Um- oder Höhergruppierungen oder gar Kündigungen vorzubereiten. In Betrieben mit mehr als 1000 Arbeitnehmern kann der Betriebsrat sogar – allerdings immer nur für den von ihm repräsentierten Arbeitnehmerkreis – selbst die Aufstellung derartiger Richtlinien durch ein Management-Audit verlangen und ebenfalls, daß dabei bestimmte fachliche und persönliche Voraussetzungen und soziale Gesichtspunkte zu berücksichtigen sind.[2]

c) Mitbestimmung nach §§ 98, 99 BetrVG

Schließlich ist bei der Planung eines Management-Audits zwangsläufig auch eine Vorauswahl über die Teilnehmer zu treffen. Diese Vorauswahl wird im Regelfall mitbestimmungsfrei erfolgen können, da sie (noch) keine personelle Einzelmaßnahme i.S.d. § 99 BetrVG (z. B. Umgruppierung oder Versetzung) ist und auch nicht als betriebliche Bildungsmaßnahme i.S.d. § 98 BetrVG angesehen werden kann. Erst wenn das Management-Audit durchgeführt ist und der Kreis derer feststeht, die für eine personelle Einzelmaßnahme in Betracht zu ziehen sind, hat der Be-

1 BAG DB 1988, S. 1452; Schönfeld/Gennen, NZA 1989, S. 543ff., 544.

2 Schönfeld/Gennen, NZA 1989, S. 543ff., 545.

triebsrat das Recht, Auskunft über die beteiligten Personen unter Vorlage der erforderlichen Unterlagen gemäß § 99 Abs. 1 BetrVG zu bekommen. Hat der Arbeitgeber unter Verwendung von Fragebögen oder allgemeinen Beurteilungsgrundsätzen eine Vorauswahl getroffen, so unterliegen diese Instrumente – wie oben dargestellt – ihrerseits der erzwingbaren Mitbestimmung der §§ 94 Abs. 1 beziehungsweise Abs. 2 BetrVG.

d) Leitende Angestellte: Mitbestimmung nach SprAuG

Soweit es sich jedoch um Teilnehmer des Management-Audits handelt, die als leitende Angestellte nicht dem Kompetenzbereich des Betriebsrates unterliegen, greifen die dargestellten Mitbestimmungsrechte nicht.

Ist nach dem SprAuG ein Sprecherausschuß gebildet worden, ist dieser nach § 30 Satz 1 Nr. 2 SprAuG bei der Einführung und Änderung allgemeiner Beurteilungsgrundsätze zu unterrichten, und nach § 30 Satz 2 SprAuG sind vorgesehene Maßnahmen mit ihm zu beraten. Nur soweit das Management-Audit daher in seiner konkreten Durchführungsform einem allgemeinen Beurteilungsgrundsatz im dargestellten Sinne entspricht, kann sich der Sprecherausschuß für die leitenden Angestellten auf die Unterrichtungs- und Beratungspflichten berufen, ohne daß allerdings die Mitbestimmung dabei auch nur annähernd derjenigen des Betriebsrates entspricht und insbesondere seine Zustimmung nicht erforderlich ist.

Des weiteren ist dem Sprecherausschuß eine beabsichtigte personelle Veränderung in bezug auf einen leitenden Angestellten rechtzeitig mitzuteilen (§ 31 Abs. 1 SprAuG); vor jeder Kündigung eines leitenden Angestellten ist er zu hören, und ihm sind die Kündigungsgründe mitzuteilen. Kündigungen ohne vorherige Anhörung sind unwirksam. Mitzuteilen ist die beabsichtigte Kündigung eines leitenden Angestellten zudem gemäß § 105 BetrVG auch dem Betriebsrat.

e) Mitbestimmung bei Organen?

Handelt es sich schließlich gar um Organe der Gesellschaft, so ist im Regelfall weder der Betriebsrat noch der Sprecherausschuß in irgendeiner Weise zu beteiligen. Eine Beteiligung des Sprecherausschusses kommt allerdings in den auf Seite 96 beschriebenen Ausnahmefällen in Betracht.

Zulässigkeit der Durchführung

Beschäftigt man sich näher mit der Frage der aus juristischer Sicht zu beachtenden Voraussetzungen für ein zulässiges Management-Audit, so fällt auf, daß hierzu gerichtliche Entscheidungen – soweit ersichtlich – nicht zu finden sind und auch die juristische Literatur sich dieses Themas bislang kaum angenommen hat.

Dies gilt u.a. für die Frage, ob der einzelne Manager rechtlich überhaupt verpflichtet ist, an einem Management-Audit teilzunehmen. Der Grund hierfür dürfte darin liegen, daß ein Manager sich bereits aus rein praktischen Zwängen einer Teilnahme an einem Management-Audit in der Regel nicht verschließen kann, da er ansonsten für beabsichtigte Personalentwicklungsmaßnahmen, möglicherweise sogar für eine zukünftige Tätigkeit im Unternehmen gar nicht mehr berücksichtigt werden wird.[1]

Grundsätzlich aber muß für die Aufforderung an einen bereits tätigen Manager, sich einem (beispielsweise psychologischen) Testverfahren zu unterziehen, ein berechtigter arbeitsbezogener Anlaß gegeben sein. Dies kann u.a. die erkennbare oder bereits eingetretene Gefährdung wirtschaftlicher Güter des Arbeitgebers von erheblichem wirtschaftlichem Wert oder die Fürsorgepflicht für andere Arbeitnehmer oder Dritte sein, die mit dem Manager in Kontakt kommen.[2] Der typische Fall der Durchführung eines Management-Audits im Rahmen einer Unternehmensakquisition ist dies sicherlich nicht.

Eine Weigerung zur Teilnahme kann aber bei berechtigten und inhaltlich zulässigen Management-Audit-Maßnahmen Konsequenzen für den Manager bis hin zur Abmahnung oder – in Wiederholungsfällen – gar

---

1 Grunewald, NZA 1996, 15ff., 16.
2 Schmidt, BB 1981, S. 1646ff., 1651.

zur Kündigung nach sich ziehen. Keinen Bestand haben wird aber die aus der Weigerung zur Teilnahme abgeleitete disziplinarische Konsequenz, wenn der unmittelbare Bezug des Management-Audits zur vertraglich geschuldeten Tätigkeit fehlt oder die Grenzen des Persönlichkeitsrechts oder etwaige Mitbestimmungsrechte des Sprecherausschusses oder Betriebsrates nicht gewahrt sind. Der Betroffene kann dann auf Beseitigung der Beeinträchtigung, bei bestehender Wiederholungsgefahr auf Unterlassung und gegebenenfalls auch auf Ersatz seines Vermögensschadens klagen; in schweren Fällen evtl. sogar auf Schmerzensgeld.[1]

Die rechtlichen Zulässigkeitsvoraussetzungen für die Durchführung eines Management-Audits werden in ihren wesentlichen Grundzügen nachfolgend dargestellt:

a) Individualrechtliche Voraussetzungen

Es stellt sich zunächst die grundsätzliche Frage, ob eine Rechtspflicht zur Teilnahme an einem Management-Audit besteht. Da sich die Hauptleistungspflichten der Manager auf die Erbringung der geschuldeten Tätigkeit beziehen und trotz der Vielzahl der von den Arbeitsgerichten konkretisierten vertraglichen Nebenpflichten eine solche zur Teilnahme an einem Management-Audit nur in den oben geschilderten Ausnahmefällen abgeleitet werden kann, ist – vielleicht für viele überraschend – zu konstatieren, daß die Teilnahme an einem Management-Audit ansonsten freiwillig ist. Dies gilt sowohl für Arbeitnehmer wie für Organmitglieder. Aus den oben bereits dargestellten Gründen wird sich ein Manager allerdings rein faktisch selten prinzipiell weigern, an einem Management-Audit teilzunehmen.

Somit setzt das zulässige Management-Audit individualrechtlich in der Regel die Einwilligung des Managers voraus. Daneben müssen, soweit (wie in der Regel) auch ein Persönlichkeitstest durchgeführt wird, eine hinreichende Aufklärung über die zu testenden Merkmale und das anzuwendende Verfahren, eine wissenschaftliche Anerkennung des Testverfahrens, eine Eignung des Tests für die Ermittlung der relevanten Merkmale und eine Durchführung des Tests unter fachlicher Leitung

1 Schmid, NJW 1971, S. 1863ff., 1867; Grunewald, NZA 1996, S. 15.

vorliegen.[1] Insgesamt ist das verfassungsrechtlich geschützte allgemeine Persönlichkeitsrecht des Managers zu achten, zu dem u.a. auch das Recht auf Wahrung informationeller Selbstbestimmung gehört.[2]

b) Kollektivrechtliche Voraussetzungen

Insoweit ist danach zu differenzieren, ob es sich bei dem Manager um einen (in der Regel außertariflichen) Angestellten handelt, auf den das BetrVG anzuwenden ist, oder um einen leitenden Angestellten im Sinne des § 5 Abs. 3 BetrVG oder gar um ein Organmitglied.

Soweit eine Zuständigkeit des Betriebsrates gegeben ist, kommen Informations- und Mitbestimmungsrechte nach den §§ 92ff. BetrVG in Betracht. Nach § 92 BetrVG hat der Arbeitgeber den Betriebsrat über die Personalplanung zu unterrichten. Ein Mitbestimmungsrecht gemäß § 93 BetrVG in bezug auf die Ausschreibung von Arbeitsplätzen scheidet bei einem Management-Audit allerdings bereits deswegen aus, weil lediglich ermittelt werden soll, welcher Arbeitnehmer welche Fähigkeit aufweist, um auf dieser Basis Personalentwicklungsmaßnahmen und gegebenenfalls einen Stellenwechsel zu veranlassen.

Wegen der Mitbestimmung des Betriebsrates nach §§ 94 Abs. 1 BetrVG (Personalfragebögen), 94 Abs. 2 BetrVG (Aufstellung allgemeiner Beurteilungsgrundsätze) und 95 BetrVG (Management-Audit als Auswahlrichtlinie) wird auf die Ausführungen auf Seite 83f. verwiesen. Weitere Mitbestimmungsrechte des Betriebsrates hinsichtlich der Durchführung von Management-Audits bestehen nicht.

Für leitende Angestellte im Sinne des § 5 Abs. 3 BetrVG kommen Mitwirkungsrechte des Sprecherausschusses lediglich nach den §§ 30f. SprAuG in Betracht. Diesbezüglich wird auf die Erläuterungen auf Seite 85 hingewiesen.

Für Mitglieder von Organen juristischer Personen (insbesondere Geschäftsführer einer GmbH und Vorstände einer AG) existieren keine kollektivrechtlichen Schranken für die Durchführung eines Management-Audits.

---

1 Schaub, Arbeitsrechtshandbuch, 9. Auflage, § 252II; Schmid, BB 1981, S. 1646ff., 1650.

2 BVerfG NJW 1984, S. 419ff., 421; BAG BB 1985, 193; Schönfeld/Gennen, NZA 1989, 543ff., 544.

c) Rechtsfolgen

Aus den vorstehend geschilderten Zulässigkeitsvoraussetzungen folgt zunächst, daß im Regelfall niemand gegen seinen Willen zur Teilnahme an einem Management-Audit verpflichtet ist. Innerhalb eines Management-Audits ist insbesondere das allgemeine Persönlichkeitsrecht der Teilnehmer, mithin u.a. das Recht auf persönliche Ehre, Achtung des Privatlebens und das Recht auf Wahrung der informationellen Selbstbestimmung zu achten. Soweit etwa im Rahmen von Fragebogenaktionen oder Gesprächen/Streßinterviews hiergegen verstoßen wird, ist – wie bei Einstellungsverfahren – eine Falschbeantwortung zulässig, ohne daß hieraus Konsequenzen von Seiten des Arbeitgebers/Dienstgebers abgeleitet werden können. Persönlichkeitstests sind darüber hinaus nur unter den oben bereits genannten Voraussetzungen zulässig.

Soweit es sich bei Managern um Arbeitnehmer handelt, für die der Betriebsrat zuständig ist, müssen Fragebögen und eventuelle allgemeine Beurteilungsgrundsätze hinsichtlich ihrer Einführung und Gestaltung mit dem Betriebsrat (durch förmliche Betriebsvereinbarung oder in der Form einer sogenannten Regelungsabrede) vereinbart werden, bevor diese angewandt werden dürfen. Eine eventuelle Verletzung des Mitbestimmungsrechts des Betriebsrates berechtigt den Arbeitnehmer allerdings nicht, eine individualrechtlich zulässig gestellte Frage falsch zu beantworten.[1]

Kann mit dem Betriebsrat eine entsprechende Einigung nicht herbeigeführt werden, so muß der Arbeitgeber zunächst die Einigungsstelle anrufen und notfalls einen Spruch der Einigungsstelle herbeiführen, bevor er Fragebögen beziehungsweise allgemeine Beurteilungsgrundsätze anwenden kann. Soweit ein Mitbestimmungsrecht nach §95 BetrVG existiert, werden Streitigkeiten über Inhalt und Umfang des Mitbestimmungsrechts von den Arbeitsgerichten im Beschlußverfahren entschieden, wohingegen über den zweckmäßigen Inhalt von Auswahlrichtlinien wiederum die Einigungsstelle entscheidet.

Da dem Sprecherausschuß im Rahmen eines Management-Audits keine erzwingbaren Mitbestimmungsrechte zukommen, bleiben Verletzungen rein kollektivrechtlicher Vorschriften insoweit ohne Rechtsfolgen.

---

1 BAG, Urteil vom 2. Dezember 1999-2 AZR 724/98.

Dokumentation der Ergebnisse und Aufnahme in die Personalakte

Ist die Erstellung der Ergebnisse in zulässiger Weise abgeschlossen, stellt sich die Frage, ob diese in die Personalakte aufgenommen werden dürfen.

a) Rechte des Managers

Da es sich bei den Teilnehmern an einem Management-Audit in aller Regel zumindest um außertarifliche Angestellte handeln wird, greifen spezielle tarifvertragliche Schutzvorschriften zugunsten des Arbeitnehmers wie etwa § 13 Abs. 2 des Bundes-Angestellten-Tarifvertrages (BAT) nicht ein. Dennoch wird aus der Fürsorgepflicht des Arbeitgebers abgeleitet, daß unabhängig von tarifvertraglichen Regelungen auch Arbeitnehmer in der Privatwirtschaft vor der Aufnahme von Fakten oder Unterlagen in die Personalakte, die für sie nachteilig sind oder werden können, einen Anspruch auf Gelegenheit zur Stellungnahme haben. Da die im Rahmen eines Management-Audits erhobenen Ergebnisse für den Arbeitnehmer jedenfalls auch ungünstig sein oder zumindest werden könnten, ist nicht nur aus psychologischen, sondern auch aus rechtlichen Gründen zu fordern, daß dem Arbeitnehmer vor Aufnahme der Ergebnisse in die Personalakte eine Gelegenheit zur Stellungnahme eingeräumt wird.

Obgleich nach den auch auf privatrechtliche Arbeits- und Dienstverhältnisse anwendbaren §§ 27ff. Bundesdatenschutzgesetz (BDSG) die EDV-technische Verarbeitung personenbezogener Daten grundsätzlich verboten ist, wird man bei Einhaltung der oben dargestellten Zulässigkeitsvoraussetzungen die Speicherung der gewonnenen Daten im Rahmen eines Personalinformationssystems gemäß § 28 Abs. 1 Nr. 1 BDSG für zulässig halten dürfen. Danach dürfen insbesondere solche Umstände in der EDV verarbeitet werden, die für die Auswahl unter mehreren Arbeitnehmern von Bedeutung sind. Allerdings hat der Arbeitnehmer nach den §§ 33f. BDSG insbesondere einen Anspruch auf Benachrichtigung und Auskunft über die zu seiner Person gespeicherten Daten.

Ferner steht – wiederum abgeleitet aus dem Gedanken der Fürsorgepflicht – allen Arbeitnehmern ein Anspruch auf Einsicht in die Personalakte zu, der auch in § 83 BetrVG und in § 26 Abs. 2 SprAuG kodifiziert wurde. Des weiteren kann der Arbeitnehmer verlangen, daß eine von ihm gefertigte Gegendarstellung zu den Personalakten genommen wird und unrichtige sowie sonst unzulässige Personalunterlagen (auch im Rahmen eines Management-Audits erhobene Daten) berichtigt oder gar aus der Personalakte entfernt werden. Dies gilt jedenfalls, solange das Arbeitsverhältnis besteht und es sich um Angaben/Daten handelt, welche sich nachteilig auf das berufliche Fortkommen auswirken können. Zusätzlich haben die Teilnehmer an einem Management-Audit, deren hierbei gewonnene Daten EDV-technisch erfaßt werden, einen Anspruch auf Berichtigung unrichtiger sowie Löschung von unzulässig gespeicherten Daten. Eine unzulässige Speicherung liegt auch vor, wenn Daten unter Überschreitung der Grenzen des individualrechtlichen Fragerechts erhoben worden sind oder zwingende Mitbestimmungsrechte des Betriebsrates, etwa nach § 94 BetrVG, verletzt wurden. Ob der Arbeitnehmer, soweit er unter den persönlichen Geltungsbereich des BetrVG fällt, darüber hinaus einen Anspruch auf Entfernung einer Beurteilung aus der Personalakte sowie auf Nichtverwendung der Beurteilung bei personellen Entscheidungen hat, wenn allgemeine Beurteilungsgrundsätze im Sinne des §94 Abs. 2 BetrVG ohne Zustimmung des Betriebsrates verwendet werden, ist streitig.

b) Rechte der Kollektivorgane

Weder der Betriebsrat noch der Sprecherausschuß haben Anspruch auf Einsichtnahme in die Personalakten. Gemäß § 83 Abs. 1 Satz 2 BetrVG beziehungsweise § 26 Abs. 2 Satz 2 SprAuG kann allerdings ein Arbeitnehmer verlangen, daß bei der Einsichtnahme in die Personalakte ein Mitglied des Betriebsrates beziehungsweise Sprecherausschusses hinzugezogen wird. Weitergehende Rechte stehen den betrieblichen Kollektivorganen jedenfalls außerhalb konkreter personeller Einzelmaßnahmen, welche auf das Ergebnis des Management-Audits gestützt werden sollen, nicht zu.

Verwertung der gefundenen Ergebnisse und Umsetzung der gewonnenen Erkenntnisse

Da die Durchführung eines Management-Audits regelmäßig die Funktion haben wird, Erkenntnisse über die betroffenen Probanden zu gewinnen, wird sich dem Durchführenden die Frage stellen, wie er die so konkret gefundenen Ergebnisse verwerten und in die betriebliche Personalplanung einfließen lassen kann. Da es hier nicht um den Bereich der Auswahl zwischen mehreren externen Arbeitsplatzbewerbern geht, unterfallen die Arbeitnehmer – auch die leitenden Angestellten – dem vollen arbeitsrechtlichen Schutz, z.B. gegenüber Änderungs- oder Beendigungskündigungen (dazu sogleich).

Aber schon unterhalb der Schwelle einer Kündigung kommen Maßnahmen wie Umsetzungen oder Versetzungen, bei tariflichen Angestellten auch Umgruppierungen in Betracht, nicht zuletzt auch Beförderungen. In disziplinarischer Hinsicht ist auch die Abmahnung zu erwähnen.

a) Abmahnung

Eine Abmahnung setzt ein vorwerfbares Verhalten voraus, das der Abgemahnte unter Androhung der Beendigung des Arbeitsverhältnisses bei Nichtänderung des Verhaltens abstellen soll. Werden im Rahmen eines Management-Audits aber eher die Leistungsfähigkeit und ähnliche eignungsbezogene Eigenschaften überprüft, so kommen derartige Feststellungen für Abmahnungen wohl grundsätzlich nicht in Betracht.

Wohl aber kommen sie in Betracht, wenn steuerbares/vorwerfbares schuldhaftes Verhalten festgestellt wurde, das einer Änderung zugänglich ist. Der Ausspruch einer Abmahnung bedarf keiner Beteiligung eines Kollektivorgans wie des Betriebsrates. Gegen eine aus seiner Sicht unberechtigte Abmahnung hat der Arbeitnehmer nach herrschender Rechtsprechung das Recht, auf Entfernung aus der Personalakte und Vernichtung zu klagen. Aufgabe des Arbeitsgerichtes ist es dann, den in der Abmahnung enthaltenen Schuldvorwurf auf seine sachliche Berechtigung hin zu überprüfen. Ist auch nur ein Teilvorwurf der Abmahnung unberechtigt oder läßt sich die Berechtigung nicht nachweisen, so ist die Abmahnung insgesamt zu entfernen. Dies gilt für alle Arten von Managern, seien sie Angestellte oder Organe.

b) Umsetzung, Versetzung, Umgruppierung

Soll die Konsequenz eines Management-Audits sein, den (leitenden) Angestellten zu versetzen, höher- oder abzugruppieren und ähnliches, so sind in jedem Fall die Mitbestimmungsrechte des Betriebsrates im Sinne des Zustimmungserfordernisses gemäß § 99 Abs. 1 BetrVG zu beachten. Der Betriebsrat seinerseits kann diese Zustimmung verweigern, wenn bestimmte – in § 99 Abs. 2 Nr. 1 bis 6 BetrVG genannte – Zustimmungsverweigerungsgründe vorliegen. Insbesondere kommt hierbei der Verweigerungsgrund des möglichen Verstoßes gegen eine Auswahlrichtlinie im Sinne von § 95 BetrVG in Betracht oder die Befürchtung des Betriebsrates, daß der betroffene Arbeitnehmer durch die personelle Maßnahme benachteiligt wird, ohne daß dies aus betrieblichen oder in seiner Person liegenden Gründen gerechtfertigt ist.

Verweigert der Betriebsrat seine Zustimmung, so muß der Arbeitgeber diese gerichtlich ersetzen lassen, anderenfalls kann er die personelle Maßnahme nicht, sondern allenfalls vorläufig durchführen, §§ 99 Abs. 3 und 4, 100 BetrVG. Die bloße Umsetzung – im Gegensatz zur Versetzung (§§ 95 Abs. 3, 99 BetrVG) – ist dagegen mitbestimmungsfrei, es sei denn, die Zuweisung eines anderen Arbeitsbereichs ist mit einer erheblichen Änderung der Umstände verbunden, unter denen die Arbeit zu leisten ist; u.a. in diesem Fall besteht dann das Erfordernis der Zustimmung des Betriebsrates (ferner ist mitbestimmungsfrei der Fall der Zuweisung eines anderen Arbeitsbereiches für voraussichtlich nicht länger als einen Monat).

Selbst dann, wenn die sich aus einem Management-Audit ergebenden Konsequenzen für den Arbeitnehmer im Grundsatz als positiv zu bewerten sind, sind die vorstehend aufgezeigten Mitbestimmungsrechte des Betriebsrates – so denn dieser zuständig ist – zu beachten. Denn Aufgabe des Betriebsrates ist es nicht nur, die Rechte des unmittelbar betroffenen Arbeitnehmers zu sichern, sondern vor allem auch, Rechte anderer Arbeitnehmer zu sichern, die möglicherweise durch die Beförderung eines einzelnen Arbeitnehmers ihrerseits benachteiligt werden könnten.

Auch der Sprecherausschuß ist gemäß § 31 Abs. 1 SprAuG vor jeder personellen Veränderung bei einem leitenden Angestellten rechtzeitig zu informieren, ohne daß dies jedoch weitere Konsequenzen nach sich zieht, selbst bei Mißachtung dieser Unterrichtungspflicht.

Die Umsetzung beziehungsweise Versetzung eines Arbeitnehmers ist auch in individualrechtlicher Hinsicht zu überprüfen, d.h. mit Blick auf die arbeitsvertragliche Situation zum einzelnen Arbeitnehmer. Nur dann, wenn der Arbeitsvertrag eine entsprechende Versetzungsbefugnis des Arbeitgebers vorgesehen hat, kommt die Zuweisung eines grundlegend anderen Tätigkeitsgebiets oder gar eines anderen Tätigkeitsorts ohne Vereinbarung oder ohne Ausspruch einer Änderungskündigung in Betracht. Aber auch letztere muß dann den gesetzlichen Anforderungen genügen und insbesondere sozial gerechtfertigt im Sinne des Kündigungsschutzgesetzes (KSchG) sein.

c) Kündigung

In dem aus der Sicht der Teilnehmer eines Management-Audits schlimmsten Fall könnte versucht werden, die dort gewonnen Ergebnisse zur Begründung einer Änderungs- oder gar Beendigungskündigung durch den Arbeitgeber/Dienstherrn heranzuziehen. Mit dem Ausspruch einer Änderungskündigung soll das bestehende Vertragsverhältnis beendet und (nach Ablauf der in aller Regel einzuhaltenden Kündigungsfrist) mit geändertem Inhalt fortgesetzt werden, wohingegen mit dem Ausspruch einer Beendigungskündigung das Anstellungsverhältnis gänzlich zum Erlöschen gebracht werden soll. Allerdings wird die Änderungskündigung zur Beendigungskündigung, falls der Arbeitnehmer das Änderungsangebot nicht rechtzeitig unter dem in § 2 KSchG genannten Vorbehalt annimmt.

aa) Kollektivrechtliche Schranken bei der Kündigung

Unterliegt der Betroffene dem persönlichen Geltungsbereich des BetrVG, so ist vor Ausspruch jeder Kündigung, also sowohl bei der Änderungs- wie bei der Beendigungskündigung, gemäß § 102 BetrVG der Betriebsrat anzuhören. Sollte – was die Regel sein dürfte – mit einer geplanten Änderung des Arbeitsverhältnisses eine Versetzung (zur Definition siehe Seite 93) einhergehen, so ist insoweit zusätzlich die Zustimmung des Betriebsrates gemäß § 99 BetrVG einzuholen. Im Rahmen des § 102 BetrVG sind u.a. die Gründe konkret anzugeben, auf die der Ausspruch der geplanten Kündigung gestützt werden soll. Dabei besteht aber keine Verpflichtung, dem Betriebsrat weitere Unterlagen oder Beweismaterial zugänglich zu machen.

Soweit es sich bei dem Betroffenen um einen leitenden Angestellten im Sinne des § 5 Abs. 3 BetrVG handelt, ist der Sprecherausschuß vor Ausspruch der Kündigung gemäß § 31 Abs. 2 SprAuG zu hören. Ferner ist von der beabsichtigten Kündigung der Betriebsrat gemäß § 105 BetrVG rechtzeitig zu unterrichten; allerdings bleiben Verstöße gegen diese Vorschrift sanktionslos.

Ein Verstoß gegen § 102 BetrVG oder § 31 Abs. 2 SprAuG führt zur Unwirksamkeit der Kündigung. Weitere Anhörungs- und Informationspflichten gegenüber Kollektivorganen vor dem Ausspruch einer Änderungs- oder Beendigungskündigung bestehen nicht.

bb) Individualrechtliche Schranken bei der Kündigung

Da es sich bei den Teilnehmern an einem Management-Audit in aller Regel zumindest um außertarifliche Angestellte handeln wird, für die besondere tarifliche Kündigungsschutzvorschriften keine Anwendung finden, bleibt zu prüfen, ob und inwieweit den Managern nach sonstigen Vorschriften Kündigungsschutz zur Seite steht. Für Arbeitnehmer ergibt sich in speziellen, gesetzlich im einzelnen normierten Fällen (etwa bei Schwerbehinderung, Mutterschutz oder Elternzeit) ein besonderer Kündigungsschutz, welcher nicht nur für Beendigungs-, sondern auch für Änderungskündigungen greift. Daneben besteht für Arbeitnehmer in aller Regel der allgemeine Kündigungsschutz nach dem Kündigungsschutzgesetz (KSchG). Danach muß eine (Änderungs- oder Beendigungs-)Kündigung sozial gerechtfertigt sein. Dies ist sie nur dann, wenn sie auf den im Gesetz schlagwortartig genannten und von der Rechtsprechung konkretisierten Gründen personen-, verhaltens-, oder betriebsbedingter Art beruht.

Dieser allgemeine Kündigungsschutz gilt gemäß § 14 Abs. 2 KSchG auch für leitende Angestellte. Soweit diese allerdings zur selbständigen Einstellung oder Entlassung vom Arbeitnehmern berechtigt sind, kann der Arbeitgeber das Arbeitsverhältnis im Falle einer gerichtlichen Auseinandersetzung über eine Beendigungskündigung auch dann beenden, wenn die Kündigung nicht sozial gerechtfertigt ist, er aber einen (keiner Begründung bedürfenden) Auflösungsantrag stellt. In diesem Falle wird das Arbeitsverhältnis durch arbeitsgerichtliches Urteil aufgelöst und eine Abfindung gemäß § 10 KSchG festgesetzt. Für derartige leitende Angestellte verwandelt sich also der eigentliche Anspruch auf Schutz vor einer sozial ungerechtfertigten Kündigung in einen Abfindungsanspruch.

Organmitglieder, insbesondere GmbH-Geschäftsführer und Vorstandsmitglieder einer AG, genießen keinen gesetzlichen Kündigungsschutz. Statt dessen finden sich aber bei Organvertretern regelmäßig individualvertragliche Regelungen, wonach das Dienstverhältnis über einen längeren Zeitraum hinweg nicht ordentlich gekündigt werden kann. Darüber hinaus vereinbart man häufig auch pauschalierte Abfindungsansprüche der Organmitglieder für den Fall der Beendigung des Dienstverhältnisses. Lediglich ganz ausnahmsweise können sich etwa Fremdgeschäftsführer einer GmbH auf den allgemeinen Kündigungsschutz des KSchG berufen, wenn sie entweder in einer für Arbeitnehmer typischen Art Weisungen hinsichtlich ihrer konkreten Tätigkeit (etwa hinsichtlich Ort, Zeit und Art der zu erbringenden Leistungen) unterliegen oder aber wenn neben dem Anstellungsvertrag als Geschäftsführer zusätzlich noch ein Arbeitsverhältnis besteht.[1]

Soweit sich der betroffene Manager auf den allgemeinen Kündigungsschutz berufen kann und innerhalb der dreiwöchigen Frist des § 4 KSchG Klage erhoben hat, wird in jedem Einzelfall von den Arbeitsgerichten zu prüfen sein, ob die bei dem Management-Audit gewonnenen Erkenntnisse – gegebenenfalls im Zusammenspiel mit weiteren Gesichtspunkten – für den Ausspruch einer Kündigung rechtliche Relevanz erlangen können. Insoweit könnte den Ergebnissen der Auditierung nähere Bedeutung zukommen, etwa im Rahmen der Prüfung, ob „betriebstechnische, wirtschaftliche oder sonstige berechtigte betriebliche Bedürfnisse" die Weiterbeschäftigung eines oder mehrerer bestimmter Arbeitnehmer bedingen mit der Folge, daß diese bei betriebsbedingten Kündigungen nicht in die Sozialauswahl mit einzubeziehen sind (vgl. § 1 Abs. 3 Satz 2 KSchG). Innerhalb einer derartigen Prüfung kann der sich gegen die Kündigung zur Wehr setzende Arbeitnehmer allerdings darlegen, daß und warum er aus individualrechtlichen Gründen berechtigt war, eine Frage nicht oder falsch zu beantworten. Insoweit findet sodann im Kündigungsschutzprozeß eine inzidente Prüfung statt, ob die rechtlichen Rahmenbedingungen für die Durchführung eines Management-Audit beachtet wurden.

---

1 BAG, Urteile vom 6. und 26. Mai 1999, NZA 1999, S. 839 und NZA 1999, S. 987.

Exkurs: Die Haftung des Gutachters

Wird im Rahmen eines Management-Audits ein Gutachter damit beauftragt, die Auditierung ganz oder teilweise durchzuführen, stellt sich die Frage, ob eine fehlerhafte Begutachtung einen Rückgriff des Auftraggebers, aber auch des Auditierten ermöglicht. Da der Gutachtervertrag nach der Rechtsprechung des Bundesgerichtshofes[1] ein Werkvertrag ist, soweit es sich um einen Vertrag über die Erstellung eines Privatgutachtens handelt (also nicht ein Gutachten, das innerhalb eines Rechtsstreits im Auftrage des Gerichts erstattet wird), kommt die allgemeine zivilrechtliche Verantwortlichkeit des Werkunternehmers nach den Gewährleistungsvorschriften der §§ 631 ff. BGB in Betracht.[2]

Liegen objektiv feststellbare Mängel eines Gutachtens vor, so kann der Auftraggeber Nachbesserung zur Mängelbeseitigung verlangen sowie Wandelung und Minderung (letzteres ist in der Praxis in Form der Honorarkürzung am häufigsten). Ferner besteht bei einem Gutachten, das vom Gutachter zu vertretende Fehler aufweist, Anspruch auf Schadensersatz wegen Nichterfüllung nach § 635 BGB oder wegen positiver Vertragsverletzung. Alle Gewährleistungsrechte setzen voraus, daß das Gutachten entweder vom Gutachter zugesicherte Eigenschaften nicht hat oder mit Fehlern behaftet ist, die seinen Wert oder seine Tauglichkeit zu dem gewöhnlichen oder dem vertraglich vorausgesetzten Gebrauch aufheben oder mindern. Dies festzustellen, wird jeweils Frage des Einzelfalles sein; insbesondere lösen überzogene, d. h. unrealistische Erwartungen des Auftraggebers eines Gutachtens nicht ohne weiteres Gewährleistungsrechte aus. Allerdings tut der Gutachter gut daran, sich nicht nur die zur Beantwortung der ihm gestellten Fragen notwendigen Informationen in eigener Verantwortung zu beschaffen und sich dabei nicht ohne Überprüfung auf die Angaben des Auftraggebers zu verlassen, da die fehlerhafte Information des Gutachters grundsätzlich kein Mitverschulden begründet.[3] Denn schon dadurch könnte er seine Sorgfaltspflichten verletzen. Der Gutachter wird auch verpflichtet sein, vor unrealistischen Erwartungen, z.B. im Rahmen eines in Auftrag gegebe-

1 grundlegend: BGHZ 67,1 ff.

2 Peters in Staudinger, Kommentar zum Bürgerlichen Gesetzbuch, Neubearbeitung 2000, Vorbem. Zu §§ 631 ff., Rdnr. 29; Soergel in Münchener Kommentar zum BGB Bd. 4, 3. Auflage 2000, Rdnr. 84 ff.

3 OLG Köln, NJW-RR 1998, S. 1320

nen psychologischen Gutachtens über das Management eines Unternehmens, zu warnen und sich auf diese Weise von etwaigen Haftungsfolgen frei zu zeichnen. Nur so kann verhindert werden, daß Gewährleistungsrechte, wie z.B. die Honorarkürzung als Ausfluß des Minderungsrechts ausgelöst werden, da Mängel des Gutachtens verschuldensunabhängig die oben beschriebenen Rechte des Auftraggebers auslösen.

Vorrangig anspruchsberechtigt ist im Gewährleistungsfalle zunächst der Auftraggeber, der Nachbesserung bzw. Wandelung/Minderung der statt dessen Ersatz eines eventuell entstandenen Schadens verlangen kann.

Aber auch jeder in den Schutzbereich des Gutachtenvertrages einbezogene, geschädigte Dritte kommt als Anspruchsberechtigter in Betracht. Schadensersatz bedeutet, daß grundsätzlich jeweils der Zustand herzustellen ist, der bestehen würde, wenn der zum Ersatz verpflichtende Umstand, also die fehlerhafte gutachterliche Aussage, nicht eingetreten wäre.[1]

Auch wenn dabei nicht jeder eingetretene Schaden eine Schadensersatzpflicht auslöst, sondern im Grundsatz nur derjenige, der nicht außerhalb eines zu erwartenden Verlaufs der Dinge steht (sogenannte adäquate Kausalität), so kommen dennoch nicht nur etwaige Schäden bei dem eigentlichen Auftraggeber des (fehlerhaft erstellten) Gutachtens in Betracht, sondern auch Schäden bei solchen Dritten, die selbst nicht Vertragspartner und damit Anspruchsberechtigte auf die Hauptleistung aus dem Vertrag geworden sind. Voraussetzung ist, daß zu ihren Gunsten eine Schutzpflicht festgestellt werden kann, die vom Gutachter verletzt wurde. Derartige Schutzpflichten können sich dann ergeben, wenn der Auftraggeber das Gutachten bei einer Person in Auftrag gegeben hat, die über eine besondere, vom Staat anerkannte oder durch vergleichbaren Akt nachgewiesene Sachkunde verfügt (z. B. öffentlich bestellter Sachverständiger, Wirtschaftsprüfer, Steuerberater), oder auch dann, wenn entweder durch namentliche Nennung oder sogar nur stillschweigend ein Dritter in den Schutzbereich des Gutachtenvertrages einbezogen wurde. Dies sind solche Dritte, die jeweils der Sache nach des sich aus dem Gutachtenvertrag ergebenden Schutzes bedürfen. Ob dies im Einzelfall rechtsgeschäftlicher Wille der Vertragsparteien war,

1 Urteil des Bundesgerichtshofes vom 14. 11. 2000, XZR 203/98, noch nicht veröffentlicht

ist von den Gerichten im Einzelfall zu ermitteln.[1] In jedem Fall dürfte der auditierte Manager als „in den Schutzbereich" des Gutachtervertrages einbezogener Dritter in Betracht kommen.

Sowohl der Auftraggeber des Gutachtens wie der Auditierte selbst stehen daher nicht schutzlos gegenüber dem Gutachter da, wenngleich wohl nur Schadensersatz in Geld in Betracht kommen wird. Zwar geht die sogenannte Naturalrestitution einer Kompensation in Geld vor, aber die Wiederherstellung desjenigen Zustandes, der bestehen würde, wenn der zum Schadensersatz verpflichtende Umstand (i.e. die fehlerhafte Gutachtenerstellung) nicht eingetreten wäre, wird dem Gutachter im Regelfalle unmöglich sein. Aus Sicht des auftraggebenden Unternehmens dürfte die Schwierigkeit ebenso wie aus Sicht des Auditierten vor allem darin liegen, konkrete Schäden nachzuweisen, die auf das Gutachten zurückzuführen sind im Sinne eines zu erwartenden Schadensverlaufs. Spätere fehlerhafte Managemententscheidungen dürften dabei ebenso wie evtl. nicht erfolgte Beförderungen oder Gehaltsanhebungen nur in Ausnahmefällen unmittelbar auf ein Gutachten zurückzuführen sein, da in aller Regel (positive wie negative) Personalentscheidungen nicht allein auf einer Entscheidungsgrundlage basieren, sondern Ausfluß einer Vielzahl von gewonnenen Erkenntnissen sind. Nur dann aber, wenn ein Schaden konkret nachweisbar aufgrund eines fehlerhaft erstellten Gutachtens eingetreten ist, kommt die Inanspruchnahme des Gutachters in Betracht. Neben den beschriebenen Möglichkeiten zur Honorarminderung kommt auch die Geltendmachung eines weitergehenden monetären Schadens in Betracht.

Resümee

Der rechtlich sichere Umgang mit den Instrumentarien des Management-Audits hängt wesentlich von der zutreffenden Zuordnung der betroffenen Manager zur Gruppe der Organmitglieder, der leitenden oder der sonstigen Angestellten ab. Dieser Frage ist daher besondere Aufmerksamkeit zu widmen, ist sie doch weichenstellend für alle rechtlichen Folgerungen bei Planung, Durchführung und möglicherweise zu ziehenden Konsequenzen aus einem Management-Audit.

1 Urteil des Bundesgerichtshofes vom 14.11. 2000, XZR 203/98, noch nicht veröffentlicht.

Besonderheiten beim Einsatz des Management-Audits im internationalen Umfeld

Claudia Müller
cultural interface management, Berlin

Überblick

- Der Grad internationaler Aktivität und Vernetzung der Unternehmen hat sich in der jüngeren Vergangenheit deutlich erhöht. Gerade bei länderübergreifenden Übernahmen und Fusionen, die eine Umstrukturierung der Organisation nach sich ziehen, ist häufig eine kurzfristige Bewertung der Mitarbeiterpotentiale nötig.
- Unternehmen setzen in zunehmendem Maße auch Mitarbeiter aus ihren Auslandsfilialen für internationale Karrieren ein und müssen die entsprechenden Kompetenzen einschätzen.
- In diesem Beitrag wird diskutiert, inwieweit das Management-Audit als ein Instrument zur Potentialanalyse auch in anderen Kulturen zum Einsatz kommen kann. Die für diese Fragestellung relevanten Kulturfaktoren und ihr Einfluß auf die Unternehmenswelt werden beleuchtet. Auf dieser Basis wird sodann die Einsetzbarkeit des Managment-Audits am Beispiel der Vereinigten Staaten, Frankreichs, des chinesischen Kulturraums und Japans diskutiert und die Grenzen, Risiken und Möglichkeiten dieses Instruments werden aufgezeichnet.
- Letztendlich gilt es, mit Vertretern der anderen Kulturen wirklich zusammenzuarbeiten um Maßnahmen so anzupassen, daß sie vor Ort sinnvoll durchgeführt werden können. Das bedeutet, daß man einerseits fremde Kulturen respektiert und ihnen nicht von außen Perspektiven blind und dogmatisch auferlegt. Es bedeutet aber andererseits auch, daß man diese Kulturen nicht als unveränderbare Traditionen und Strukturen betrachtet sondern den lokalen Modernisierungs- und Entwicklungsbestrebungen durchaus Rechnung trägt.

Das Management-Audit – ein universelles Instrument?

Der Begriff „Management-Audit" beschreibt einen Prozeß, dessen Ziel es ist, das Potential von Führungskräften in bezug auf zukünftige Anforderungen des Unternehmens so objektiv und systematisch wie möglich zu ermitteln. Eine solche Potentialanalyse wird im allgemeinen durch ein neutrales Beraterunternehmen durchgeführt, das, je nach Vorgehensweise, auch die Meinung unterschiedlicher Personen im Unternehmen zum jeweiligen Kandidaten miteinbezieht.

Die heutige Unternehmenswelt ist geprägt von vielen und schnellen Veränderungen, von Umstrukturierungen, Übernahmen, Fusionen und Neuorientierungen aller Art. In diesem Umfeld kann ein Management-Audit für die Unternehmensführung eine wertvolle Hilfe sein in dem Bemühen, sich relativ schnell einen umfassenden und fundierten Überblick über Fähigkeiten, Einstellungen und Entwicklungspotential ihres Managements zu verschaffen. Auch der Grad internationaler Aktivität und Vernetzung der Unternehmen hat sich deutlich erhöht. Dabei haben sich die organisatorischen Erscheinungsformen zur Erschließung ausländischer Märkte vermehrt. Zu den eher traditionellen Formen von Agenturen, Joint Ventures und eigenen Filialen haben sich verstärkt andere Formen wie Allianzen, Beteiligungen, Übernahmen und Fusionen hinzugesellt.

In Deutschland wird das Management-Audit gerade in solchen Situationen gerne eingesetzt, in denen recht kurzfristig Potentiale zwecks Neuorganisierung eingeschätzt werden müssen und die Kandidaten nicht oder kaum persönlich bekannt sind – also ganz besonders bei Übernahmen und Fusionen. Da liegt es natürlich nahe, diese Methode auch in ähnlichen Situationen im internationalen Umfeld anzuwenden.

Auch nach einer internationalen Übernahme oder Fusion werden die Unternehmen häufig neu organisiert und strukturiert. Im Zuge dieser Reorganisation werden oft Stellen abgebaut oder doch wenigstens umbesetzt, und es wird entschieden, ob Führungspositionen durch lokale oder fremde Führungskräfte besetzt werden sollen. Da unterschiedliche Kulturen aufeinander treffen, scheint es um so wichtiger zu sein, die Erfolgskriterien einer Führungskraft für die Zukunft neu zu definieren und Personen mit den entsprechenden Eigenschaften für die Top-Positionen zu suchen. Ein Management-Audit könnte möglicherweise auch in solchen Situationen ein nützliches Instrument sein.

Es ist ebenfalls denkbar, daß ein Unternehmen in seinen eigenen Filialen rund um die Welt erfassen will, inwieweit und welche der lokalen Manager für weiterführende Aufgaben gerade auch im internationalen Bereich in Frage kommen beziehungsweise inwieweit ihre Kompetenzen und Fähigkeiten den Führungsprinzipien des Unternehmens entsprechen. Auch hier wird der Einsatz eines Management-Audits möglicherweise in Erwägung gezogen.

Doch der Einsatz eines Management-Audits könnte im internationalen Umfeld durchaus problematisch sein, wenn damit kontextspezifische Regeln der Unternehmens- und Menschenführung, die auf lokaler Ebene als Basis für Legitimität und Effektivität des Managements notwendig sind, verletzt werden. Im folgenden sollen die Hintergründe dieser Problematik beleuchtet werden.

Der Kulturfaktor

Wenn das Management-Audit im internationalen Bereich eingesetzt werden soll, wird man von Region zu Region und von Land zu Land unterschiedlichen Reaktionen auf dieses Verfahren begegnen. Neben persönlichen Meinungen sind hierfür vor allem kulturelle Unterschiede verantwortlich. Doch was ist Kultur, worin bestehen die Unterschiede und vor allen Dingen: Wirken sich kulturelle Unterschiede auch im Unternehmen aus, beeinflussen sie das Management? Oder werden nicht vielmehr ähnliche Prinzipien weltweit im Management angewandt – zumal die ganze Welt in erster Linie amerikanische Managementliteratur liest?

Kultur entwickelt sich, weil Menschen untereinander eine „Sprache" brauchen, um sich zu verständigen. Nicht nur eine Sprache im linguistischen Sinne, sondern eine Sprache des Verhaltens. Man signalisiert, daß man zu einer Gruppe dazugehört, indem man sich entsprechend den Normen dieser Gruppe verhält. Dabei geht es nicht nur um richtig oder falsch, gut oder schlecht. Vielmehr hat ein bestimmtes Verhalten eine bestimmte Bedeutung in einer Kultur, und in einer anderen Kultur kann das gleiche Verhalten eine ganz andere Bedeutung haben. Die Interpretation dieser Bedeutungen ist die „kulturelle Sprache", die wir mit unserer Erziehung und Sozialisierung lernen.

Betrachten wir ein Beispiel aus der Arbeitswelt. Bei uns gehört es zur Norm „richtigen“ Verhaltens in der Geschäftswelt, daß das Geschäft vor dem Privaten kommt. Wenn zwei Geschäftsleute sich zu Vertragsverhandlungen treffen, werden sie nach einer kurzen Vorstellung sofort mit der Besprechung des Vertragsgegenstandes beginnen. Viel später, wenn die geschäftlichen Dinge geregelt sind, kann man bei einem Essen oder einem Glas Bier oder Wein möglicherweise über persönliche Dinge reden und sich besser kennenlernen.

Ebenso natürlich und selbstverständlich ist es in vielen anderen Kulturen, den asiatischen, den arabischen und bis zu einem bestimmten Grad auch den lateinischen Kulturen, daß der Aufbau einer persönlichen Beziehung dem Geschäftlichen vorausgeht. Aus dieser Perspektive wirkt es unseriös und oberflächlich, mit jemandem über einen möglichen Vertrag zu sprechen, solange man sich nicht vergewissert hat, daß das Gegenüber aus menschlicher Sicht ein Partner ist, den man einschätzen und dem man vertrauen kann. Ein potentieller Geschäftspartner, der darauf keine Zeit verwendet, wirkt kurzsichtig, gierig, unüberlegt und scheint nur am Geld interessiert zu sein. Der asiatische oder arabische Gesprächspartner hätte den Eindruck, nicht besonders wichtig genommen zu werden.

Aus unserer „westlichen“ Sicht erscheint es professionell und seriös, keine Zeit für unnötiges Geplänkel zu verschwenden, solange man noch nicht weiß, ob ein Vertrag mit dem anderen zustande kommt. Hier steht zunächst die Sache, nicht die Beziehung, im Vordergrund. Würde in einer Vertragsverhandlung über Privates gesprochen, so wäre ein westlicher Geschäftsmann eher befremdet und würde Interpretationen für das Verhalten seines Gegenübers suchen. Möglicherweise hätte er das Gefühl, unnötig Zeit zu verschwenden und nicht ernst genommen zu werden.

An diesem Beispiel kann man bereits erkennen, daß bei gegenseitiger Unkenntnis der kulturellen Regeln schnell Konflikte durch falsche Interpretationen auftauchen können. In diesem Sinne soll Kultur hier wie folgt definiert werden:

„Die Gesamtheit der Überzeugungen, Werte, Normen, Regeln, Erscheinungen und Verhaltensweisen, die einer Gruppe beziehungsweise Gesellschaft gemeinsam und für sie typisch ist und das Verhalten ihrer Mitglieder prägt“.

Verhaltensnormen und die zugrunde liegenden Überzeugungen und Werte werden uns durch das Vorleben unserer Bezugspersonen und unserer Umwelt und deren Reaktionen auf unser Verhalten so anerzogen, daß sie unbewußt zu einem Teil unserer Identität werden. Wir stellen sie daher ohne eine besondere Sensibilisierung nicht in Frage. Abweichende Verhaltensweisen interpretieren wir – meist in Unkenntnis – als falsch, dumm, schlecht, unprofessionell, negativ in irgendeiner Form. Dies verschließt uns die Augen für andere Realitäten und kann dazu führen, daß wir Menschen aus anderen Ländern mit Vorurteilen begegnen und ihre Reaktionen nicht ernst nehmen. Diese Kulturblindheit kann in internationalen Geschäftsbeziehungen fatale Folgen haben, doch gerade hier geht man häufig davon aus, daß kulturelle Unterschiede sich in diesem Bereich wenig auswirken.

Die Tatsache, daß es solche kulturellen Normen gibt, bedeutet nicht, daß sich jeder ständig kulturkonform verhält. Dies würde eine Stereotypisierung bedeuten, die hier ausdrücklich abgelehnt wird. Jeder Mensch ist ein Individuum mit Entscheidungsfreiheit und einer ganz einzigartigen Persönlichkeit, die durch seine Lebenserfahrungen geprägt worden ist. So kann er durch zahlreiche andere Einflüsse bewußt oder unbewußt die ihn umgebenden Werte ablehnen und sich andere zu eigen machen. Außerdem gibt es in jeder Gesellschaft wiederum zahlreiche Subkulturen, die sich durchaus von der vorherrschenden Kultur unterscheiden. Schließlich ist Kultur auch nicht statisch, sondern verändert sich heute mehr denn je durch den leichten Zugang zu anderen Kulturen über die Medien und neuerdings über das Internet. Dennoch gibt es in jeder Gesellschaft vorherrschende kulturelle Charakteristiken, und derjenige, der sich ihnen nicht anpaßt, wird es in der jeweiligen Kultur schwerer haben.

Der Kulturfaktor in der Unternehmenswelt

Die Unternehmenswelt stellt in jedem Land eine Subkultur der jeweiligen nationalen Kultur dar. Natürlich sind in vielen Unternehmen überall auf der Welt je nach Ausbildung und Interesse der Unternehmensführung auch Einflüsse westlichen Managementdenkens zu spüren. Dennoch können die Menschen ihre nationale Kultur nicht abstreifen, bevor sie morgens an ihren Arbeitsplatz gehen. So wird das Miteinander im beruflichen Alltag sehr stark von der lokalen Kultur beeinflußt.

Es gibt zahlreiche Versuche, die Kulturfaktoren, die das Leben gerade auch in der Unternehmenswelt beeinflussen, zu identifizieren und nachvollziehbar zu machen. Der wahrscheinlich bekannteste Forscher und Autor auf diesem Gebiet ist Geert Hofstede.[1]

Hofstede hat auf der Basis seiner Forschung vier wesentliche Kulturdimensionen definiert, mit denen sich eine große Fülle der kulturellen Unterschiede in Unternehmen erklären lassen. Er beschreibt diese Dimensionen mit den folgenden Begriffen: Machtdistanz, Individualismus versus Kollektivismus, Unsicherheitsvermeidung, Maskulinität versus Femininität. Andere Forscher haben noch weitere Dimensionen entdeckt, die dabei helfen, kulturelle Unterschiede zu erklären.[2]

Hier sind besonders die ersten beiden von Hofstede identifizierten Dimensionen von Interesse.

Machtdistanz

Machtdistanz wird definiert als „das Ausmaß, bis zu welchem die weniger mächtigen Mitglieder von Institutionen beziehungsweise Organisationen eines Landes erwarten und akzeptieren, daß Macht ungleich verteilt ist."[3]

In Kulturen mit hoher Machtdistanz gehen die Menschen davon aus, daß Ungleichheit natürlich und existentiell ist. Einige von ihnen können grundsätzlich mehr Macht und Einfluß ausüben, diese Macht wird ihnen durch eine gewisse Zugehörigkeit (Familie, Ausbildung, auch Alter) automatisch zugeschrieben. Diejenigen, die die Macht innehaben, tendieren dazu, sie zu betonen, nicht zu teilen oder zu delegieren. Allerdings wird auch von ihnen erwartet, mit der Macht eine gewisse Verantwortung zu übernehmen, für diejenigen, die ihnen unterstellt sind.

In Kulturen mit niedriger Machtdistanz gehen die Menschen davon aus, daß Ungleichheit in Macht und Status künstlich und von den Menschen

---

1 Geert Hofstede, Software of the Mind – Intercultural Cooperation and its Importance for Survival, McGraw-Hill, 1991.

2 Trompenaars/Hampden-Turner u. a.: Riding the Waves of Culture, The Economist Books, London 1993. Edward T. Hall: The Silent Language, Anchor Books, 1973, 1990, and The Hidden Dimension, Anchor Books, 1969, 1990.

3 Hofstede, Lokales Denken, globales Handeln, 1997, Verlag C. H. Beck, München; S. 32.

selbst geschaffen ist. Da aber hierarchische Unterschiede aus praktischen Gründen nötig sind, ist das fairste Kriterium für das Innehaben von Macht die persönliche Leistung. In diesen Kulturen wird Macht eher heruntergespielt, Unterschiede zwischen Vorgesetzten und Untergebenen werden minimiert und Macht wird eher geteilt und delegiert.

Zu den Kulturen mit hoher Machtdistanz gehören die Länder Asiens, Lateinamerikas und Arabiens, doch auch unsere lateinischen Nachbarländer, allen voran Frankreich, tendieren zu höherer Machtdistanz. Kulturen mit eher niedriger Machtdistanz sind die Länder Nord- und Westeuropas, Nordamerikas, Australien und Neuseeland.

Machtdistanz beeinflußt vor allen Dingen den Prozeß der Entscheidungsfindung im Unternehmen und die Verteilung von Aufgaben und Pflichten in den unterschiedlichen Funktionen.

Manche modernen Managementmethoden, so z.B. Management by Objectives, sind in Kulturen mit hoher Machtdistanz gescheitert. Dieser Methode liegt die „Verhandlung" von Zielvereinbarungen zwischen Vorgesetztem und Untergebenem zugrunde – doch bei hoher Machtdistanz entscheidet der Chef über Ziele, und daher fühlen sich beide Seiten mit einem Prozeß des Verhandelns unwohl.

In Kulturen mit hoher Machtdistanz ist Loyalität zum Vorgesetzten eine der wichtigsten Eigenschaften – durchaus auch auf höheren Führungsebenen. In Kulturen mit niedriger Machtdistanz werden Eigenverantwortlichkeit und Initiative stärker belohnt.

Individualismus – Kollektivismus

Diese Dimension definiert Hofstede wie folgt:

„Individualismus beschreibt Gesellschaften, in denen die Bindungen zwischen den Individuen locker sind: Man erwartet von jedem, daß er für sich selbst und seine unmittelbare Familie sorgt. (...) Kollektivismus beschreibt Gesellschaften, in denen der Mensch von Geburt an in starke, geschlossene Wir-Gruppen integriert ist, die ihn ein Leben lang schützen und dafür bedingungslose Loyalität verlangen."[1]

1 Hofstede, Lokales Denken, globales Handeln, 1997, Verlag C. H. Beck, München; S. 66.

In individualistischen Kulturen werden Selbständigkeit, Unabhängigkeit und Eigenverantwortlichkeit als Werte sehr hoch geschätzt. Persönliche Freiheit ist ein wichtiges Ziel. Menschen identifizieren sich zunächst mit dem Selbst und geben den eigenen Bedürfnissen Vorrang vor denen der Gruppe. Der Mensch profitiert zunächst allein von seinen Erfolgen, muß aber auch allein mit den Konsequenzen seiner Fehler oder Mißerfolge fertig werden. Natürlich schließt man sich auch hier Gruppen an, aber die Zugehörigkeit ist nicht unbedingt wesentlich für die Definition der eigenen Identität.

In kollektivistischen Kulturen sieht der Mensch sich zuallererst als Teil einer Gruppe, seine eigene Identität definiert sich über diese Gruppe, ihren Bedürfnissen wird Vorrang vor den eigenen Bedürfnissen eingeräumt. Selbständigkeit, Unabhängigkeit und persönliche Freiheit werden hier weniger als positive Werte betrachtet, sondern zeugen eher von Egoismus oder sozialer Inkompetenz. Die persönliche Verantwortung des Einzelnen besteht vielmehr in seinem Verhalten gegenüber der Gruppe, seiner Loyalität, Verläßlichkeit und Bereitschaft, die anderen Mitglieder in jeder Hinsicht zu unterstützen.

So gelten Erfolge des Einzelnen als Erfolge der Gruppe, das gleiche gilt für Fehler. Da die Beziehungen untereinander enorm ausgeprägt sind und mit weitgehenden Rechten und Pflichten einhergehen, wird ein sehr großer Unterschied gemacht zwischen dem Verhalten innerhalb der Gruppe und dem Verhalten außerhalb der Gruppe. Fremden wird grundsätzlich zunächst nicht vertraut, und sie werden mit Distanz behandelt. Da die Aufrechterhaltung der Gruppe immens wichtig ist, wird die Bewahrung der Gruppenharmonie zu einem zentralen Wert. Dies geht einher mit einer indirekten Art Konflikte zu lösen und der Wichtigkeit, das „Gesicht“ jedes Einzelnen zu bewahren. Diese Dimensionen beeinflussen die Unternehmenswelt wesentlich: Beziehungen und Interdependenz sind die Basis allen Handelns in kollektivistischen Gesellschaften.

Eher kollektivistische Kulturen sind die Länder Asiens, Arabiens und Lateinamerikas, eher individualistische Kulturen sind die Länder Europas, Nordamerikas und Australien und Neuseeland.

In der eher individualistisch orientierten Kultur ist jeder für sein eigenes Schicksal verantwortlich, keiner kann automatisch von der Unterstützung durch andere ausgehen. Auch liegt der Akzent immer auf dem handelnden Individuum, das mit anderen zusammenarbeiten muß, um bestimmte Ziele zu erreichen. In westlichen Gesellschaften wird gerade deshalb so viel über Teamarbeit geredet und so viel Wert auf Teamfähigkeit gelegt, weil diese für uns nicht selbstverständlich ist. In unserer Erziehung steht eher Eigenständigkeit, Durchsetzungsvermögen u.ä. im Vordergrund. Diese Betonung des Individuums hat auch zur Folge, daß die Trennung von Einzelnen relativ undramatisch möglich ist. Am deutlichsten manifestiert sich diese Einstellung im US-amerikanischen „Hire-and-Fire-Prinzip".

Die eher kollektivistisch orientierte Kultur sieht den Einzelnen immer in der Interaktion mit seiner Umgebung. Diese ganzheitlichere Sicht hat zur Folge, daß die Grenze zwischen den Individuen nicht sehr klar gezogen ist und die separate, klar hervortretende Persönlichkeit weniger hoch geschätzt wird. Der Einzelne steht im sozialen Kontext, von dem er nicht getrennt werden kann. Aus dieser Perspektive ist es schwieriger, Menschen als Individuen auszutauschen oder zu ersetzen, ohne die Qualität des Ganzen zu verändern.

Hofstede hat nun eine beträchtliche Anzahl von Kulturen auf diese Dimensionen hin untersucht. Im folgenden Diagramm werden diese Länder gemäß ihrer Position auf dem Machtdistanz-Index und dem Individualismus-Index in Gruppen zusammengefaßt. Ein Eingehen auf die Vielzahl der Länder würde den Rahmen dieses Beitrags sprengen. Daher wählen wir aus Hofstedes Gruppierungen stellvertretend Kulturen aus, die hier besprochen werden sollen. Dabei kann man davon ausgehen, daß Länder, die zu der gleichen Gruppierung gehören, viele Ähnlichkeiten im Hinblick auf ihre Reaktionen auf Management-Audits aufweisen werden. Da jedoch jede Kultur einzigartig ist, muß dennoch mit Unterschieden im Detail gerechnet werden.

In Hofstedes Analyse zu Machtdistanz und Individualismus-Kollektivismus gehört Deutschland zu den Kulturen mit eher niedriger Machtdistanz und individualistischer Ausrichtung. In der gleichen Gruppe befinden sich vor allem auch die Skandinavischen Länder und die Schweiz. Eine ähnlich hohe Machtdistanz mit einer noch größeren Tendenz zum Individualismus weist die Ländergruppe USA, Kanada, Großbritannien, Australien, Neuseeland und die Niederlande auf. Die Gruppe Frankreich, Belgien, Italien weist bei eher individualistischer Ausrichtung eine Tendenz zu höherer Machtdistanz auf, wobei Spanien sich deutlich

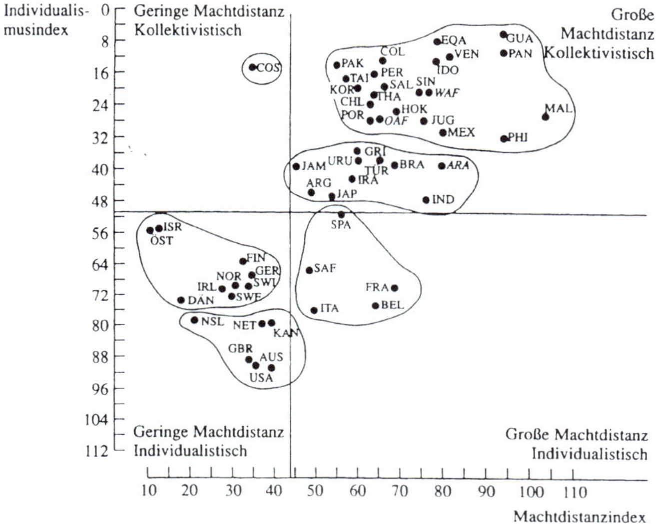

Abkürzungen für die untersuchten Länder und Regionen:

Abkürzung	**Land oder Region**	**Abkürzung**	**Land oder Region**
ARA	arabischsprachige Länder Ägypten, Irak, Kuwait, Libanon, Libyen, Saudi-Arabien, VAE	KAN	Kanada
		COL	Kolumbien
		KOR	Korea
		MAL	Malaysia
ARG	Argentinien	NOR	Norwegen
AUS	Australien	NSL	Neuseeland
BEL	Belgien	OAF	Ostafrika (Äthiopien, Kenia, Tansania, Sambia)
BRA	Brasilien		
CHL	Chile	ÖST	Österreich
COS	Costa Rica	PAK	Pakistan
DÄN	Dänemark	PAN	Panama
EQA	Equador	PER	Peru
FIN	Finnland	PHI	Philippinen
FRA	Frankreich	POR	Portugal
GBR	Grossbritannien	SAF	Südafrika
GER	BRDeutschland	SAL	El Salvador
GRI	Griechenland	SCH	Schweiz
GUA	Guatemala	SIN	Singapur
HOK	Hong Kong	SPA	Spanien
IDO	Indonesien	SWE	Schweden
IND	Indien	TAI	Taiwan
IRA	Iran	THA	Thailand
IRL	Irland	TÜR	Türkei
ISR	Israel	URU	Uruguay
ITA	Italien	USA	Vereinigte Staaten
JAM	Jamaika	VEN	Venezuela
JAP	Japan	WAF	Westafrika (Ghana Nigeria, Sierra Leone)
JUG	Jugoslawien		

Quelle: Geert Hofstede: Lokales Denken, globales Handeln, München, 1997.

weniger individualistisch zeigt. Durch eine große Machtdistanz und eine kollektivistische Einstellung zeichnen sich die Länder des Fernen Ostens und Lateinamerikas aus, wobei Japan deutlich niedriger in der Machtdistanz liegt als die übrigen Länder des Fernen Ostens.

Kulturen verändern sich, und somit sind auch die oben vorgestellten Forschungsergebnisse der Wandlung unterworfen. Dennoch bilden sie einen guten Ausgangspunkt, um dieses Thema zu diskutieren.

Anwendbarkeit des Management-Audits in unterschiedlichen Kulturen

Westdeutschland

Das Management-Audit ist ein Instrument, das in Deutschland vermehrt eingesetzt wird. Es stellt sich die Frage, inwieweit dieses Instrument eigentlich zu unserer Kultur paßt. Hofstedes Diagramm zufolge gehört (West-)Deutschland zwar zu den eher individualistisch orientierten Kulturen, doch ist diese Charakteristik deutlich weniger stark ausgeprägt als insbesondere in den USA.

In der Tat gibt es ja in unserem Land wie auch in anderen europäischen Ländern ein soziales Netz, mit dem Staat und Gesellschaft ihre Verantwortung für den Einzelnen wahrnehmen. Auch war in der Unternehmenswelt noch bis vor wenigen Jahren eine starke Bindung des Arbeitnehmers an den Arbeitgeber mit langjährigen Arbeitsverhältnissen eher die Regel. Eine hohe Arbeitsplatzsicherheit und ein vergleichsweise hoher Grad an innerbetrieblicher Mitbestimmung und starke Gewerkschaften charakterisierten unsere Arbeitswelt.

Die letzten Jahre haben das Bild stark verändert. Die Unternehmen sahen und sehen sich aufgrund der Entwicklungen in der Weltwirtschaft und nicht zuletzt durch das „Shareholder Value-Prinzip" unter Druck gesetzt, schnelle und oft einschneidende Umstrukturierungen und Neuorientierungen vorzunehmen, um ihre Rentabilität und Wettbewerbsfähigkeit zu stärken. In solchen Umbruchsituationen wurde und wird den Unternehmen häufig klar, daß die Kompetenzen ihrer Führungskräfte möglicherweise nicht mehr ausreichen, um erfolgreich den zukünftigen Herausforderungen zu begegnen.

In diesem Kontext hat sich das Management-Audit als ein Instrument zur Auswahl der Potentialträger für die Zukunft entwickelt. Im besten Fall können mit seiner Hilfe unerkannte Potentiale entdeckt und dann an den richtigen Stellen positioniert werden sowie unterentwickelte Fähigkeiten aufgedeckt und mit entsprechenden Maßnahmen entwickelt werden. In manchen Fällen kann aber sein Einsatz auch dazu führen, daß sehr abrupt entschieden wird, wer – unabhängig von vergangenen Verdiensten – im Unternehmen bleibt und wer gehen muß.

Die offensichtlich notwendig gewordene Überprüfung von Führungskonzepten und Führungskompetenzen darf nicht darüber hinwegtäuschen, daß hier eine bedeutende kulturelle Veränderung stattfindet. In wenigen Jahren hat eine Verlagerung von der Verantwortung der Unternehmen für den einzelnen Arbeitnehmer in Richtung vermehrter individueller Verantwortung für die permanente Weiterentwicklung der eigenen Kompetenzen und Fähigkeiten stattgefunden. Das Instrument des Management-Audits reflektiert diese zunehmende Individualisierung insofern, als daß Unternehmen Führungskräfte aufgrund fehlender zukunftsorientierter Kompetenzen möglicherweise entlassen oder sie herabstufen, ohne für die Entwicklung dieser Kompetenzen Verantwortung zu übernehmen und ohne vergangene Verdienste zu berücksichtigen. Im Gegenzug ist zu erwarten, daß Führungskräfte, auch und gerade solche mit hohem Potential, im neuen Kontext auch entsprechend weniger Loyalität und Identifikation mit dem Unternehmen aufbringen werden und ihrerseits schneller bereit sein werden, das Unternehmen zu wechseln. Um so wichtiger wird es für die Unternehmen, sich selbst für diese Führungskräfte interessant zu machen.

In Kulturen mit niedriger Machtdistanz verleiht eine Vorgehensweise wie das Management-Audit zusätzliche Macht. Hier wird in einem Verfahren, das verhältnismäßig objektiv und systematisch erscheint, festgestellt, wer über die geforderten Kompetenzen verfügt und wer nicht. Auf dieser Basis wird es für die Unternehmensleitung viel einfacher, Umbesetzungen aller Art vorzunehmen. Sie muß ihre Entscheidungen nicht mehr als solche rechtfertigen, sondern kann auf die Resultate des Audits verweisen.

Die zusätzliche Beurteilung durch einen kompetenten Berater kann einen wertvollen Beitrag dazu leisten, das Potential und die Eignung eines Kandidaten für die zukünftigen Aufgaben des Unternehmens zu ermitteln. Allzu verführerisch scheint es, dem Berater weitgehend das Feld zu überlassen, wie es wohl hin und wieder in der Praxis vorkommt. In einem solchen Fall entließen sich die Verantwortlichen aus einer der wichtigsten Führungsaufgaben. Im Extremfall müßte das Unternehmen dann auch mit dem Risiko leben, seine Zukunft in die Hände von Führungskräften zu legen, die es nicht selbst ausgewählt hat.

Die Methode des Management-Audits entspricht deutschen Werten auch insofern, als sie besonders *gründlich* zu sein vorgibt, denn nicht nur eine Person, der Vorgesetzte, bewertet den Kandidaten, sondern mindestens ein Berater und häufig noch andere Mitarbeiter des Unternehmens. Weiterhin soll dieses Vorgehen *Klarheit und Transparenz* schaffen. Der Vorgesetzte hat so, über sein eigenes Urteilsvermögen hinaus, eine klare, ordentliche Bewertung jeder Person, auf deren Basis er Personalentscheidungen treffen kann. Es schafft ferner eine *Struktur und Ordnung:* Jede Führungskraft wird auf einem Raster angeordnet, bekommt quasi Noten. Und es stellt den Versuch dar, ein komplexes Thema, nämlich das Einschätzen von Führungsqualitäten, zu *objektivieren* und zu *versachlichen.*

Diese Aspekte des Management-Audits bergen aber auch Gefahren. Die Qualität der Beurteilung durch einen Berater hängt sehr stark von den Kompetenzen des Beraters ab, aber auch von der Interviewsituation und der Fähigkeit des Kandidaten, sich in einer solchen Situation authentisch zu zeigen. Objektivität kann, wenn Menschen Menschen beurteilen, ohnehin nie erreicht werden. Es sollte sichergestellt werden, daß die vermeintliche Gründlichkeit, Systematik und Objektivität nicht ein falsches Gefühl der Sicherheit vermitteln und vielleicht sogar eine „Alibifunktion" übernehmen.

Schließlich verlangt die Vorgehensweise des Management-Audits in den Fällen, in denen auch die Kollegen des Kandidaten befragt werden, eine große Bereitschaft, seine eigenen Stärken und Schwächen quasi „veröffentlicht" zu sehen. In unserer Kultur wird es als eine Stärke angesehen, *Schwächen zuzugeben* und in der Folge an ihnen zu arbeiten. Ebenso wird es als positiv angesehen, daß man *Konfrontationen nicht aus dem Weg geht,* sondern sich ihnen stellt.

Doch die Urteile der Kollegen bleiben in der Regel anonym, der Kandidat bekommt nur ein kollektives Feedback. Befürworter dieser Form des Management-Audits gehen davon aus, daß Kollegen einander ehrlich und fair bewerten. Der Grund hierfür sei die Angst, durch falsche Beurteilungen das eigene Urteilsvermögen zu diskreditieren. Dies unterschätzt den Faktor Politik im Unternehmen. Der Einzelne kann subtile Bewertungsanpassungen vornehmen, bewußt oder auch nur unbewußt. Außerdem ist es durchaus denkbar, daß Führungskräfte Koalitionen gegenüber bestimmten Kollegen schließen, um so z.B. einen besonders ehrgeizigen Kollegen zu „bremsen“. In jedem Fall muß sich der von seinen Kollegen kollektiv und anonym beurteilte Kandidat hilflos fühlen, da er keine Basis hat, der Kritik direkt zu begegnen.

Zusammenfassend ist zu sagen, daß das Management-Audit als Methode durchaus zentrale Elemente der Kultur in unserem Lande reflektiert, einer Kultur allerdings, die insbesondere in der Wirtschaftswelt stark im Umbruch begriffen ist. Zu den damit verbundenen Problemen der Qualitätssicherung sei auf den Beitrag „Qualitätsanforderungen an Management-Audits“ in diesem Band verwiesen.

Die Vereinigten Staaten von Amerika

Nordamerika, Australien und Neuseeland sowie in Europa Großbritannien und die Niederlande liegen im Quadranten niedrige Machtdistanz/Individualismus mit einer stärker ausgeprägten Tendenz zum Individualismus als der Rest Europas. Bei der Spekulation über die Wurzeln dieser individualistischen Ausrichtung stößt man unweigerlich auf den gemeinsamen religiösen Hintergrund, der diese Kulturen verbindet: Sie sind allesamt stark vom Protestantismus geprägt, und im Protestantismus steht der „Vertrag des Einzelnen mit Gott“ viel stärker als die Gemeinschaft der Gläubigen im Vordergrund.

Die Entstehung und Entwicklung der Vereinigten Staaten wurde maßgeblich geprägt von Menschen, die bereit waren, für ihre Freiheit und ihre Überzeugungen alles hinter sich zu lassen, was sie kannten, und sich großen Gefahren und Entbehrungen auszusetzen. Es ist daher nicht verwunderlich, daß sich hier von Anfang an eine Kultur entwickelte, die Freiheit, Eigenverantwortung, Initiative und Unabhängigkeit als Werte besonders hoch einschätzte. Auch gleiche Chancen und Rechte für alle wurden zu einem zentralen Credo dieses Landes, und somit wurde eine Gesellschaft mit niedriger Machtdistanz im Sinne von Hofstedes Definition schon in der amerikanischen Verfassung verankert.

Der „selfmademan" ist traditionell das Ideal des Amerikaners. In der amerikanischen Wirtschaftswelt ist seit jeher die eigene Leistung der wichtigste Erfolgsfaktor. Es gab und gibt weder – gemessen an europäischen Verhältnissen – Arbeitsplatzsicherheit noch ein ausgeprägtes System der sozialen Sicherheit. Außerdem ist man daran gewöhnt, daß man sich nicht auf Verdienste von gestern berufen kann, sondern die eigene Leistungsfähigkeit immer wieder von Neuem unter Beweis stellen muß.

Da man in diesem Kontext auch nicht von großer Loyalität der Führungskräfte gegenüber ihren Unternehmen ausgehen kann, ist es nicht erstaunlich, daß besonders hohe Spitzengehälter und Stock-Option-Programme für Führungskräfte sich gerade hier als Mittel der Bindung guter Mitarbeiter ans Unternehmen entwickelt haben.

Aus dieser Perspektive scheint ein Management-Audit zunächst recht gut in das kulturelle Umfeld zu passen.

Allerdings sind hier einige Einschränkungen zu machen: Die amerikanische Management-Kultur basiert in einem hohen Maße auf der Formulierung und entsprechenden Umsetzung von Zielvorgaben. Wenn eine Führungskraft in jüngster Vergangenheit die formulierten Zielvorgaben realisiert hat, ist es sehr schwer vorstellbar, diese Person dann aufgrund fehlender Kompetenzen in Hinblick auf abstrakte, zukünftige Anforderungen abzustufen oder gar zu entlassen. Bei der ausgeprägten US-amerikanischen Rechtsstreit-Kultur würde man sich mit dieser Methode als Unternehmen möglicherweise sogar ein gerichtliches Verfahren einhandeln.

Es ist hingegen denkbar, die Ergebnisse einer Potentialanalyse zur Definition künftiger Zielvorgaben und Fortbildungsmaßnahmen beziehungsweise zur Erarbeitung eines Profils bei der Neuvergabe von Positionen zu benutzen.

Ein weiterer Punkt, in dem sich die Anwendbarkeit für den amerikanischen Markt wahrscheinlich unterscheiden würde, ist die Methode der Befragung selbst. Europäer tendieren dazu, die Dinge sehr analytisch, konzeptionell und abstrakt anzugehen. Darüber hinaus sind vor allem in Deutschland entwickelte Methoden der Befragung tendenziell besonders systematisch und gründlich. Amerikaner gehen eher experimentell vor. In diesem Sinne wäre zu erwarten, daß man in Amerika

Fallstudien, Business Games, Simulationen und ähnlichen Vorgehensweisen mehr Raum geben würde.

Die Akzeptanz von qualifizierten Beratern als wichtiger Bestandteil einer Potentialanalyse dürfte unproblematisch sein. Das kollektive Ergebnis einer Kollegenbefragung könnte jedoch in den Vereinigten Staaten auf starken Widerstand stoßen. Wenn man schon der Kritik der Kollegen ausgesetzt wird, dann würde man mit Sicherheit wissen wollen, wer welche Kritik formuliert hat, um dem entsprechend begegnen zu können. Um eine Belastung des Betriebsklimas zu vermeiden, sollte sehr sorgfältig abgeklärt werden, ob dieses Element des Management-Audits eingesetzt werden soll.

Im übrigen gilt auch hier, daß die Unternehmensführung in diesen Prozeß sehr stark involviert sein sollte und letztendlich die Verantwortung für den Kommunikationsprozeß und die Entscheidungen im Zusammenhang mit dem Management-Audit übernehmen muß.

Frankreich

Die südlichen und südwestlichen Länder Europas zeichnen sich bei recht individualistischer Ausrichtung durch wesentlich höhere Machtdistanz aus. Dies trifft auch ganz besonders auf Frankreich zu. In Frankreich vermischt sich eine individualistische Einstellung mit extrem stark zentralisierten Entscheidungsprozessen.

Die absolute Macht der regierenden Monarchen, das „ancien regime" hat in Frankreich länger überlebt als in vielen anderen europäischen Staaten. Doch auch nach der französischen Revolution wurde das Land weiterhin zentralistisch verwaltet. Diese Mentalität hat sich (trotz der Dezentralisierungsgesetzgebung und -maßnahmen in den achtziger Jahren) bis heute weitgehend erhalten. Bis vor wenigen Jahren hat der Staat auch eine sehr starke Rolle in der französischen Wirtschaft gespielt. Man sieht in der leitenden, unterstützenden und schützenden Funktion des zentralisierten Staates die Grundlage für den Erfolg der wirtschaftlichen Entwicklung Frankreichs nach dem zweiten Weltkrieg.

Die politischen und wirtschaftlichen Eliten Frankreichs werden in sogenannten *grandes écoles* ausgebildet, ein System, das parallel zur Universität existiert. Die prestigeträchtigsten dieser „grandes écoles" sind die Ecole Polytechnique, die Ecole Nationale d'Administration (ENA) und die Ecole Normale Supérieure (ENS), doch es gehören auch viele Wirtschaftshochschulen zu diesem System. Diese Hochschulen rekrutieren fast alle mittels anspruchsvoller Aufnahmeprüfungen, auf die man sich ein bis zwei Jahre lang nach dem Abitur in den sogenannten *classes préparatoires* sehr intensiv vorbereiten muß. Diese zeitaufwendige Ausbildung favorisiert de facto Studenten aus den mittleren und höheren sozialen Schichten. Die Absolventen zeichnen sich so durch einen gewissen Grad an sozialer Homogenität, vor allem aber auch durch ein hohes intellektuelles Niveau aus.

Ursprünglich wurde dieses System geschaffen, um die talentiertesten Ingenieure und Verwalter für den Staatsdienst auszubilden. Im Laufe der Zeit wurden aber immer mehr Absolventen vom privaten Sektor angezogen. Daher gibt es eine enge Verzahnung zwischen der Ausbildung für den Staatsdienst und den Top-Karrieren in der Industrie. Diese wird besonders deutlich bei der Rolle, die die *grands corps,* Corps des Mines, Corps des Ponts et Chaussées und Inspection des Finances, als Sprungbrett für Spitzenpositionen in der französischen Wirtschaft spielen. Von Beginn ihrer Karriere an werden Mitglieder dieser grands corps mit schwierigen Aufgaben betraut, damit sie Führungsqualitäten entwickeln. Aus diesem Talentpool rekrutiert die französische Wirtschaft die Kandidaten für zukünftige Spitzenpositionen. Auch die anderen Managementebenen werden zumindest in den Großunternehmen bevorzugt mit Kandidaten besetzt, die das *grande école*-System durchlaufen haben.

Dieses recht elitäre System ist einer der wesentlichen Gründe für das ausgeprägte Statusdenken in der französischen Wirtschaft. Die höchste Führungsebene gehört einer gewissen Gruppierung an, die sich von der mittleren Führungsebene in ihrem Selbstverständnis qualitativ unterscheidet. Diese wiederum, die *cadres,* haben selbst einen besonderen Status aufgrund ihrer im allgemeinen hohen Qualifikationen und unterscheiden sich ihrerseits deutlich von anderen Angestellten. Mit der Ausbildung gehört man fast automatisch einer dieser Gruppierungen an.

Die große soziale Distanz zwischen unterschiedlichen Ebenen hat einen eher autoritären Führungsstil geschaffen, der seine Berechtigung in den in der französischen Kultur hochgeschätzten intellektuellen Fähigkeiten der Führungsriege findet. Man geht davon aus, daß der Manager mit dem entsprechenden Hintergrund auch die Fähigkeiten mitbringt, die richtigen Entscheidungen zu treffen. Vorgesetzte und Untergebene sind daher an eine Management- Kultur gewöhnt, in der der Vorgesetzte letztendlich alle Entscheidungen trifft und Bewertungen vornimmt. Es ist nicht üblich, die Entscheidungen oder Handlungen des Vorgesetzten in Frage zu stellen.

Management by Objectives ist in Frankreich selten erfolgreich umgesetzt worden. Dieser Managementmethode liegt die Überlegung zugrunde, daß Vorgesetzter und Untergebener gemeinsam realisierbare Ziele diskutieren und festsetzen, so daß sich der Untergebene mit diesen Zielen auch selbst identifizieren kann und man ihn später daran messen kann. Mit dieser Methode fühlen sich in Frankreich jedoch beide Seiten unwohl.

Der Untergebene ist nicht daran gewöhnt, die vorgegebenen Zielsetzungen seiner Vorgesetzten zu diskutieren und erst recht nicht daran, die Initiative und Verantwortung für eine eigene Definition seiner Ziele zu übernehmen. Es ist üblich, daß Ziele und Aufgaben vom Vorgesetzten vorgegeben werden.

Die Konsequenz ist ein hierarchisches, zentralisiertes, eher „top-down“ orientiertes Management. Es ist wichtig, sich vor Augen zu halten, daß dieses System von beiden Seiten akzeptiert wird. Der Vorgesetzte hat das Privileg, aber auch die Aufgabe und Pflicht, Verantwortung zu übernehmen; dies wird von ihm erwartet. Damit einher geht aber auch eine gewisse Fürsorgepflicht gegenüber den Untergebenen.

So hat ein Nicht-Beachten oder Nicht-Realisieren von Zielen auch weniger ernste Konsequenzen als in den Ländern, in denen Management by Objectives praktiziert wird. Der Vorgesetzte hat die Möglichkeit, sich großzügig zu zeigen, es gehört auch zu seinen Aufgaben, seine Untergebenen zu fördern und zu schützen. Allerdings birgt dieses System auch eine Gefahr der Subjektivität in der Beurteilung.

In einer Kultur mit hoher Machtdistanz kann ein Prozeß wie der des Management-Audits dazu beitragen, die Macht zu reduzieren, denn nach Bekanntwerden der Resultate einer Potentialanalyse kann die Unternehmensführung nicht mehr ohne weiteres auf der Basis ihrer eigenen Meinung handeln. Voraussetzung für eine Durchführbarkeit ist daher zunächst einmal, daß die Unternehmensführung selbst wirklich an einer offenen Diskussion über transparente Kriterien für zukünftigen Führungserfolg interessiert ist. Da sie selbst Teil des Systems ist, könnte sie damit allerdings auch ihre eigene Legitimität in Frage gestellt sehen.

In dieser Kultur müßte ein Management-Audit daher in besonders enger Zusammenarbeit mit der Führungsspitze vorbereitet werden. Dies ist um so wichtiger, als die Unternehmensführung auch die oben erwähnte Schutzfunktion gegenüber ihren Untergebenen hat. Es ist davon auszugehen, daß man die Autonomie von externen Beratern eher beschränken würde.

Im positiven Falle könnte ein Management-Audit eine sicher von vielen Seiten auch gewünschte Objektivierung der Beurteilungskriterien zur Folge haben. In einer Kultur, in der Vorgesetzte und Mitarbeiter nicht daran gewöhnt sind, vor allem Schwächen direkt anzusprechen, könnte eine Potentialanalyse im besten Falle durch die sorgfältige Beurteilung und neutrale Durchführung eine Basis für ein offenes Gespräch zwischen den Führungsebenen bilden. Qualifizierten Beratern könnte hier die zusätzliche wichtige Aufgabe zukommen, der Unternehmensführung bei der Durchführung solcher Gespräche zur Seite zu stehen.

Es ist jedoch zu berücksichtigen, daß eine echte Überprüfung und Neudefinition der Führungskompetenzen auf hoher Ebene in einer Kultur, deren Führungsanspruch durch den Status legitimiert wird, einer Palastrevolution gleichkommt. Um so wichtiger wäre es, daß ein intensiver Dialog mit der Unternehmensspitze über die Führungskompetenzen, die für die Zukunft des Unternehmens wesentlich sind, zustande kommt und daß sie auch bereit und in der Lage ist, selbst die Konsequenzen einer solchen Veränderung umzusetzen.

Eine Kultur, in der die Meinungen und Entscheidungen des Vorgesetzen relativ unantastbar sind, bildet einen besonders fruchtbaren Boden für die unterschiedlichsten Vorgehensweisen, die Aufmerksamkeit des Vorgesetzten auf sich und weg von anderen zu lenken. In diesem Umfeld ist zu erwarten, daß eine gegenseitige Beurteilung durch Kollegen der gleichen Führungsebene auf extremes Mißtrauen und große Emotionalität stoßen würde. Eine Bewertung durch Kollegen erscheint vor diesem Hintergrund nicht sehr empfehlenswert.

Der chinesische Kulturraum

Im Fernen Osten hat die chinesische Kultur durch die Präsenz und Aktivität der ausgewanderten Chinesen die Wirtschaftswelt in zahlreichen Ländern stark geprägt. Zum chinesischen Kulturraum gehören aus dieser Perspektive nicht nur China, Taiwan, Hong Kong und Singapur, sondern auch Länder, in denen Chinesen zwar in der Minderheit sind, aber dennoch wichtige Anteile der dortigen Wirtschaft kontrollieren, mithin ganz Südostasien. Korea ist zwar eine ganz eigenständige Kultur, dennoch treffen die meisten der unten ausgeführten Überlegungen auch hier zu, da die Kultur von ähnlichen Werten geprägt ist.

In Hofstedes Diagramm liegen diese Länder im Quadranten hohe Machtdistanz, kollektivistische Ausrichtung sehr nahe beieinander. Diese Kultur ist der nordeuropäischen diametral entgegengesetzt, und daher ist zu vermuten, daß sie für uns besonders schwer zu verstehen ist. In diesem Kulturraum, vor allem in China selbst, vollziehen sich derzeit enorme Veränderungen. Bevor darauf eingegangen wird, soll aber zunächst die traditionelle Kultur beschrieben werden.

Den Einfluß hoher Machtdistanz haben wir schon am Beispiel Frankreichs kennengelernt. Die Ursachen für die hohe Machtdistanz liegen im chinesischen Kulturraum allerdings vor allem in der konfuzianischen Denkweise begründet. Konfuzius hat schon fünf Jahrhunderte v. Chr. Rechte und Pflichten in den zwischenmenschlichen Beziehungen formuliert, und zwar vor allem explizit für die Beziehung zwischen Eltern und Kind, Lehrer und Schüler, Staat und Untertan. Zwischenmenschliche Beziehungen zeichnen sich nicht durch ein Prinzip der Gleichheit der Einzelnen, sondern vielmehr durch Ungleichheit im Sinne von Position in der Gesellschaft und Alter aus.[1] So hat der Höhergestellte oder Ältere sehr starke Fürsorgepflichten, die zum Teil weit über das hinausgehen, was im Westen üblich ist. Autorität ist getragen von Güte, Verantwortung und vorbildlichem Verhalten. Dafür wird von der anderen Partei unbedingte Loyalität und Unterstützung, ja Gehorsam, erwartet. Während hierzulande das Stichwort Autorität eine negative Assoziationskette auslöst – befehlen, unterordnen, einschränken etc. – ist das Konzept in China positiv besetzt und beinhaltet Fürsorge, Güte, Reife und Respekt.

---

1 Kwok Leung, Dean Tjosvold: Conflict Management in the Asia Pacific, John Wiley & Sons (Asia) Pte Ltd, Singapur 1998.

Die traditionelle Unternehmensform im chinesischen Kulturraum war das Familienunternehmen mit dem Patriarchen der Großfamilie an der Spitze. So haben sich die Regeln aus der Eltern-Kind-Beziehung auf die Arbeitswelt übertragen. Die Unternehmen wurden und werden auch heute noch meistens paternalistisch autoritär geführt. Eine harmonische Beziehung ist gekennzeichnet von Respekt und Loyalität gegenüber dem Älteren und demjenigen, der eine höhere Position innehat. Dieser hat gleichzeitig eine wichtige, fast väterliche Fürsorgepflicht gegenüber seinen Untergebenen. Hierzu gehört auch die kontinuierliche Förderung und Unterstützung. So trifft traditionell der Besitzer oder Leiter des Unternehmens selbst die wesentlichen Entscheidungen. Delegation von Verantwortung und Initiative ist nicht die Regel. Auch oder gerade die direkt dem Chef unterstehenden Mitarbeiter haben ihre Positionen inne, weil sie ihm lange loyal gedient haben, weil sie ihre Verläßlichkeit unter Beweis gestellt und die ihnen übertragenen Aufgaben zufriedenstellend erledigt haben. Neben der Loyalität sind Alter und Dauer der Firmenzugehörigkeit traditionell wesentliche Kriterien für die Beförderung und die Sicherheit des Arbeitsplatzes. Zu der hohen Machtdistanz kommt eine kollektivistische Ausrichtung. Eine Organisation ist ein gewachsenes Ganzes, deren Mitglieder im Laufe der Zeit vielfältige interdependente Beziehungen und Loyalitäten entwickelt haben. Der einzelne Mitarbeiter hat weniger zum Ziel, sich durch seine Initiative und eigenständige Arbeit hervorzutun, als vielmehr die Aufgabe, die ihm in der Gruppe zukommt, zur Zufriedenheit aller und besonders des Vorgesetzten zu erfüllen.

In dieser Kombination – hohe Machtdistanz/Kollektivismus – ist der Druck sich anzupassen enorm hoch. Während die Menschen in einem Land mit hoher Machtdistanz, aber individualistischer Ausrichtung (wie Frankreich) sich in irgendeiner direkten oder indirekten Form verweigern können, wenn sie nicht einverstanden sind, ist so etwas in dieser Kultur nicht üblich. Da die Bedürfnisse der Gruppe Vorrang haben vor den Bedürfnissen des Einzelnen, wird persönlicher Ärger meist unterdrückt. In dieser extrem auf die Gruppe ausgerichteten Kultur hat die Wahrung der Harmonie in der Gruppe Priorität. Während bei uns „Konfliktfähigkeit“ eher bedeutet, daß man mit Konflikten offen umgeht, sie direkt anspricht und sie konfrontativ austragen kann, sind solche Eigenschaften im Fernen Osten negativ belegt. Andere mit ihren Problemen oder Schwächen, Ungereimtheiten öffentlich zu konfrontieren wäre extrem unhöflich. Direktheit wird als unerzogen und plump angesehen.[1]

Aus traditioneller Perspektive ist in einer solchen Kultur ein Management-Audit, das konkrete Umbesetzungen zur Folge haben könnte oder hat, schwer vorstellbar. Es ist schwer vorstellbar, Mitarbeiter, die seit Jahren erfolgreich und loyal für das Unternehmen gearbeitet haben, plötzlich in einem Test an völlig neuen Kriterien zu messen und möglicherweise dann aufgrund der Ergebnisse abzustufen oder gar zu entlassen. Die Menschen sind auf eine bestimmte Führungsebene gelangt, weil sie über Jahre die Qualitäten demonstriert haben, die dort als wichtig erachtet werden. Die bereits erwähnte Fürsorgepflicht ist ein wesentliches Charakteristikum der Führungskompetenz. Ein Vorgesetzter, der es daran mangeln läßt, hat eine elementare Aufgabe verfehlt. Fürsorgepflicht beinhaltet, daß der Vorgesetzte die ihm unterstellten Mitarbeiter im Laufe der Zeit entsprechend fördert und aufbaut, sie an die Stelle im Unternehmen bringt, die ihren Fähigkeiten und ihrem Potential entspricht. Wenn also als Ergebnis eines Management-Audits Fehlbesetzungen identifiziert würden, so beträfe das die Verantwortung des Vorgesetzten selbst, und er würde dadurch einen Gesichtsverlust erleiden. Auch war Seniorität stets ein wesentliches Kriterium für die Besetzung von höheren Positionen, und es ist daher in den traditionell geführten Unternehmen sehr schwierig, jüngere Mitarbeiter mit Potential zum Vorgesetzten von älteren, erfahreneren Mitarbeitern zu machen.

Ein weiteres Problem bestünde im Einsatz unternehmensfremder Berater, die im persönlichen Interview die Stärken und Schwächen des Einzelnen ergründen sollten. Zunächst einmal sind die Menschen aufgrund ihres Gruppenfokus' überhaupt nicht daran gewöhnt, ihr eigenes Verhalten und ihre Fähigkeiten unabhängig von den Vorgaben ihres Vorgesetzten zu analysieren und zu reflektieren. Mit einem relativ abstrakten Interview über Stärken und Schwächen würde man wahrscheinlich auf wenig Resonanz stoßen. In kollektivistischen Kulturen ist man Fremden gegenüber sehr distanziert. Nur diejenigen, die zu der eigenen Gruppe gehören und ihre Vertrauenswürdigkeit unter Beweis gestellt haben, können mit Offenheit rechnen. Ein unternehmensfremder, womöglich sogar ausländischer Berater fällt ganz sicher nicht in diese

1 Kwok Leung, Dean Tjosvold: Conflict Management in the Asia Pacific, John Wiley & Sons (Asia) Pte Ltd, Singapur 1998.

Kategorie. Ihm gegenüber würde man wichtige Dinge über sich nicht preisgeben.

Auch eine Befragung der Kollegen wäre sicher nicht sinnvoll. Zwar wird in chinesischen Unternehmen untereinander durchaus kritisch über Kollegen gesprochen, doch keiner würde es je wagen, sich offiziell und womöglich schriftlich kritisch über einen Kollegen zu äußern. Dies würde für beide Seiten großen Gesichtsverlust bedeuten und die Harmonie der Gruppe stören. Daher wären bei einer solchen Befragung keine aussagefähigen Resultate zu erwarten.

Doch die chinesische Kultur ist gerade in der Unternehmenswelt in einer Umbruchsituation. Überall in Asien verliert das Senioritätsprinzip nach und nach seine Unantastbarkeit, vor allem durch die höhere Qualifikation der jungen Leute auf den Gebieten Neue Medien und Internet-Technologien. China selbst ist von allen Ländern den dramatischsten Veränderungen unterworfen. Die traditionelle Struktur der Familienunternehmen ist dort ohnehin vom Kommunismus praktisch ausradiert worden, und konfuzianisches Gedankengut versuchte man auszumerzen.

In den letzten Jahren sind die unter den Kommunisten entstandenen riesigen Staatsunternehmen ihrerseits zusammengebrochen, und derzeit versucht eine wachsende, aber immer noch verhältnismäßig kleine private Wirtschaft verzweifelt neue Arbeitsplätze zu schaffen. Die Generation der heute 40- bis 50-Jährigen hat aufgrund der Kulturrevolution so gut wie keine Ausbildung erhalten. Es sind zumeist junge Leute, die die beste Ausbildung haben und relativ unbelastet von der traumatischen Vergangenheit ihres Landes Neues schaffen und ihren Lebensstandard verbessern wollen. Statt der Großfamilie ist heute die Ein-Kind-Familie zur Norm geworden.

In diesem sich so rasant verändernden Umfeld suchen die neuen Unternehmer natürlich auch neue, moderne Managementmethoden, die ihnen helfen können, national und international erfolgreich zu werden. Auch in den anderen Ländern des chinesischen Kulturraums ist man an westlichen Managementmethoden durchaus interessiert.

Vor diesem Hintergrund könnte eine Potentialanalyse, allerdings in veränderter Form, durchaus hilfreich sein: Hilfreich wäre vor allem die Diskussion über Führungskompetenzen selbst, vor allem dann, wenn das betroffene Unternehmen international tätig ist oder gar mit einem europäischen Unternehmen zusammenarbeitet. Ein offener, konstruktiver Dialog zwischen der europäischen und der chinesischen Unternehmensleitung über das „Was“ und das „Warum“ erfolgversprechender Führungskompetenzen für die Zukunft könnte das gegenseitige Verständnis entscheidend verbessern und eine Veränderung des Managementstils initiieren.

Um diesen Dialog führen zu können, muß allerdings schon eine gemeinsame Vertrauensbasis existieren. Außerdem müßte die europäische Seite mit Sensibilität und Respekt auf die lokale Kultur eingehen. Schließlich bräuchte man Zeit, Geduld und den Willen, ein Konzept zu entwickeln, daß den Anforderungen beider Seiten gerecht wird. Sind diese Voraussetzungen erfüllt, könnte man bei den relevanten Mitarbeitern eine Potentialanalyse durchführen. Die Absicht wäre aber hier mehr eine Sensibilisierung für die neu zu entwickelnden Vorgehensweisen und Kompetenzen und die Gründe dafür. Diese Gespräche sollten vom lokalen Unternehmensleiter geführt werden, ihm könnte ein unternehmensfremder Berater als Experte zur Seite stehen. Daraus müßte ein Maßnahmenkatalog entwickelt werden, um den Mitarbeitern bei der Entwicklung der neuen Kompetenzen zu helfen. Einsätze im Ausland könnten hier z.B. sehr hilfreich sein.

Solche Veränderungen geschehen nicht über Nacht. Es sei an dieser Stelle davor gewarnt, mit einem Instrument wie dem Management-Audit in einer fremden Kultur kurzfristige, einschneidende Veränderungen zu provozieren.

Japan

Die japanische Gesellschaft ist zwar auch kollektivistisch geprägt und zeichnet sich durch tendenziell hohe Machtdistanz aus, allerdings nimmt die Macht im Unternehmen andere Ausdrucksweisen an. Zusätzlich hat Japan einige einzigartige Managementtechniken entwickelt, die unsere Fragestellung beeinflussen.

Während in den meisten Ländern des Fernen Ostens die Beziehungen der Einzelnen untereinander und vor allem die vertikalen Beziehungen im Vordergrund stehen, liegt die Betonung in Japan sehr stark auf der Gruppe an sich. Hier sieht man ein Unternehmen als ein organisches

Ganzes, verwoben mit einem komplexen Netzwerk zwischenmenschlicher Beziehungen. Alles Wichtige im Leben geschieht durch eine kollektive Anstrengung. Das Leben im Unternehmen ist gekennzeichnet von gegenseitigen Abhängigkeiten, Verläßlichkeit und Loyalität des Einzelnen gegenüber dem Ganzen. Die Gruppe nicht zu enttäuschen hat Vorrang. Japanische Organisationen, gerade auch die ganz großen, sind zwar sehr hierarchisch, werden aber nicht paternalistisch autoritär geführt. Die Entscheidungsfindung im Unternehmen findet durch einen ganz einzigartigen Prozeß der Konsensbildung statt, bei dem alle Betroffenen auf allen Ebenen die Implikationen des Projektes durchdenken und entsprechende Anpassungen vornehmen können. Am Ende dieses oft langwierigen Prozesses steht ein Projekt, das von jedem unterstützt wird.

Entscheidungsfähigkeit ist daher keine zentrale Führungsaufgabe. „Ein Begriff, der für das Verständnis der Japaner sehr wichtig ist, ist *wa,* Harmonie. Es bezieht sich auf die Qualität menschlicher Beziehungen und beinhaltet Kooperation, Vertrauen, Wärme und die Fähigkeit zu teilen, basierend auf Zuwendung zu den anderen. (...) Eine erfolgreiche Führungskraft tut ihr Bestes, um *wa* zu fördern. (...) Für Japaner bedeutet Führungskompetenz die Kapazität des Einzelnen, anderen sorgfältig zuzuhören und darauf hinzuarbeiten, Konsens und Harmonie in der Gruppe zu bewahren. Auch Urteilsvermögen und Weitsicht sind wichtig. (...) Um in Japan eine Führungsposition einzunehmen, braucht man Seniorität und die Unterstützung einer absolut loyalen und ergebenen Gruppe von Kollegen und Mitarbeitern.“[1]

Auch in der japanischen Organisation existiert ein beinahe väterliches, förderndes Verhältnis zwischen Vorgesetztem und Untergebenen, zwischen Älterem und Jüngerem (Sempai-kohai-Beziehung). Außerdem wird neu ins Unternehmen eintretenden Mitarbeitern ein Mentor zugeordnet. Diese Beziehungen sind gekennzeichnet von *amae* ein Zustand, in dem man „von dem Wohlwollen/der Unterstützung des Anderen ausgehen kann und auch abhängt.[2] Dieses Prinzip wirkt in beide Richtungen und schafft daher einen hohen Grad an Interdependenz.

---

1 Edward T. Hall, Mildred Reed Hall: Hidden Differences – Doing Business with the Japanese, 1987, Anchor Books, New York, S. 78/79.

2 Muneo Jay Yoshikawa: Japanese and American modes of communication and implications for managerial and organizational behavior; Department of East Asian Languages, University of Hawai 1982.

Gleichzeitig existiert ein förderndes, interdependentes Verhältnis ähnlicher Natur auf horizontaler Ebene. Diejenigen Mitarbeiter, die gleichzeitig im Unternehmen angefangen haben und durch ähnliche Ausbildungsschritte gegangen sind, haben einander gegenüber die gleichen Pflichten des Wohlwollens und der gegenseitigen Unterstützung.

Es gibt einen weiteren einzigartigen Prozeß im japanischen Unternehmen, und zwar den der kontinuierlichen Verbesserung oder Kaizen. Es ist für Angehörige anderer Kulturen schwer, die völlige Durchdringung jeden Aspekts einer japanischen Organisation von dieser Idee der kontinuierlichen Verbesserung zu erfassen. Japaner sind davon überzeugt, daß Erfolg aufgrund der menschlichen Tendenz, sich auf seinen Lorbeeren auszuruhen, die „Mutter des Mißerfolgs" ist. Daher versucht man permanent und umfassend die Art und Weise des Vorgehens zu verbessern.

Die Betonung liegt hierbei auf dem Prozeß und nicht auf dem Resultat. Kritische Besprechungen, „Manöverkritik" sozusagen, sind ein integraler Teil der Arbeitsorganisation. Es wird grundsätzlich wenig gelobt, sondern auch dann, wenn etwas „gut gelaufen ist", wird immer wieder die Frage gestellt, wie man es noch besser machen könnte. Kritik vom Chef und Selbstkritik sind ein konstantes Phänomen. Auf den ersten Blick scheint das mit einer Kultur, die Harmonie und die Wahrung des Gesichtes betont, im Widerspruch zu stehen. Doch hier geht es nicht um die Person, sondern um den Prozeß. Es gibt eine hohe Fehlertoleranz, solange man versucht, daraus Lehren für das Ganze zu ziehen. Aus diesem Grund trägt der Einzelne auch durch seine Fehler zur Verbesserung der Gruppe bei. Für Japaner ist diese konstruktive Kritik eine Art positives Feedback – sie wissen, daß ihr Beitrag wichtig ist und ernst genommen wird.[1]

Diese Einstellung beeinflußt natürlich auch die Entwicklung des Einzelnen im Unternehmen. Arbeitnehmer werden von Anfang an sehr genau beobachtet. Diejenigen mit Potential für höhere Positionen werden sehr sorgfältig über Jahre hinweg aufgebaut durch häufige Fortbildungsmaßnahmen, Einsätze an unterschiedlichen Stellen im Unternehmen – job rotation – und in einem permanenten Dialog mit Vorgesetztem und Mentor.

---

1 John E. Rehfeld, Alchemy of a Leader, John Wiley & Sons Inc., 1994.

Es ist offensichtlich, daß die an einem solchen Kontext gemessene, „abrupte“ Vorgehensweise eines Management-Audits zunächst unbeholfen und unseriös erscheinen muß. Hier wird eine Einmalbewertung eines Kandidaten vorgenommen, auf deren Basis man Rollen im Unternehmen neu verteilt; dort werden potentielle Führungskräfte über viele Jahre im Rahmen eines permanenten Prozesses von job rotation, Kritik und Coaching aufgebaut.

An Kritik ihrer Arbeit sind Japaner zwar gewöhnt, nicht aber an das Fixieren einer solchen Kritik in Form von Einstufungen und vergleichenden Bewertungen. Der ganze Bewertungsprozeß ist fließend und jeder kann sich selbst immer verbessern. Eine einmalige „Bestandsaufnahme“ der bestehenden Kompetenzen mit anschließender Veröffentlichung der Resultate wäre für alle sehr verwirrend und höchst peinlich. Hier läge viel zu viel Aufmerksamkeit beim Einzelnen. Die eigene Leistung ist vor allem als Beitrag zur Gruppe relevant und wäre, für sich allein stehend, bedeutungslos. Positive Einstufungen wären noch peinlicher als negative. In Japan gibt es ein Sprichwort: „Wenn ein Nagel herausschaut, wird er wieder hineingeschlagen“. Da stets die Gruppe als Ganzes im Vordergrund steht, würde auch eine positive Heraushebung die Harmonie stören. Der Kandidat könnte sich nicht mehr unbefangen in der Gruppe bewegen. Gerade vor diesem Hintergrund würden auch hier Mitarbeiter keine aussagefähige systematische Kritik an Kollegen üben. Kritik ist immer situationsgebunden.

Wenn man sich die Prozesse der kollektiven Entscheidungsfindung und der kontinuierlichen Verbesserung als Basis der Organisation vor Augen hält, wäre es auch in Japan für einen außenstehenden Berater unmöglich, sinnvolle Resultate zu erzielen. Wer außerhalb der Gruppe steht, kann in einem Einzelinterview nicht erfassen, wie der Kandidat zur Gruppe beiträgt. Auch hier würde man sich ihm gegenüber mit Sicherheit nicht öffnen.

Doch auch Japan hat im Lauf der seit den neunziger Jahren andauernden Krise erkennen müssen, daß die traditionellen Methoden allein für die wirtschaftlichen Herausforderungen der Zukunft nicht mehr ausreichen. Vor allem das Prinzip der Seniorität als Beförderungskriterium wird heute massiv in Frage gestellt. Gleichzeitig hat man sich auch von dem Prinzip der lebenslangen Anstellung nach und nach lösen müssen. Auch Japan ist auf der Suche nach neuen, erfolgversprechenden Führungskonzepten. In diesem Sinne ist eine Diskussion über Führungskompetenzen nicht nur möglich, sondern ausgesprochen notwendig. In dieser Kultur müßte diese Diskussion allerdings wahrscheinlich auf breiterer Basis in den Arbeitsgruppen stattfinden. Hier könnte man sich die traditionelle Kritikfähigkeit und Bereitschaft zur permanenten Veränderung und Verbesserung für diesen Prozeß zunutze machen.

Führungskompetenz in unterschiedlichen kulturellen Kontexten

Im Management-Audit werden zumeist keine technischen, sondern andere, abstraktere Kompetenzen, wie Führungsfähigkeit, Teamfähigkeit, Konfliktfähigkeit, Verhandlungskompetenz etc., untersucht. Diese Begriffe sind aber in anderen Kulturen zum Teil ganz anders besetzt. Wir haben schon gesehen, daß Führung im Fernen Osten zumindest traditionell vor allem als eine sehr starke Verantwortung und Fürsorge für die Untergebenen sowie umgekehrt Loyalität gegenüber den Vorgesetzten definiert wird.

In Deutschland wird „Teamfähigkeit" als eine der angestrebten Führungsqualitäten stark propagiert. Im Fernen Osten findet das Leben im Unternehmen grundsätzlich nur in extrem starker Interdependenz statt, ohne daß dies Teamarbeit genannt würde. Teamfähigkeit bedeutet dort aber nicht, Konflikte offen und direkt auszutragen. Im Gegenteil, man zeichnet sich aus, wenn man Konflikte auf indirekte Art und Weise beilegen kann, ohne daß ein Mitglied der Gruppe „sein Gesicht verliert". Dies kann beispielsweise über einen Mittelsmann geschehen, aber auch durch indirekte Anspielungen, Metaphern, bestimmtes Verhalten oder ähnliches. Verhandlungsgeschick wird in Japan eher mit der Fähigkeit, Tricks anzuwenden und Täuschungsmanöver durchzuführen, assoziiert und ist eher negativ belegt.

Auch in uns näher stehenden Kulturen wie beispielsweise der Frankreichs wird unter Führungskompetenz häufig etwas ganz anderes verstanden als bei uns.

Ein automatisches Übertragen der Führungskonzepte von einer Kultur in die andere ist daher nicht möglich. Ein deutsches Unternehmen, welches beispielsweise nach einer Übernahme ein Audit durchführen möchte, müßte sich also immer die Frage stellen, nach welchen Kriterien Führungskompetenz im übernommenen Unternehemen definiert sein sollte.

Ginge man nach der deutschen Definition vor, würde man wahrscheinlich kaum Kandidaten finden, die diesen Ansprüchen gerecht würden. Falls doch, wären das womöglich Personen, die nicht sehr gut in ihr Heimumfeld paßten. Dann wären sie möglicherweise in der Lage, mit Deutschen zu kommunizieren, aber nicht, vor Ort die Dinge entsprechend durchzusetzen.

Ginge man nur nach der lokalen Definition vor, wäre wohl das Audit irrelevant. Einer sinnvollen Anwendung eines Audits müßte immer ein intensiver Dialog vorausgehen, der, wenn er ernsthaft geführt wird, wahrscheinlich in den meisten Fällen zu einer Verbindung von Elementen aus beiden Kulturen führen würde.

Ein Sonderfall ist die Situation, in der ein deutsches oder europäisches Unternehmen durch ein Management-Audit die Kompetenz seiner eigenen Führungskräfte in den ausländischen Niederlassungen im Hinblick auf internationale Einsetzbarkeit und Übernahme von internationalen Führungsaufgaben untersuchen will. Es ist selbstverständlich, daß auch hier zum guten Gelingen eine sorgfältige Erarbeitung dessen, was internationale Führungskompetenz für das jeweilige Unternehmen bedeutet, notwendig ist.

Grundsätzlich würde dem Audit in diesem Kontext aber eine positive Rolle zukommen, nämlich die der Identifizierung von Neigungen, Kompetenzen und Förderungsmaßnahmen bei Kandidaten, die eventuell für internationale Einsätze in Frage kommen und auch daran interessiert wären. Solche Kandidaten würden automatisch auch der Vorgehensweise offener gegenüberstehen. Auch hier wäre jedoch sicherzustellen, daß ein solches Verfahren mit den einzelnen Kandidaten von einem intensiven Dialog über diese Führungskompetenzen begleitet würde und Förderungsmaßnahmen mit ihnen konsequent durchgeführt würden.

Schlußfolgerung

Für das Management-Audit – wie auch für viele andere westliche Managementmethoden – gilt: Die Frage ist nicht nur, ob man ein Instrument in einem anderen Kulturraum anwenden kann oder nicht, vielmehr muß es das Prinzip und das Ziel sein, mit lokalen Kulturen wirklich zusammenzuarbeiten. Das bedeutet, daß man einerseits fremde Kulturen respektiert und ihnen nicht von außen Traditionen und Perspektiven blind und dogmatisch auferlegt. Eine solche Haltung hat sich in der jüngeren Vergangenheit zunehmend als naiv und illusorisch erwiesen. Es bedeutet aber andererseits auch, daß man diese Kulturen nicht als unveränderbare Traditionen und Strukturen betrachtet – Verkrustungen und überholte Konzepte sind nicht nur bei uns ein Problem –, sondern den lokalen Modernisierungs- und Entwicklungsbestrebungen durchaus Rechnung trägt. So kann man den Menschen vor Ort helfen, sich auch aus lokaler Sicht wirkungsvollere und fortschrittlichere Managementmethoden anzueignen beziehungsweise mitzuentwickeln. Dies wiederum kann die internationale Zusammenarbeit entscheidend erleichtern.

II

Beispiele praktischer Audit-Ansätze

Lernorientiertes 360°-Management-Audit

Roman Müller-Albrecht
Gemini Executive Search, Bad Homburg

Überblick

- Um im Rahmen einer ernstgenommenen Personalentwicklung auch ein weitergehendes Veränderungsmanagement zu bewirken, ist es notwendig, den gesamten Prozeß eines Management-Audits emotional zu begleiten. Das heißt: das Vorfeld der Auditierung ebenso miteinzubeziehen wie die Durchführung zu betreuen als auch anschließende Unterstützung der Auditierten zu gewährleisten.
- Eine Auditierung ist für uns erfolgreich gewesen, wenn dadurch nachhaltig Verbesserungspotentiale realisiert werden können, Veränderungen aus Einsicht geschehen und damit das Unternehmen langfristig werthaltiger wird.

Einleitung

Immer wieder werden wir in unserer täglichen Arbeit gefragt: Wozu dient ein Management-Audit wirklich, beziehungsweise was kann ein Management-Audit tatsächlich leisten? Aus unserer Sicht stellt sich diese Frage eher in umgekehrter Form und gibt uns so die Möglichkeit, das Thema Management-Audit besser zu begreifen. Die Frage lautet also: Was kann ein Management-Audit *nicht* leisten?

Da ein Management-Audit immer in einer spezifischen Situation stattfindet, sind die Ergebnisse auch nur situativ gültig. Nicht Fähigkeiten, Fertigkeiten und Charaktereigenschaften als solche stehen im Vordergrund. Der situative „fit" ist Fokus und Maßstab. Daher gilt: „In dieser spezifischen Situation heute besser geeignet als...“ und nicht „Als Manager geeignet oder nicht“. Vor diesem Hintergrund der relativen Abwägung hat Gemini Executive Search (GES) den 360°-lernorientierten Prozeßansatz als Vorgehensmodell entwickelt. Relativität erfordert eben sowohl gerade gezielte Vielfalt der Betrachtungen, um zu validierten Ergebnissen zu gelangen, als auch Perspektive. Denn wer heute in einer spezifischen Situation „weniger gut geeignet“ erscheint, ist morgen in einer anderen Situation genau der Richtige. Lernorientierung ist gefragt im Sinne von „Welche Stärken kann ich weiter ausbauen“ und weniger „Welche Schwächen kann ich abbauen“ – daneben aber auch und gerade die Betonung des Prozesses. Denn trotz aller wissenschaftlichen Ansätze machen sich „Menschen“ ein Bild „vom Menschen“. Das heißt für uns konkret, daß Kommunikation das wichtigste Element eines gelungenen Management-Audits darstellt. Sie beginnt im Vorfeld einer Auditierung, bezieht Vorstand, Sprecherausschuß, Beteiligte und die externen Berater ein. Klares Ziel ist es, für alle Seiten eine emotionale Plattform zu entwickeln, die die später vorliegenden, objektivierten Ergebnisse in einen für alle Seiten akzeptablen Rahmen einbettet. Das heißt, daß Gemini Executive Search (GES) extremen Wert auf Prozeß- und Sozialkompetenz legt und sich immer wieder verdeutlicht, daß Menschen für Menschen und mit Menschen arbeiten und Methodik eine notwendige, aber nicht hinreichende Bedingung einer erfolgreichen Durchführung ist.

Für uns ist dies Verpflichtung und Anspruch zugleich, vielleicht auch wesentlichstes Differenzierungsmerkmal gegenüber allen anderen ebenfalls methodisch fundierten Ansätzen. Im folgenden gilt es nun deutlich zu machen, wie dies bei dem spezifischen Management-Audit-Ansatz von Gemini Executive Search (GES) geleistet wird, was damit verbunden ist, aber auch erwartet werden kann.

Zunächst geht es uns darum, deutlich zu machen, daß jedes Management-Audit in einer spezifischen Situation stattfindet, aus der sich bestimmte Strategien ableiten lassen, die den wesentlichen Veränderungshebel darstellen. Dieser Veränderungshebel erfordert entsprechende kritische Kernkompetenzen, die dann in einem methodischen Ansatz auditiert werden. Darüber hinaus wenden wir uns konsequent gegen die Akademisierung oder Verwissenschaftlichung dieses Themas. Der Grund hierfür sind die sich aus unserer Sicht im wesentlichen daraus ergebenden zwei Gefahren:

1. Der unseres Erachtens dringend notwendige Praxisbezug geht dadurch häufig verloren, was oft zu einer Vernachlässigung des Faktors Zeit sowie der Ignorierung der Dimension Kosten führt;
2. Die beste Methodik nützt nichts, wenn das Audit nicht vor allem von der zielgerichteten Gestaltung des Prozesses (Information/Kommunikation/Feedback/Transparenz) und entsprechenden Sozialkompetenz der Durchführenden unterstützt wird.

Des weiteren werden dann die aus unserer Sicht daraus ableitbaren Konsequenzen dargestellt, und unsere Vorgehensweise wird detailliert erläutert.

Ein Audit von Gemini Executive Search (GES) schließt selbstverständlich die anschließende Unterstützung sowohl der Auditierten als auch des Unternehmens mit ein, da wir es für wesentlich halten, im Rahmen einer ernstgenommenen Personalentwicklung auch weitergehendes Veränderungsmanagement zu begleiten. Das heißt, daß wir nach Abschluß der Auditierung wiederum in Abstimmung und Kommunikation mit allen am Prozeß Beteiligten weitergehende Maßnahmen bezüglich fachspezifischem, verhaltensspezifischem, aufgabenspezifischem, aber auch fachübergreifendem Lernen anbieten, um so nachhaltig Veränderungsprozesse zu unterstützen. Im weiteren soll dies nun im Detail dargestellt werden.

Hintergrund

Eichhörnchen-Syndrom

Es ist in der Tat – und auch für jedermann nachvollziehbar – leichter, einem Eichhörnchen das Klettern beizubringen als einem Elch. Oder anders gesagt: Auch einem Elch kann man mit viel Aufwand mühsam ein „bißchen" das Klettern beibringen. Warum? Weil das Eichhörnchen für die Tätigkeit „Klettern" einfach „physisch" die besseren Voraussetzungen mitbringt. Dies bedeutet nichts anderes als:

- Die Erfüllung spezifischer „Tätigkeiten" – d.h. Aufgaben, Verantwortlichkeiten, Ergebniszielsetzungen usw. fällt bestimmten Führungskräften eben leichter als ihren Kollegen.

- Es fällt ihnen deshalb leichter, weil sie „genetisch" die für eine spezifische Verantwortung erforderlichen Kernkompetenzen besser abdecken.

- Eher durchschnittlich ausgeprägte, spezifische Fähigkeiten lassen sich nicht zu Spitzenniveaus entwickeln.

- Den Allrounder im Sinne einer überdurchschnittlichen Abdeckung aller oder auch nur der meisten Kernkompetenzen gibt es nicht.

So simpel dies auch klingen mag, die Praxis in vielen Organisationen scheint dies zu ignorieren. Viel Geld ist in den vergangenen Jahren beispielsweise in der Bankenwelt dafür ausgegeben worden, den Allround-Kundenbetreuer – vom einfachen Konsumenten-Kredit über das Aktiendepot bis zur Dollaroption – zu entwickeln. Wie sieht die heutige Realität aus? In Teams gebündelte Spezialisten bedienen situativ die Filialorganisation in der gesamten Region: „Eichhörnchen", die, wenn es situativ um das schnelle Erklettern von Bäumen geht, zur Verfügung stehen.

Vor diesem Hintergrund kann es also immer nur darum gehen:

- das richtige Set an Kernkompetenzen
- für die spezifische Aufgabe in dem spezifischen Unternehmen/der Organisation, in der spezifischen Ausgangssituation mit den spezifischen Zielsetzungen usw. zu finden;
- und Personalentwicklung heißt in diesem Zusammenhang:
- aus den Strategien der Geschäftsbereiche die zur Realisierung von Ergebniszielsetzungen notwendigen Kernkompetenzen ableiten
- und die dazu passenden Führungskräfte kurzfristig identifizieren (intern oder extern) sowie mittelfristig weiter zu entwickeln.

Diese Notwendigkeit besteht, weil differenziertere bzw. neue Kundenbedürfnisse schlicht und einfach differenziertere bzw. neue Vorgehensweisen und Kernkompetenzen zur Bedürfnisrealisierung erfordern. Wobei als Kunden auch und gerade Aktionäre gelten. Wenn es Ihnen z.B. „einfällt", zwei Unternehmen zu vereinigen, dann muß naturgemäß auch zwischen zwei Leitern Rechnungswesen entschieden werden. Der Integrator, der seine Kernkompetenzen in der Herbeiführung von tragbaren Kompromissen unterschiedlicher kultureller-, organisatorischer-, prozessualer- usw. Vorstellungen hat, ist in der Anfangsphase hier wohl eher gefragt als der Visionär. Dieser ist zu einem späteren Zeitpunkt wiederum der Geeignetere – eben in Abhängigkeit der strategischen Ausrichtung des Geschäftsbereiches oder Service Centers.

Akademisches Syndrom

Unbestritten sind die Verdienste ganzer Generationen von Psychologen in der klinischen wie universitären Forschung bei der Entwicklung und statisch-methodischen Validierung von Diagnoseinstrumenten zur Erfassung und Quantifizierung vorhandener wie auch zukünftiger Potentiale. Die Grundprobleme aller Ansätze und Modelle sind und bleiben jedoch:

- die zu geringe Fokussierung auf das für die Praxis wesentliche;
- die Vernachlässigung des Faktors Zeit;
- die Ignorierung der Dimension Kosten.

In einem ökonomisch-gesellschaftlichen Umfeld, in dem Schnelligkeit und Effizienz die wichtigsten Dimensionen und damit wichtiger als 100 Prozent Genauigkeit sind, taugen solche Modelle nur eingeschränkt.

Darüber hinaus – und das ist der methodisch entscheidende Punkt – hinkt die Entwicklung, Einführung und Nutzung dieser Modelle naturgemäß der gesellschaftlich-ökonomischen Realität hinterher. Welches sind beziehungsweise mit welcher Methodik erfaßt man denn diejenigen Kompetenzen, die beispielsweise den erfolgreichen Manager von dem durchschnittlichen Manager Medienkonvergenz unterscheiden? Daneben – und das ist der prozessual entscheidende Punkt – ist jedes Diagnoseinstrument gleich welcher Herkunft nur so tauglich für die unternehmerische Realität wie es für die Probanden/Kandidaten ein Höchstmaß an

- Nachvollziehbarkeit,
- Transparenz und
- Fairneß

in einer relativen, nicht absolut anwendungsorientierten Weise erzeugt.

Als leicht nachvollziehbares Beispiel mag hier das Instrument Gehaltsfindung dienen, ein im psychologischen Sinne recht ungenaues Diagnoseinstrument. Ob ein Manager am externen Markt möglicherweise gerecht bezahlt wird, stört ihn persönlich weitaus weniger als sein „Wissen“ darum, daß der Kollege Meier – ebenfalls Direktor, aber weniger Verantwortung und Underperformer – mehr verdient. Und dieser „Frust“ wird auch noch tagtäglich wieder neu durchlebt. Wenn es in solchen Fällen nicht gelingt, dieses „Wissen“ in einer relativen, nachvollziehbaren Transparenz zu korrigieren, wird das gesamte Diagnoseinstrument „Gehaltsfindung/Gehaltsfestsetzung“ bei den Betroffenen keinerlei Akzeptanz finden und – mit häufig spürbaren Identifikations- und Motivationsverlusten wie auch operativ negativen Folgen – als Zufälligkeit, Willkür oder gar Trickserei eingestuft.

Konsequenzen

Vor diesem Hintergrund ergeben sich für den Gemini Executive Search-Ansatz folgende Konsequenzen:

- die zur erfolgreichen Realisierung der angestrebten Veränderungen notwendigen Kernkompetenzen ergeben sich immer aus einer spezifischen Situation – d.h., daraus leitet sich die spezielle Strategie des Unternehmens ab, welche wiederum spezifische/situative Kernkompetenzen erfordert;
- das eingesetzte Diagnoseinstrumentarium muß für die Betroffenen und Beteiligten so *nachvollziehbar wie transparent* und den *sprachlich/kulturellen Gegebenheiten* des Unternehmens angepaßt sein;
- alle Methoden, Instrumente und Tools sind vor dem Einsatz auf ihren konkreten Praxisbezug zu überprüfen;
- der Prozeß wird getrieben durch die:
  - *Einbeziehung der Betroffenen/Beteiligten* (360°-Ansatz) und die zwingend erforderliche
  - *persönliche Ergebnisrückkopplung/Ergebnisabstimmung* innerhalb kürzester Zeit sowie die
  - *konkrete Planung von Lernmaßnahmen (Foren, Task Forces, Erfas, Multiplikatoren);*
- diese Rückkopplung ist geprägt durch:
  - *Klarheit und Wahrheit*

- die zuweilen auch *„schmerzt"* und nicht immer dem *Selbstbild* entspricht;

- neben der Prozeßkompetenz ist integrative, erklärende und Akzeptanz schaffende Kommunikation Bestandteil jedes Audits und damit insbesondere ausgeprägte Sozialkompetenz (die Fähigkeit zur Integration, Offenheit und Klarheit) aller Externen eine unumgängliche Notwendigkeit.

Projektphase	Inhalt	Beteiligte	Ergebnisse
Input (Kommunikation und Information)	• Kommunikation von: Hintergrund; Zielsetzung; Vorgehensweise; Ergebnisse; Konsequenzen; Zeitplan	• Vorstand • Führungskräfte • Externe Tiefe und Breite.	• Information der Betroffenen und Beteiligten
Through-put (Design und Auditierung)	• Ableitung der aus den Strategien folgenden Veränderungshebel; • Erarbeitung der entsprechenden kritischen Kernkompetenzen • sprachlich/kulturelle Anpassung an das Unternehmen • Abstimmung mit Vorstand • Interviews • situative Beobachtung in dem Arbeitsumfeld	• Externe • ausgewählte Führungskräfte (inklusive Sprecherausschuß); • Vorstand • Führungskraft	• Fokussierung auf die strategisch wichtigen Kompetenzen • sprachlich/kulturell angepaßt • mit Betroffenen, Sprecherausschuß und Entscheidungsträgern abgestimmt • valide Kernkompetenzerfassung und Quantifizierung
Output (Ergebnisse und Empfehlungen)	• Ergebniszusammenfassung • Feedback an Kandidaten • Feedback an Entscheidungsträger	• Externe • Führungskraft • Vorstand	• sofortige Rückkopplung an Führungskraft • transparent und nachvollziehbar • Entscheidungsempfehlung

Vorgehensweise

Die tabellarische Darstellung zeigt in vereinfachter Weise die Kernprozesse einer Management-Audit-Vorgehensweise nach der Gemini Executive Search-Methodik. Exemplarisch und beispielhaft werden im nachfolgenden einige Kernelemente näher erläutert.

Audit Raster

Jeder nachhaltige Wandel – sei es ein Vorstandswechsel, eine Kooperation/Fusion, eine Revitalisierungsaktion, ein Effizienzprogramm – setzt aus der Sicht des Aufsichtsrates/Vorstandes ganz spezifische mittel- bis langfristige „Veränderungshebel" zur Realisierung von Wachstums- und Ertragszielen. Diese „Veränderungshebel" bilden die Basis für die Ableitung der für alle Führungskräfte des Unternehmens horizontal (nicht funktional) relevanten, kritischen Kernkompetenzen, und dies nicht nur weil gerade sie insgesamt als Gruppe den „Motor" des Wandels darstellen, sondern auch die „Karosserie", die von allen Mitarbeitern „gesehen" wird. Die Kongruenz von Motor und Karosserie ist hier der Glaubwürdigkeitsindikator der Veränderungsbemühungen – inhaltlich (IQ) wie emotional (EQ).

Vereinfachte Beispiele:

A. Ein öffentlich-rechtliches Versicherungsunternehmen gerät vor dem Hintergrund völlig veränderter gesetzlicher Rahmenbedingungen (z.B. Risikostrukturausgleich und Wahlfreiheit) unter Ertragsdruck. Vor diesem Hintergrund ergeben sich aus der Sicht des Beirates/Vorstandes nachfolgende Veränderungsschwerpunkte:

1. Strategische Priorität:	Gegenwärtiger Markt
2. Unternehmerische Priorität:	Rationalisierung
3. Veränderungshebel:	Prozeßoptimierung und Kostensenkung
> Kritische Kernkompetenz:	Entscheidungs- und Konfliktfähigkeit.

Ein börsennotiertes Telekommunikationsunternehmen gerät aufgrund nachhaltig fallender Aktienkurse unter Druck. Als Veränderungsschwerpunkte werden definiert:

1. Strategische Priorität: zukünftiger Markt
2. Unternehmerische Priorität: Diversifikation
3. Veränderungshebel: Allianzen

> Kritische Kernkompetenz: Kreativität, Flexibilität und Risikobereitschaft.

Die so ermittelten kritischen Kernkompetenzen werden anschließend in ihren erforderlichen Beschreibungen, Ausprägungsgraden und beobachtbaren Verhaltensbeispielen den kulturell/sprachlichen Gegebenheiten der Organisation angepaßt und mit Beteiligten/Sprecherausschuß und Vorstand abgestimmt.

Vereinfachtes Beispiel

Flexibilität: Unerwartete und plötzliche Veränderungen sowie konstruktive Kritik werden positiv aufgenommen und ergebnisorientiert gelöst

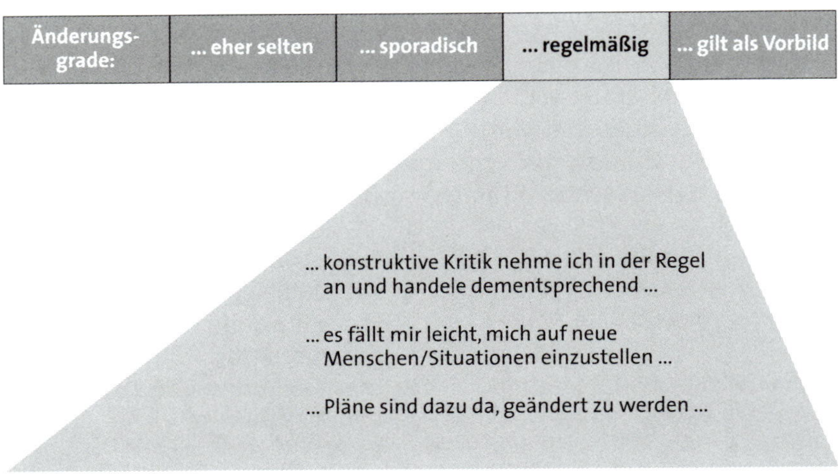

Abbildung 1: Audit-Raster

Auditierung

Der GES Auditierungsprozeß verläuft vor dem Hintergrund langjähriger Erfahrungen im Bereich Human Resources Consulting wie Executive Search als auch vieler vergleichbarer Audit-Vorhaben im internationalen Umfeld in einem 360°-orientierten Ansatz, der:

- Eigenansicht und
- Fremdsicht (intern/extern)

miteinander verbindet.

Damit wird sowohl ein Höchstmaß an Objektivität erreicht als auch die entsprechende Akzeptanz sichergestellt.

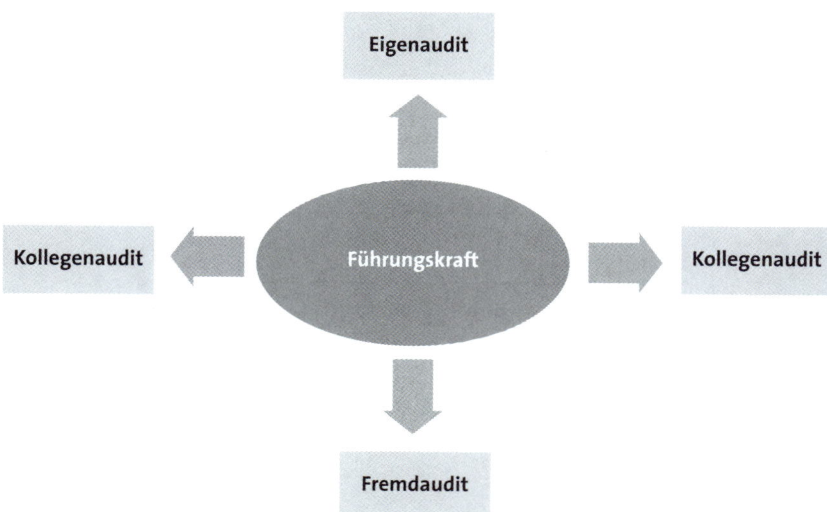

Abbildung 2: 360°-Ansatz

Fragebogen

Auf der Basis des Audit-Rasters wird der Fragebogen für das Eigen-, Kollegen- und Fremd-Audit erarbeitet und mit den Entscheidungsträgern abgestimmt. In einem Simulationsprozeß mit ausgewählten Führungskräften wird die Validität des Fragebogens nochmals überprüft, notwendige Änderungen werden eingearbeitet. Die im Eigen- und Kollegial-Audit erhobenen Daten werden anschließend aggregiert und zu einem Gesamtergebnis verdichtet. Damit eliminieren sich Einzelzufälligkeiten, und Schwerpunkte werden erkennbar.

Aufgrund der relativen Betrachtung – gerade auch zum Ist-Durchschnitt der jeweiligen Berichtsebene – werden die Ergebnisse zusätzlich validiert beziehungsweise Fehleinschätzungen korrigiert. Diese Maßstabseichung sichert darüber hinaus Nachvollziehbarkeit und Ergebnisakzeptanz bei Betroffenen wie Beteiligten.

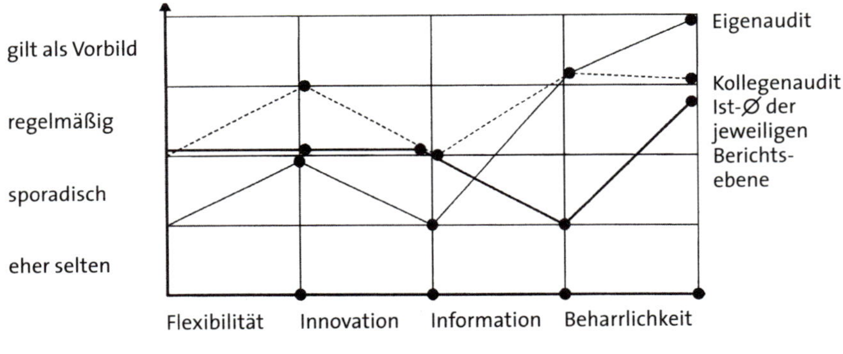

Abbildung 3: Ergebnisse

Critical Behaviour Focus Interviews

„Zukünftiges Verhalten läßt sich am besten prognostizieren, indem man vergangenes Verhalten kennt" – diese Weisheit ist zwar uralt, hat aber gerade empirisch in den achtziger Jahren in Amerika eine Renaissance erlebt. Auf dieser Basis wurden dann gezielte Interviewmethoden entwickelt, um herauszufinden, ob und in welchem Ausmaß die kritischen Kernkompetenzen bei einer Führungskraft vorhanden sind. Die GES-Interviewmethode (Critial Behaviour Focus Interview) basiert auf:

- konkreten, zwei bis drei positiven wie negativen Ereignissen des Kandidaten in der beruflichen Vergangenheit (letzten zwei bis drei Jahre);
- dem, was der Kandidat ganz konkret dabei
  getan,
  gesagt,
  gedacht und
  gefühlt hat.

Interviewer sind dabei grundsätzlich immer zwei erfahrene Gemini-Berater. Die so angelegten, verhaltensorientierten Interviews dauern ca. drei Stunden und finden in der Regel in einem von dem Kandidaten gewählten Ort – häufig seinem Büro – statt.

Vereinfachtes Beispiel

Gegenseitiges Kennenlernen Klärung von Fragen	ca. 15 Minuten
Critical Behaviour Focus Interview Diskussion der 2-3 Erfolgs- und Lernstorys	ca. 90 Minuten
Fremdaudit Zusammenfassung der Ergebnisse	ca. 45 Minuten
Rückkopplung der Ergebnisse Eigenaudit/Kollegenaudit/Fremdaudit sowie Abstimmung konkreter Maßnahmen	ca. 30 Minuten

Abbildung 4: Ablauf

Ergebnis

Unmittelbares Feedback aller Ergebnisse sowie insbesondere die ziel- und ergebnisorientierte Diskussion und Abstimmung konkreter Maßnahmen im Sinne der persönlichen Weiterentwicklung runden den Prozeß ab, denn Fokus des GES- Ansatzes ist die Lernorientierung, die Perspektive, das Weiterkommen. Die dafür erforderlichen Instrumente und Methoden sind lediglich notwendige Hilfsmittel. Ergebnis des Prozesses ist:

- ein 360°-Auditierungsansatz,
- der eigen/intern und fremd validiert ist sowie
- transparent und nachvollziehbar mit den Betroffenen kommuniziert und abgestimmt wird und
- lernorientiert umgesetzt ist, auch
- durch die systematische Identifizierung von generellen Trends und gezieltem Entwicklungsbedarf.

Damit wird ein Höchstmaß an horizontaler wie vertikaler Akzeptanz und Fairneß sichergestellt. Denn Garant dafür ist neben der professionellen Methodik insbesondere die Gestaltung des Prozesses mit dem unmittelbaren und aktionsorientierten Feedback.

Wie schon erwähnt, legt Gemini Executive Search Wert darauf, daß im Rahmen einer Auditierung auch nachhaltige Verbesserungspotentiale erzielt werden können und Veränderungsprozesse auch langfristig Bestand haben. Dies führt dazu, daß Gemini Executive Search nach der Auditierung allen Beteiligten und dem Unternehmen anbietet, Veränderungen auch gemeinsam zu gestalten und die Ergebnisse des Audits im Rahmen von Personalentwicklung auch umzusetzen. Dazu bieten wir eine Vielzahl von Schritten an, die das Unternehmen und die Mitarbeiter in einem Prozeß der kontinuierlichen Verbesserung begleiten sollen.

Mögliche Beispiele und Themen können Sie der nachfolgenden schematischen Darstellung und der Tabelle entnehmen:

Lerndimensionen		Beispiele	Charakteristika	
	Teilnehmer	Thema	Wer?	Was?
Erfas	Verkäufer Produktgruppe XY und Verkäufer Produktgruppe ZW	„Erfolgsfaktoren bei der Akquisition“	Spezialisten	fachliche Themen
Foren	Leiter Verkauf und Leiter Produktion	„Client Relationship Management im Spannungsfeld von Fertigungskosten und Lieferfähigkeit“	Generalisten	fachübergreifende Themen
Task Force	Leiter Verkauf, Leiter Marketing, Leiter Produktion, Leiter Controlling	„Senkung der Fertigungsdurchlaufzeit bei gleichem Servicegrad um XX% und Kosteneinsparung von XY DM“	Generalisten / Spezialisten	ergebnisrelevante Themen
Multiplikatoren	Verkäufer, Leiter F&E, IT-Profi, Leiter Finanzen	„Emotionale Intelligenz – Sensibilität zur Selbstwahrnehmung als Grundvoraussetzung“	Generalisten / Spezialisten	verhaltensrelevante Themen

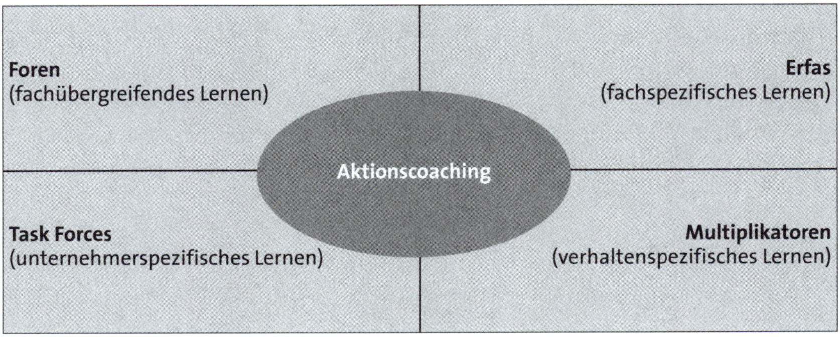

Abbildung 5: Lernmatrix

Unabhängig von aller Professionalität und Wissenschaft bestehen allerdings keinerlei Zweifel daran, daß:

- Fehler dort vorkommen, wo Menschen Menschen beurteilen;
- es keine absolute Gerechtigkeit gibt, sondern vielmehr das Ziel darin besteht, subjektive Einflüsse zu minimieren;
- die Gestaltung des Prozesses (Information, Feedback, Transparenz...) der „Garant" für Logik und Fairneß ist – nicht die Methodik;
- Selbstbild und Fremdbild nicht immer harmonieren;
- Wahrnehmungskorrekturen häufig auch „Schmerzen" verursachen.

Schluß

Zusammenfassend sei also noch einmal festgehalten, daß der Management-Audit-Ansatz von Gemini Executive Search (GES) ausgesprochenen Wert auf die sogenannten „weichen Faktoren" legt. Einbeziehung aller Beteiligten, Kommunikation zu jedem Zeitpunkt, hohe Sozialkompetenz bei allen Externen und eine nachvollziehbare, faire und transparente Gestaltung des Prozesses sind die Garanten dafür, daß am Ende nicht nur die Auditierung erfolgreich gewesen ist, sondern nachhaltig Verbesserungspotentiale realisiert werden können. Veränderung geschieht danach aus Einsicht und dem Willen, Dinge besser zu machen.

Daraus ergibt sich ein hoher Anspruch, insbesondere auch an die Sozial-/Prozeßkompetenz unserer Berater, den wir ernst nehmen. Dieser zwingt uns immer wieder dazu, uns kritisch selbst in Frage zu stellen und besser zu werden: durch strukturiertes Feedback der Auditierten – eben auch ein Berater-Audit.

Auswahl und Entwicklung von TOP-Performern im Executive Management

Gerhard Helfrich, Stefan Francke und Andrea Maiweg
HayGroup, Frankfurt

Überblick

- Speziell Führungskräfte mit jahrzehntelanger Berufserfahrung sind oftmals nicht mit Audits oder Assessments vertraut. Sie gehen davon aus, daß der Nachweis über ihre Leistungsfähigkeit durch ihre bisherigen Erfolge ausreichend ist.
- Die Herausforderung für gültige Potentialaussagen besteht also darin, die Persönlichkeitsmerkmale zu finden, die tatsächlich Durchschnitts- und Bestleister in einer Position charakterisieren und identifizieren. Diese Persönlichkeitsmerkmale lassen sich an gezeigtem Verhalten beobachten und nach unterschiedlichen Ausprägungsstufen so differenzieren, daß eindeutige Vorhersagen getroffen werden können.
- Herausragende Stärke der Competency-Methodology ist, daß keine Vorannahmen getroffen werden, welche Eigenschaften nötig sind, um eine berufliche Tätigkeit besonders gut auszuüben. Welche Personencharakteristika mit Berufserfolg korreliert sind, ergibt sich erst aus der Analyse eines offenen Interviewverfahrens, genannt Behavioural Event Interview (BEI). Im Vordergrund steht, welche Faktoren wirklich ursächlich für Spitzenleistungen sind, nicht etwa, was am ehesten alle Eigenschaften einer Person beschreibt (in der Hoffnung, daß einiges davon in Zusammenhang mit beruflicher Leistung stehen könnte!)

Was ist ein Management-Audit?

Die Weltwirtschaft wandelt sich stetig – das ist eine Binsenweisheit. Es ließen sich nun vielfältige Überlegungen darüber anstellen, ob sich die Qualität dieses Wandels in den vergangenen Jahren geändert hat, ob sich die Wahrnehmung der Beteiligten verändert hat und welche Paradigmen bislang über Erfolg und Mißerfolg in den nationalen und globalen Märkten entschieden haben und welche in Zukunft entscheiden werden.

Es gibt jedoch einige wenige Konstanten in diesem Wandel, und das sind diejenigen Faktoren, die einige Unternehmen befähigen, auf eine Vielzahl von Änderungen mit Erfolg zu reagieren, und diejenigen Faktoren, die eine Vielzahl von Unternehmen teilweise schon an geringfügigen Umweltveränderungen scheitern lassen.

Wodurch zeichnen sich die erfolgreichen Unternehmen aus? Untersuchungen von Hay/McBer und vielen anderen zeigen, daß erfolgreiche Unternehmen eine grundsätzlich andere Gewichtung ihres Human Resources-Managements vornehmen. Personal ist die Ressource, die Überleben und Erfolg garantiert. Die Human Resources-Bereiche sind strategische Mitspieler statt operative Verwalter und sind unmittelbar in die Entwicklung von Strategien einbezogen.

Erfolgreiche Unternehmen kennen nicht nur die Quantität, sondern wissen vor allem sehr genau um die Qualität ihrer „Human Ressources" (HR) – auch im Vergleich zum Wettbewerb. Anforderungsprofile werden aus dem zukünftigen Business-Modell des Unternehmens abgeleitet, und das Erkennen, Entwickeln und Halten von Potentialen im Hinblick auf die langfristigen Strategien des Unternehmens sind die Hauptaufgaben von Human Ressources-Management.

Zur Erkennung und Beurteilung von Leistungs- und Potentialträgern sowie der Definition künftiger Anforderungen verwenden erfolgreiche Unternehmen ein ganzes Spektrum von Instrumentarien, um bezogen auf die strategischen Rahmenbedingungen, aber unter Umständen auch konkret in Abhängigkeit von spezifischen Situationen und Personen valide, risikio- und entwicklungsorientierte Entscheidungsgrundlagen zu erhalten. Beispielhaft zu nennen sind an dieser Stelle Assessment Center, Leistungsbeurteilungen, 360°-Feedbacks. Erfolgreich sind diese Instrumentarien dann, wenn sie auf einer methodisch einheitlichen Basis aufgesetzt und einfach in die bestehende Personalsysteme und -prozesse integrierbar sind.

In seiner Entstehungszeit haftete diesem Instrumentarium eine negative Konnotation an: Man verband damit eine Auditierung im Sinne einer revisionsartigen, rückwärtsgerichteten Betrachtung der Managementleistung, oft bei erwiesenem oder unterstelltem Fehlverhalten, welches am Ende des Prozesses zum „Köpferollen“ führte. Das moderne Management-Audit nach unserem Verständnis ist ein zukunftsorientiertes Personalmanagement-Instrument, welches sich lediglich noch aus Gründen einer validen Methodik auf bestimmte vergangenheitsbezogene Informationen stützt. Im Vordergrund steht jedoch die Analyse und Beurteilung des Verhaltens, der emotionalen Fähigkeiten und des Potentials einzelner oder Gruppen von Mitarbeitern, speziell Führungskräften der obersten Ebenen, im Hinblick auf die zukünftige Aufgabenerfüllung.

Zielsetzungen für den Einsatz des Management-Audits

Es gibt eine Reihe von Problemstellungen, die Unternehmen veranlassen, einem Management-Audit den Vorzug gegenüber anderen Instrumenten der Potentialerkennung zu geben:

- Befürchtungen der Unternehmensleitung, daß die Qualität des Managements nicht mehr den Anforderungen des Marktes oder der Aktionäre gerecht wird (Führungs-Check-Up)
- Die Notwendigkeit für die Unternehmensleitung, sich einen umfassenderen Einblick in die Tiefe und Breite des Potentials einzelner Führungskräfte im Vergleich zum Wettbewerb zu verschaffen
- Die Notwendigkeit zur schnellen Adaption des Managementpotentials und der Managementstruktur an geänderte Zukunftsperspektiven des Unternehmens
- Die Notwendigkeit der schnellen Identifikation und Ansprache von Potentialträgern bei Fusionen und Übernahmen
- Unsicherheit über das Urteil von „Headhuntern“ bei externer Rekrutierung
- Vermeidung des Risikos teurer Fehlbesetzungen

- Identifikation und Aufbau von Potentialträgern für Top-Managementebenen

Gemeinsam ist den Problemstellungen folgendes:

- Die Zielpersonen des Management-Audits sind Mitarbeiter aus den Führungsebenen oder hochrangige Potentialträger.
- Die fraglichen Funktionen sind mit hoher Verantwortung, die Besetzungsentscheide mit hohem Risiko verbunden.
- Schnelligkeit und Vertraulichkeit des Audits sind erfolgskritisch.
- Aus Gründen der unternehmenspolitischen und/oder unternehmenskulturellen Akzeptanz ist es erforderlich, daß das Audit von neutralen Dritten durchgeführt wird.

Kritische Erfolgsfaktoren für den Einsatz von Management-Audits

- Akzeptanz der Methode beim Auftraggeber

Die Grundvoraussetzung ist zunächst, daß die Methodik des Management-Audits und die mit der Durchführung Beauftragten vom Auftraggeber beziehungsweise von den Adressaten des Ergebnisses akzeptiert werden. Die Entscheidungen, die aufgrund von Audit-Ergebnissen zu fällen sind, sind oftmals sensibler Natur und können Mitsprache- und Informationsansprüchen unterschiedlicher Interessengruppen unterliegen. Es besteht die Gefahr, daß unpopuläre Ergebnisse über Methoden- oder Kompetenzstreitigkeiten in Frage gestellt werden.

- Differenzierbarkeit der Erfolgsfaktoren für eine Position

Es muß klar definiert sein, welche Personenkriterien den zukünftigen Erfolg in einer spezifischen Position mit Sicherheit voraussagen. Aussagen über das bloße Vorhandensein oder Nicht-Vorhandensein bestimmter Kriterien (z.B. Kommunikationsfähigkeit oder Durchsetzungsstärke) reichen bei weitem nicht aus. Der zugrundegelegte Kriterienkatalog muß eindeutig danach differenzieren, in welcher Ausprägung ein Kandidat ein Kriterium erfüllt und welche Ausprägung den Schwellenwert zwischen Durchschnitts- und Bestleistung markiert.

- Strukturierte, wissenschaftlich valide Erhebungsmethode

Dieser Punkt ist besonders kritisch – die Entscheidung für einen Kandidaten kann nur so gut sein wie die Information über ihn. Gleichzeitig muß gewährleistet werden, daß die Qualität des Verfahrens bei unterschiedlichen Kandidaten und Funktionen keinen Schwankungen unterliegt.

- Eindeutige Identifikation des Risikos bei individuellen Besetzungsentscheiden

Das Risiko eines Besetzungsentscheides ist vielfältig. Selten läßt es sich eindeutig durch Kostenfaktoren quantifizieren, da diese zum großen Teil verdeckt auftreten. Die sichtbaren Kosten umfassen nur rund 15 Prozent der Gesamtkosten und belaufen sich auf rund zwei Jahresgehälter. Die versteckten Kosten umfassen die übrigen 85 Prozent und beinhalten beispielsweise: die Zeitspanne, bis der „neue" Manager die erforderlichen Ergebnisse liefern kann („Lernkurve"), den Einbruch in der Produktivität des Teams durch die fehlende Steuerung der Führungskraft, den Leistungsabfall des Managers, bevor er das Unternehmen wieder verläßt, die Kosten durch die Vakanz der Stelle (Verlust von Kunden, Akquisitionen werden nicht vollzogen etc.).

Selten „paßt" ein Mensch in seiner ganzen Individualität zu einer Stelle. Risikoabschätzung bedeutet daher nicht nur, die Stärken und die Schwächen gegeneinander aufzurechnen, sondern qualifizierte Voraussagen darüber zu treffen, welche Effekte ein spezifisches Stärken-Schwächen-Profil auf die konkrete Ausübung der Funktion haben wird und welche (Entwicklungs-)Aktivitäten mögliche Risiken minimieren können.

- Nachvollziehbarkeit der Ergebnisse beim Kandidaten

Die Nachvollziehbarkeit der Ergebnisse ist das Fundament für die Akzeptanz des Prozesses. Wenn es um interne Auswahlsituationen geht, wirkt sich mangelnde Akzeptanz katastrophal auf die Motivation der Mitarbeiter und damit auf das Leistungsklima der Organisation aus. Geht es um Potentialentwicklung, bedeutet mangelnde Nachvollziehbarkeit schlicht Unklarheit und Orientierungslosigkeit über die Leistungsanforderungen des Unternehmens an den Mitarbeiter. Bei der Auditierung im Zusammenhang mit externer Rekrutierung steht und fällt die Reputation des Unternehmens mit der wahrgenommenen Güte der Audit-Ergebnisse.

- Ableitung von Entwicklungspfaden

Unter Berücksichtigung dessen, was schon zum Risikoaspekt gesagt wurde, speziell aber in Situationen, wo es nicht möglich ist, kurzfristig extern Ersatz für unzureichende Managementfähigkeiten zu rekrutieren, ist die Anforderung, zielgerichtete Entwicklungspfade aus dem Audit-Ergebnis ableiten zu können, zwingend. In der Mehrzahl der Situationen, in denen ein entwicklungsorientiertes Management-Audit eingesetzt wird, müssen individuelle Maßnahmen definiert werden, um in kurzer Zeit in spezifischen Situationen wahrnehmbare Verhaltensänderungen zu erreichen.

- Meßbarkeit von Veränderungen

Eng mit dem vorhergehenden Punkt verknüpft ist die Meßbarkeit von Veränderungen. Ohne eine klare Beschreibung von Ist und Soll und möglichen Zwischenschritten ist weder die Vereinbarung von Entwicklungszielen noch die Kontrolle von Entwicklungserfolgen möglich. Damit fehlen wichtige Mechanismen zur Steuerung der Lernmotivation und die Grundvoraussetzungen für die Übernahme der Verantwortung für die eigene Entwicklung.

Eine weitere Problemstellung des Audits sei an dieser Stelle ebenfalls erwähnt:

Das Auditing von Führungskräften mit langjähriger Berufserfahrung oder Executives ist zweifellos herausfordernder und mit größeren Risiken verknüpft als das Assessment von Managern mit geringerer Seniorität, weniger Berufserfahrung und geringer Kenntnis des eigenen Marktwertes. Speziell Führungskräfte mit jahrzehntelanger Berufserfahrung sind oftmals nicht mit Audits oder Assessments vertraut. Sie gehen davon aus, daß der Nachweis ihrer Leistungsfähigkeit durch ihre bisherigen Erfolge ausreichend ist. Anderen Verfahren der Leistungsbeurteilung begegnen sie mit Skepsis oder möglicherweise mit emotional begründeten Abwehrreaktionen, wenn sie das Gefühl haben, daß der Prozeß nicht transparent und nachvollziehbar ist.

Um diese kritischen Erfolgsfaktoren in hohem Maße erfüllen zu können, führt Hay/McBer Management-Audits seit zwei Jahrzehnten weltweit auf der Basis der „Competency Methodology" nach McClelland durch.

Competency-Modelling nach David McClelland

Im europäischen Ausland und in den USA ist seit vielen Jahren ein Verfahren zur Personalauswahl etabliert, von dem in Deutschland bislang kaum jemand Notiz genommen hat. Die Rede ist von der Competency-Methode, einem Verfahren, das auf David McClelland, Professor für Psychologie an der Harvard University, zurückgeht. Dessen jahrzehntelange wissenschaftliche Arbeit auf dem Gebiet der Motivationsforschung führte zu Erkenntnissen, die mittlerweile zum Grundlagenwissen der modernen organisationspsychologischen Lehre gehören.

Vor dem Hintergrund, daß die in der ersten Hälfte des Jahrhunderts entwickelten psychologischen Verfahren zur Potentialerkennung zwar klare Einschätzungen über die untersuchten Persönlichkeitsfaktoren generierten, aber die Vorhersagekraft hinsichtlich des konkreten beruflichen Erfolges mehr als dürftig waren, begann McClelland nach den wirklichen Persönlichkeitskriterien zu suchen, die – wie er sich ausdrückte – „the best from the rest" unterscheiden. Dazu führte er eine breite Anzahl von empirischen Studien in Unternehmen und öffentlichen Einrichtungen nach einem von ihm entwickelten Verfahren durch, welches später als die „Competency-Methodology" bekannt wurde.

In einem ersten Schritt stellte McClelland in den Unternehmen je zwei Stichproben zusammen. Eine davon bestand aus klar definierten Spitzenleistern – Mitarbeitern, die nach Einschätzung ihrer Vorgesetzten, Kollegen und Kunden ihre Funktionen besonders gut ausfüllten. Die andere Gruppe bestand aus Personen, die ihren Job gerade so gut ausübten, um nicht entlassen zu werden.

Im zweiten Schritt setzte McClelland eine von ihm entwickelte Interviewtechnik ein, die er Behavioral Event Interview (BEI) nannte. Bei diesem Verfahren werden Personen gebeten, in einem mehrstündigen, stark strukturierten Einzelinterview Erfolge und Mißerfolge in ihrer nahen beruflichen Vergangenheit zu schildern. Der Interviewer fragt dabei mit einer einheitlichen Systematik detailliert nach Denken und Fühlen, vor allem aber nach dem gezeigten Handeln der Personen.

Das BEI erinnert an Flanagans Methode der kritischen Ereignisse (CIT). Anders als bei der CIT-Technik, bei der einzelne Elemente der Arbeitsaufgabe im Vordergrund stehen, fokussiert das BEI jedoch auf die charakteristischen Eigenschaften von Personen, die mit einer anspruchsvollen Aufgabe oder Problemstellung in der Gesamtheit umgehen. Es geht um die Erhebung von Fähigkeitsmaßen über offene Situationen, in denen der Proband Verhalten produziert beziehungsweise reproduziert. McClelland erkannte, daß nur solche Situationen den realistischen Bedingungen des Arbeitsumfeldes entsprechen.

In einem dritten Schritt wurden die Antworten der definierten Best- und Durchschnittsleister analysiert, um die Charakteristika zu identifizieren, anhand derer sich die beiden Gruppen unterscheiden ließen. Konkret ging es darum, Verhaltensweisen und Gedanken zu identifizieren, die kausal mit erfolgreichen Verhaltensergebnissen in Beziehung stehen. Die Ergebnisse wurden in einem letzten Schritt anhand einer weiteren Stichprobe validiert.

McClelland gelang es, die Persönlichkeitsmerkmale zu finden, die tatsächlich Durchschnitts- und Bestleister in einer Position charakterisieren und identifizieren. Diese Persönlichkeitsmerkmale lassen sich an gezeigtem Verhalten beobachten und nach unterschiedlichen Ausprägungsstufen so differenzieren, daß eindeutige Vorhersagen getroffen werden können. McClelland nannte diese Persönlichkeitsmerkmale „Competencies" und definierte sie folgendermaßen:

„Eine auf ein Leistungskriterium bezogene Personeneigenschaft, die in kausaler Beziehung steht zu effektiven und/oder überdurchschnittlichen Leistungen in einer Arbeitssituation."

Diese Personeneigenschaft kann unterschiedliche Erscheinungsformen annehmen. Competencies können einfache Fertigkeiten sein wie z.B. das Vermögen einer Krankenschwester, bei Injektionen auf Anhieb die Vene ihrer Patienten zu finden. Eine Competency kann aber auch ein vielen Verhaltensäußerungen zugrundeliegendes Motiv wie Leistungswille sein. Die Beziehung der unterschiedlichen Competencies zueinander verdeutlicht das Eisberg-Modell (vgl. Abbildung 1).

Wissen und Erfahrung sind relativ oberflächliche und leicht beobachtbare Personeneigenschaften. Selbstbild, soziale Rolle und Motive sind weniger leicht zugänglich und liegen „näher an der Persönlichkeit“. Je komplexer die wahrgenommene Funktion, desto wahrscheinlicher liegt der Erfolg in dem letzteren Bereich begründet. Damit kommt dem Erhebungsinstrument zentrale Bedeutung zu. Die Durchführung eines Behavioural Event Interviews erfordert umfassende Kenntnisse der Interview- und Auswertungstechniken, um Beobachtungen auch „unter der Wasserlinie“ valide durchführen zu können.

Im Zuge seiner Forschungen entwickelte McClelland einen trennscharfen Kriterienkatalog, in dem ca. 800 verschiedene Verhaltensindikatoren aus über 280 Competency-Untersuchungen weltweit zusammengefaßt und systematisiert sind. Abbildung 2 zeigt einen Auszug aus dem Competency-Katalog für die Competency „Durchsetzungsvermögen“ inklusive skalierter Verhaltensindikatoren.

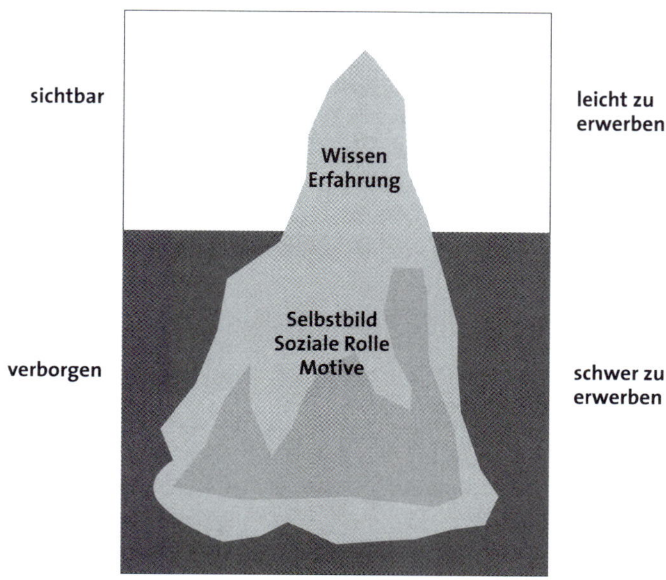

Abbildung 1: Competency-Eisberg

Durchsetzungsvermögen

Stufe	Verhaltensbeschreibung
–1	*Verhält sich passiv.* Gibt den Forderungen anderer nach, selbst, wenn dadurch die Qualität der Arbeit leidet. Ist mehr damit beschäftigt, einen guten Eindruck zu machen (oder nicht unangenehm aufzufallen), als eine einwandfreie Arbeit abzuliefern. Möchte anderen nicht in die Quere kommen (ist ängstlich).
0	*Gibt keine Anordnungen.* Gibt, selbst wenn es die Position (die Aufgabe) erfordert, keine Anweisungen. Mitarbeiter beschweren sich, daß sie nicht wissen, was der Chef von ihnen will
1	*Gibt grundlegende Routineanweisungen.* Gibt angemessene Anweisungen. Macht Anforderungen logisch nachvollziehbar.
2	*Gibt ausführliche Anweisungen.* Delegiert Routineaufgaben, um selbst mehr Freiraum für weitreichendere Überlegungen zu haben. Gibt spezifische Anweisungen im Detail. Bei Bestleistern kann man diese Stufe manchmal beobachten, wenn ihnen zwar die formale Autorität fehlt, kein anderer jedoch Verantwortung übernimmt.
3	*Spricht unmißverständlich.* Sagt deutlich "Nein" zu unsinnigen Forderungen. Setzt anderen Grenzen. Manipuliert Situationen, um die Einflußmöglichkeiten anderer zu manipulieren bzw. um sie zu zwingen, gewünschte Ressourcen zugänglich zu machen.
4	*Fordert hohe Leistung.* Setzt einseitige Standards. Fordert hohe Leistung, Qualität oder Ressourcen ein. Besteht auf der Erfüllung eigener Anordnungen (Stil: "Nein - das ist Quatsch").
5	*Überwacht erkennbar die Leistung anderer.* Kontrolliert Leistung vor dem Hintergrund von Standards.
6	*Konfrontiert andere.* Konfrontiert andere direkt und offensiv mit Leistungsschwächen.
7	*Macht Verhaltenskonsequenzen klar.* Einsatz von Bestrafung oder Belohnung, um Verhalten zu kontrollieren.
8	*Kontrollierter Einsatz von Verärgerung oder Aggression, um Übereinstimmung zu erzielen.*
9	*Trennt sich von Schlechtleistern,* nachdem Anstrengungen zur Leistungsverbesserung fehlschlugen.

Abbildung 2: Competency „Durchsetzungsvermögen" mit Verhaltensindikatoren

Die herausragende Stärke der Competency-Methodology besteht darin, daß keine Vorannahmen getroffen werden, welche Eigenschaften nötig sind, um eine berufliche Tätigkeit besonders gut auszuüben. Welche Personencharakteristika mit Berufserfolg korreliert sind, ergibt sich erst aus der Analyse des offenen BEI-Verfahrens. Das Competency-Modell betont darüber hinaus Kriterienvaliditát: Im Vordergrund steht, welche Faktoren wirklich ursächlich für Spitzenleistungen sind, nicht etwa, was am ehesten alle Eigenschaften einer Person beschreibt (in der Hoffnung, daß einiges davon in Zusammenhang mit beruflicher Leistung stehen könnte!)

Competency Methodology in der Unternehmenspraxis

Das Verhältnis zwischen wissenschaftlicher Erkenntnis und ihrer wirtschaftlichen Nutzbarmachung ist in den USA bekanntermaßen ein anderes als in Deutschland. Daher verwundert es kaum, daß McClelland Ende der sechziger Jahre eigens ein Beratungsunternehmen, die Firma McBer, gründete, die – seit 1987 als Teil der HayGroup – für Unternehmen wie IBM, Bayer, Pepsi-Cola, Unilever, Hilti und Kodak Potentialerkennungs- und Entwicklungsprogramme auf der Basis des Competency-Ansatzes entwickelte.

Bis auf den heutigen Tag entspricht die Anwendung der Competency-Methodology der von McClelland definierten Vorgehensweise (Abbildung 3). Hay/McBer setzt ausschließlich zertifizierte Interviewer ein, die in der Regel über ein abgeschlossenes sozialwissenschaftliches Studium (Psychologie, Soziologie) sowie über mehrere Jahre einschlägiger Berufserfahrung verfügen.

Seit über 20 Jahren werden Competency-Modelle von Hay/McBer von Unternehmen in mehr als 25 Ländern zur Auswahl und Entwicklung von Mitarbeitern eingesetzt. Die große Anzahl von Competency-Studien führte zum Aufbau einer Datenbank, in der heute weltweit Competencies von Spitzenleistern unterschiedlicher Funktionen (z.B. Verkauf, Marketing, Dienstleistung) und Berufssparten (z.B. Industrie, Banken, Versicherung, Handel, Gesundheitswesen etc.) abrufbar sind. Viele Untersuchungen haben in dieser Zeit bestätigt, daß eine auf dem Competency-Modell beruhende Personalauswahl unabhängig von Alter, Ge-

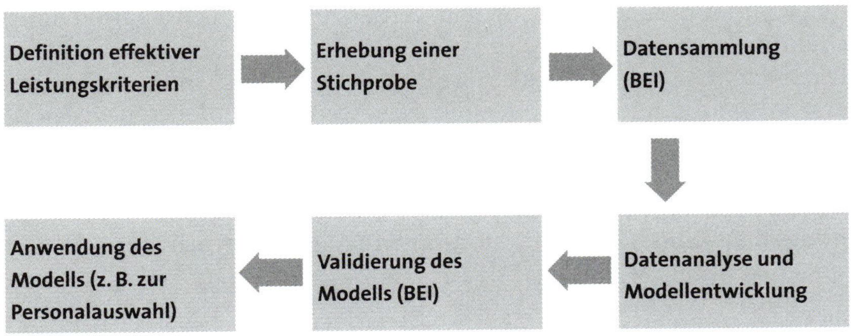

Abbildung 3: Prozeßschritte beim Competency-Modelling

schlecht oder demographischem Hintergrund dauerhaft berufliche Spitzenleistung vorhersagen kann.

Beispiele:

- In der Zusammenarbeit mit einem nordamerikanischen Finanzdienstleister konnten wir nachweisen, daß Personen, deren Einschätzungen in den Competencies 20 Prozent höher lagen, doppelt so viel Umsatz machten wie ihre Kollegen.
- Unsere Untersuchungen in Kooperation mit Fortune konnte belegen, daß 30 Prozent der Varianz des Unternehmenserfolges direkt auf Führungs-Competencies zurückzuführen sind, die von den obersten Führungskräften gezeigt werden.
- Die Einheiten von herausragenden Führungskräften (die ein überdurchschnittliches Niveau in den Competencies aufweisen) übertreffen ihre jährlichen Gewinnziele um 20 Prozent im Vergleich zu durchschnittlichen Referenzpersonen.

Die entscheidenden Erkenntnisse sind jedoch die folgenden:

- Competencies stellen 85 Prozent des Unterschieds zwischen Top-Leistern und Durchschnittsleistern dar, und
- *Competencies sind entwickelbar* (der IQ im klassischen Sinne ist es nicht).

Der Anwendungsbereich von Competency-Modellen beschränkt sich damit nicht auf Personalauswahl beziehungsweise -rekrutierung. Competency-Modelle unterstützen alle unternehmensinternen Personalprogramme, bei denen stellenbezogene Anforderungen mit Personenanforderungen in Beziehung gesetzt werden. Competencies finden ihren Einsatz in der Personalentwicklung, der Leistungsbeurteilung, aber auch im Organisations- und Job-Design und in der Entwicklung und Förderung von Hochleistungskulturen in Unternehmen (vgl. Abbildung 4 und Tabelle).

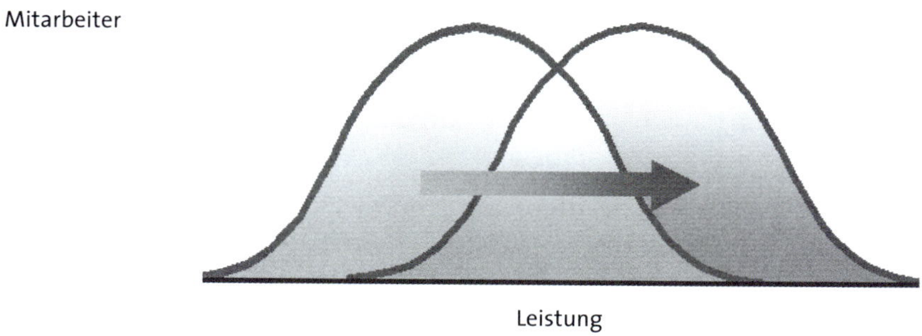

Abbildung 4: Competency-based Management führt zur Gesamtverschiebung der Leistungskurve in Unternehmen

Einfache Stellen	19 Prozent
Komplexe Stellen	32 Prozent
Hochkomplexe Stellen	48 Prozent
Stellen im Vertrieb	48 Prozent – 120 Prozent

Tabelle: Wertschöpfungsverbesserung durch McBer-Competency-Anwendung

Hay/McBer Top Executive Audits

Die wissenschaftlich fundierte Interviewmethode in Verbindung mit der großen Erfahrungsdatenbank stellt für Hay/McBer einen unschätzbaren Vorteil bei der Durchführung von Management-Audits dar. Je nach konkreter Aufgabenstellung können in unterschiedlichen Verfahren sehr schnell Anforderungskriterien für spezifische Funktionen entwickelt und unter Anwendung weltweit einheitlicher Standards bei der Durchführung der Audits eingesetzt werden.

Vorbereitung

Das Management-Audit ist nicht mit einem standardisierten Auswahlprozeß vergleichbar, auch wenn der Durchführung eine konsistente Methodik zugrundeliegt. Daher ist die Klarheit des Prozesses von herausragender Bedeutung.

- Welches sind die Ziele, die verfolgt werden?
- Welches sind die Positionen/Personen, die betrachtet werden?
- Wie ist das Umfeld gestaltet?
- Wie soll der Prozeß durchgeführt werden?
- Wie wird mit den Ergebnissen umgegangen?
- Wer ist involviert (HR, Vorstand, Berater...)? In welcher Rolle?
- Wer muß informiert werden?
- Wie werden Prozeß und Ergebnisse kommuniziert?
- Welche daraus resultierenden Maßnahmen sind erforderlich?

lauten die Fragen, die je nach Situation anders beantwortet werden müssen.

Klären der Rollenanforderungen

Um die Erfolgskriterien für eine Position zu entwickeln, ist die Klarheit über die Rolle, die diese Position im Unternehmen spielen soll, sowie über die tatsächlichen Umgebungsbedingungen von eminenter Wichtigkeit für den Erfolg des Auswahlprozesses. Informationen zum Rollenprofil kommen nicht nur aus den Zuständigkeiten und Aufgaben der Stelle. Wichtig ist das Verständnis des strategischen Umfeldes, der Organisationsstruktur und der vorherrschenden Unternehmenskultur oder -kulturen. In der Vorbereitungsphase werden daher von Hay/McBer neben der Analyse von Dokumentationen zu Strategie und Strukturen Hintergrundgespräche mit der Geschäftsführung durchgeführt. Diese Gespräche tragen gleichzeitig zur Akzeptanzsicherung bei.

Das daraus erstellte Rollenprofil bildet die Kern-Verantwortlichkeiten und Performance-Kriterien für die Stelle ab und liefert die notwendigen Details für die Auswahl der relevanten Competencies und ihre Ausprägungen. Bei vorgeschalteten Selektionsprozessen erhöht der Abgleich von Kandidaten gegen die Rollenanforderungen in diesem Prozeßschritt schon die Wahrscheinlichkeit, die richtige Person auszuwählen, und vermindert Zeit und Kosten. Herangezogen werden in dieser Phase Informationen über die Biographie, den bisherigen Karriereverlauf, Leistungsinformationen (wenn verfügbar) und Nachweise über Fachwissen und Fähigkeiten.

Definition der Competencies

Für die Ableitung der Competencies können mehrere Wege beschritten werden. Wenn es sich um eine große Population handelt und das Instrument über einen längeren Zeitraum mit dem Fokus auf Personalentwicklung und Führungs-Check-ups genutzt werden soll, läßt sich durchaus ein vollständiger Competency-Modelling Prozeß einleiten. Üblicherweise jedoch ist die Anforderung an die Durchführung von Management-Audits geprägt durch eher kleine Populationen und/oder hohen Zeit- und Veränderungsdruck.

In solchen Situationen entwickelt Hay/McBer auf der Basis des Rollenprofils aus den Benchmarks der (weltweit gepflegten) Competency-Datenbanken Vorschläge für zweckmäßige Competencies. Die Vorschläge werden mit dem Unternehmen abgestimmt, wobei sich die Nutzung von Expert-Panel-Workshops als sehr effektiv gezeigt hat. Am Ende dieses Prozeßschrittes besteht für die entsprechenden Funktionen ein Competency-Profil aus ca. sechs bis zehn Competencies. Für jede Competency sind die geforderten Mindest- und Idealausprägungen im Sinne eines Profilkorridors festgelegt.

Durchführung des Audits

Unter Berücksichtigung der eingangs angeführten Problemstellungen und Erfolgsfaktoren führt Hay ausschließlich Einzel-Audits durch. Kerninstrument ist dabei ein mehrstündiges Behavioural Event Interview. Dieses Instrument weist neben speziellen Formen des Assessment Center mit einem Korrelationskoefizient von 0,6 die höchste Vorhersagegüte unter den diagnostischen Verfahren auf. Diese Interviews werden auf Tonband aufgezeichnet, transkribiert, anschließend von zertifizierten Beratern auf der Grundlage des Competency-Modells ausgewertet („codiert").

Sofern die Situation es erfordert und die Unternehmenskultur entsprechende Verfahren unterstützt, wird das BEI bei internen Kandidaten um ein 360°-Feedback zu Führungsstil und Organisationsklima ergänzt. Die hierbei erhaltenen Resultate bilden wiederum die Basis für weitergehende Coaching-Maßnahmen.

Feedback und „On-Boarding"

Die Ergebnisse des Audits können im wesentlichen für drei Zielsetzungen genützt werden:

- Eindeutige Entscheidungsgrundlage für den Auftraggeber,
- Definition notwendiger Maßnahmen zum erfolgreichen Einsatz der Kandidaten,
- Rückmeldung an die Kandidaten über Potentiale und Entwicklungsfelder.

In der Regel folgt dem Audit ein schriftliches und mündliches Feedback. Inhalte und Schwerpunkte des Feedbacks können je nach Zielsetzung des Audits variieren. Auswahlortientierte Feedbacks an das Management legen den Schwerpunkt auf Competency-Profile und mögliche Risikofelder, entwicklungsorientierte Feedbacks an die Kandidaten fokussieren auf die Person und werden oft mit einem Coaching-Bestandteil verbunden. Gerade diese Kombination von Feedback und Coaching („On-Boarding“) hat sich in der Vergangenheit als sehr wirkungsvoll erwiesen, um Führungskräfte schnell in neuen oder geänderten Aufgabenstellungen zu optimalen Leistungen zu verhelfen.

Für welche Vorgehensweise sich ein Unternehmen entscheidet, hängt von der Unternehmenskultur und dem Reifegrad desselben im Umgang mit Beurteilungsprozessen ab. Glaubwürdig ist ein Auditierungs-Prozeß jedoch nur dann, wenn sich unternehmerische Personalentscheidungen konsequent und für die Führungskräfte wahrnehmbar an einem definierten Konzept orientieren.

Zusammenfassung

Der Erfolg eines Management-Audits hängt in letzter Konsequenz von zwei Parametern ab:

a) Der professionelle Hintergrund derer, die dieses Management-Audit durchführen:

Erstklassige Ergebnisse hinsichtlich der Effizienz und Vorhersagequalität eines Audits sind meistens die Früchte eines rigorosen Qualitätsstandards bei der Auswahl und Ausbildung der Personen, die einen hochklassigen und effizienten Audit-Prozeß durchführen.

b) Die Güte des eingesetzten Audit-Instrumentes:

Dies wird vielfach unterschätzt beziehungsweise nach Möglichkeit erst gar nicht diskutiert, da oftmals nur auf der Basis von Berufserfahrung und gesundem Menschenverstand geurteilt wird. Da die getroffenen Entscheidungen die weiteren Karrieremöglichkeiten der Kandidaten sehr stark beeinflussen, kann im Sinne der Verantwortung, die ein Unternehmen im Rahmen eines solches Audits übernimmt, das bestmögliche Instrument gerade gut genug sein.

„Management Evaluation“ als strategisches Führungsinstrument

Carsten Schwarting
Lexington Human Resources, Berlin

Überblick

- Eine Management Evaluation ist eine entscheidungsrelevante Beurteilung der Gesamtkompetenz des Managements vor dem Hintergrund der Strategien, Ziele und Maßnahmen des Unternehmens und einem sich wandelnden Markt- und Wettbewerbsumfeld. Bei konsequenter Umsetzung der Ergebnisse führt diese Zukunftsorientierung zu nachhaltigen Wettbewerbsvorteilen.
- Neben einem erprobten methodischen Ansatz ist für die Validität der Ergebnisse die Erfahrung und Professionalität der projektführenden Berater von entscheidender Bedeutung.
- Die wesentlichen Vorteile der Management Evaluation liegen in der schnellen Verfügbarkeit der Ergebnisse, einer fairen, neutralen und einheitlichen Beurteilung der teilnehmenden Führungskräfte. Die Organisation wird während der Projektdurchführung zeitlich nur gering belastet.
- Zusätzlich zur Beurteilung der Führungskräfte liefert eine Management Evaluation wertvolle Erkenntnisse zur Unternehmens- und Führungskultur.

Begriffsbildung: Was ist eine „Management Evaluation"?

Die Begriffe „Management Evaluation", „Management-Audit" oder „Potentialanalyse" bezeichnen ein Instrument, daß konzipiert wurde, um Aussagen über die Qualität und das Potential des Managements eines Unternehmens zu erarbeiten. Unter verschiedenen Bezeichnungen angeboten, unterscheiden sich zum Teil auch die Zielsetzung und Adressaten, je nach den Vorstellungen des Auftraggebers und dem Erfahrungs- und Angebotsspektrum des Anbieters.

„Management Evaluation" ist die von Lexington Human Resources entwickelte Variante des „Management-Audits" und bezeichnet eine umfassende und systematische Methodik zur neutralen Beurteilung von Führungskräften, jeweils betrachtet vor dem Hintergrund der aktuellen und zukünftig zu erwartenden Situation des Unternehmens, den definierten Strategien und den daraus abgeleiteten Anforderungen an die einzelne Führungskraft (siehe Abbildung 1). Diese Fokussierung auf eine konkrete und nicht hypothetische Unternehmenssituation und spezielle positionsbezogene Anforderungen unterscheidet eine „Management Evaluation" z.B. von Assessment Center-Methoden, die häufig zur Bewertung von jüngeren Führungskräften eingesetzt werden. Während auf Assessment Center basierendem Vorgehen eher allgemeine Aussagen über die grundsätzliche Eignung einer Person für die Übernahme von Führungsaufgaben generiert werden können, werden mit einer „Management Evaluation" detaillierte Aussagen zu einer Führungskraft vor dem Hintergrund der wahrgenommenen Position und der aktuellen und zukünftigen Situation des Unternehmens erarbeitet. Mit einer einheitlichen Systematik und strukturierten Vorgehensweise werden, basierend auf Interviews mit den beteiligten Führungskräften und ergänzenden Informationen, Bewertungen erarbeitet, die sich zu einem Gesamtbild der betrachteten Person zusammenfügen. Eine „Management Evaluation" läßt sich durch folgende Merkmale charakterisieren:

- Die „Management Evaluation" ist als strategisches Führungsinstrument konzipiert, welches vom Top-Management des Unternehmens eingesetzt wird. Die Perspektive der Ergebnisse und deren Zusammenfassung zu Aussagen werden dieser Erwartung gerecht. Aus der Bewertung der teilnehmenden Führungskräfte und der Verdichtung dieser Einschätzungen zu einer Gesamtbetrachtung der Organisation ergeben sich eindeutige Aussagen zur Kompetenz des Manage-

Definition Management Evaluation-Prozeß

Neutrale und systematische Beurteilung der Führungskräfte zur Ermittlung der Gesamtkompetenz des Managements:

Beantwortung folgender Kernfragen:

- Wie gut erfüllen die Führungskräfte, gemessen an externen und internen Benchmarks, die Anforderungen ihrer Position?
- Verfügt das Management über die Gesamtkompetenz, die definierten Strategien, Ziele und Maßnahmen zu realisieren?
- Entsprechen das Management bzw. einzelne Funktionen den zukünftigen Anforderungen aus einem veränderten Wettbewerbsumfeld?

- **Ableitung des personalpolitischen Handlungsbedarfes**
- **Vorbereitung von Entscheidungen zur Führungsstruktur**
- **Unterstützung der individuellen Führungskräfteentwicklung**

Abbildung 1: Ein „Management Evaluation-Prozeß" liefert eine entscheidungsorientierte Beurteilung des Managementpotentials für die Top-Entscheidungsträger

ments. Damit kann der personalpolitische Handlungsbedarf aufgezeigt und die notwendigen Personalentscheidungen können getroffen werden.

- In einem zweiten Schritt werden konsequent Hinweise zu einer Optimierung der Personalarbeit im Führungskräftebereich abgeleitet. Neben grundsätzlichem Schulungsbedarf der Organisation, z.B. im Konfliktmanagement, werden personengruppenbezogene und einzelpersonenbezogene Schulungs- beziehungsweise Weiterentwicklungsbedarfe definiert.
- Die zur Beurteilung verwandte Methodik ist neutral, umfassend und systematisch. Grundlage sind vorab definierte Kompetenzen und Kriterien, die üblicherweise weitgehend als standardisierter Katalog vorliegen und im Einzelfall entsprechend den Bedürfnissen des Unter-

nehmens, der Situation oder der spezifischen Fragestellung modifiziert werden. Die Beurteilungssituation ist neutral, da die Berater außer dem beruflichen Werdegang in der Regel keine weiteren Informationen über die beteiligten Führungskräfte benötigen. Damit wird eine Beurteilung ohne Voreingenommenheit oder subjektive Sichtweisen möglich.

- Internes und externes Benchmarking sind im allgemeinen ein wesentlicher Bestandteil des Prozesses. Aus dem internen Benchmarking ergeben sich Aussagen bezüglich der Positionierung der Teilnehmer zueinander. Erst die ergänzende Betrachtung des externen Benchmarking beantwortet die Frage der relativen Positionierung des Managementpotentials des Unternehmens im Vergleich zum Branchenstandard oder zum relevanten Wettbewerbsumfeld.

- Eine umfassende und offene Kommunikation vorausgesetzt, wird der Prozeß von den Beteiligten typischerweise als positiv und wertvoll empfunden. Dies resultiert vor allem aus den in den meisten Fällen angebotenen Feedback-Gesprächen. Offen durch einen als professionell wahrgenommenen Dritten die Fremdeinschätzung der persönlichen Kompetenzen der Eigenwahrnehmung gegenüber stellen zu können, ist eine für viele Führungskräfte seltene Möglichkeit des Coachings, von der sie in der Regel gern Gebrauch machen.

Mit einer „Management Evaluation" werden nicht nur wertvolle Erkenntnisse für das auftraggebende Top-Management gewonnen, sondern es ergibt sich bei der Mehrzahl der beteiligten Führungskräfte ein Motivationsschub und eine verstärkte Identifikation mit dem Unternehmen und dessen Zielen (siehe Abbildung 2).

Typische Fragestellungen und Ergebnisse einer „Management Evaluation"

Die Gründe für die Durchführung eines „Management Evaluation-Projektes" lassen sich, so unterschiedlich die spezifische Unternehmenssituation auch sein mag, stets auf die Beantwortung einiger Kernfragen zurückführen:

- Wie gut erfüllen die Führungskräfte, gemessen an internen und externen Benchmarks, die Anforderungen ihrer Position?

NUTZEN EINES MANAGEMENT EVALUATION-PROJEKTES

Nutzen für das Unternehmen	Nutzen für die Führungskräfte
• Einheitliche, systematische Beurteilung der Führungskräfte durch neutrale Dritte • Entscheidungsgrundlage für die kurz- und mittelfristige Besetzung von Führungspositionen • Grundsätzliche Bewertung des Gesamtpotentials des Managements im internen wie externen Vergleich • Ansatzpunkt für eine konsequente strategiekonforme Führungskräfteentwicklung • Identifikation von übergreifenden Problemen und Fragestellungen	• Offene und faire Beurteilung der beteiligten Führungskräfte • Differenzierte Darstellung der Stärken und Schwächen der einzelnen Führungskraft • Daraus abgeleitete begründbare Potentialaussage und konkrete Empfehlung • Ausführliche Diskussion im Feedback-Gespräch • Gegenüberstellung von Eigen- und Fremdbild
Nutzung von Wachstums- und Ergebnispotentialen durch optimierten Einsatz von Führungskräften	**Erhöhte Motivation und verbesserte Identifikation der Führungskräfte mit dem Unternehmen**

Abbildung 2: Ein „Management Evaluation-Projekt" generiert einen nachhaltigen Nutzen für das Unternehmen und die beteiligten Führungskräfte

- Verfügt das Management über die Gesamtkompetenz, die definierten Strategien, die Ziele und daraus abgeleiteten Maßnahmen zu realisieren?

- Entsprechen das Management beziehungsweise einzelne Funktionen oder organisatorische Einheiten den zukünftigen Anforderungen aus einem sich ändernden Wettbewerbsumfeld?

Abwandlungen oder Ergänzungen sind möglich, um einer spezifischen Fragestellung oder Unternehmenssituation zu entsprechen. Ein Beispiel hierzu wäre die Umwandlung eines bisher funktional strukturierten Unternehmens in eine dezentralisierte Profitcenter- oder Business Unit-Organisation, woraus sich eine signifikante Veränderung der Anforderungsprofile der betroffenen Führungskräfte ergeben kann. Die Ergebnisse eines „Management Evaluation-Projektes" lassen sich grundsätzlich in die folgenden Bereiche gliedern:

- Beurteilung der einzelnen Führungskräfte,
- Zusammenfassung zu Gruppen oder Organisationseinheiten,
- Entscheidungshilfe zur kurz- und mittelfristigen Besetzung von Führungspositionen,
- Identifikation von sonstigen übergreifenden Problemen und Aufgabenstellungen.

Im folgenden werden in allgemeiner Form die zu erwartenden Ergebnisse von „Management Evaluation-Projekten" beschrieben.

Beurteilung der einzelnen Führungskräfte

Die Einschätzung der Einzelpersonen erfolgt gemäß den abgestimmten Beurteilungskriterien in der Regel auf der Basis eines mehrstündigen Interviews, das der Teilnehmer mit zwei Beratern führt, und bildet die wesentliche Grundlage des gesamten „Management Evaluation-Prozesses". Ergänzt wird diese externe Sicht des Teilnehmers häufig durch die Sammlung von Referenzaussagen anderer Teilnehmer des Prozesses, d.h. von Kollegen, Mitarbeitern und Vorgesetzten. Die auf diese Weise entstandene externe und interne Bewertung des Teilnehmers wird in einem formalen Bericht zu konkreten Aussagen verdichtet.

Aus Gründen der Kommunizierbarkeit der Ergebnisse und der Schärfe der Aussagen sollte einer strukturierten, knappen Beurteilung der Vorzug vor einem ausführlichen Fließtext gegeben werden. Um die Präsentation der Ergebnisse für das Top-Management zu erleichtern, hat sich die Gliederung in die Komplexe Beruflicher Werdegang, Stärken-/Schwächenprofil inklusive der Ausprägung der zugrunde gelegten Kompetenzen sowie die Einordnung in ein Führungskräfteportfolio und die daraus abzuleitenden Schlußfolgerungen als ein anschaulicher und praktikabler Weg erwiesen:

- Mit einer tabellarischen Darstellung des beruflichen Werdeganges, häufig mit Foto des Beurteilten, ist für alle Teilnehmer der Präsentation gewährleistet, die Person eindeutig zu identifizieren.

- Die Darstellung der Ausprägungen der zugrundeliegenden Kompetenzen/Kriterien in einer Grafik ermöglicht eine schnelle Übersicht über die Einzelperson und eine gute Vergleichbarkeit zwischen mehreren Führungskräften. In diese Darstellung wird die Charakterisierung der untersuchten Führungskraft durch die Aufnahme der relevanten Stärken und Schwächen beziehungsweise Defizite integriert. Dies zwingt einerseits den Beurteilenden zu eindeutigen Aussagen und ergibt andererseits eine übersichtliche Darstellung im Rahmen einer Ergebnispräsentation.

- Die Positionierung der Person in einem Führungskräfteportfolio ermöglicht eine leicht nachvollziehbare Zuordnung jeder beteiligten Führungskraft zu vorab definierten Kategorien, z.B. als Leistungs- oder Potentialträger. Daran schließt sich eine zusammenfassende Aussage zur beurteilten Person und eine Empfehlung zur zukünftigen Entwicklung an.

In einer auf diese Art strukturierten Ergebnisdarstellung lassen sich auch Projekte mit einer größeren Zahl von beurteilten Führungskräften leicht und überschaubar kommunizieren.

Zusammenfassung zu Gruppen oder Organisationseinheiten

Im nächsten Schritt erfolgt eine Verdichtung der Bewertungen der beteiligten Führungskräfte zu Organisationseinheiten. Die oberste Ebene der Zusammenfassung bildet das Gesamtunternehmen. Kernaussage ist das Gesamtportfolio, aus dem sich die Qualität des Managements zunächst absolut und im Vergleich zu anderen Unternehmen oder der Branche auch relativ ableiten läßt. Je nach der Struktur des Unternehmens können einzelne Einheiten oder Funktionen verglichen werden.

Ein weiteres, entscheidendes Ergebnis eines „Management Evaluation-Prozesses" ergibt sich, wenn die Führungskräfte und ihre Einordnung in die Kategorien in einer dem Organigramm ähnlichen Darstellung erfolgt. Bezieht man in diese Darstellung ergänzende Faktoren, wie z.B. die vorhandene Quantität geeigneter Führungskräfte, die Altersstruktur eines Bereiches, potentielle Nachfolgekandidaten, mit ein, läßt sich der personalpolitische Handlungsbedarf unmittelbar erkennen. Personalpolitische Handlungsoptionen beziehungsweise -notwendigkeiten können diskutiert und entschieden werden.

Der nächste Analyseschritt ist häufig die Ausprägung von vorhandenen Kompetenzen bei den beteiligten Führungskräften. Eine oftmals vorzufindende Situation läßt sich folgendermaßen charakterisieren:

Hohe Bewertungen bei fachlichen Kompetenzen, jedoch nur mittlere oder unterdurchschnittliche Bewertung bei den strategisch-unternehmerischen Kompetenzen. Dies bedeutet, daß Fachleute mit einem hohen Maß an professionellen Kenntnissen und Erfahrungen vorhanden sind. In einem sich wandelnden Wettbewerbsumfeld, gekennzeichnet durch Beschleunigung, internationale Konzentrationsprozesse, fortschreitende Globalisierung usw., sind die Erfolgsvoraussetzungen andere als in dem tradierten Geschäft. Dies bedeutet, daß für eine erfolgreiche Bewältigung dieses Transitionsprozesses unternehmerische Handlungs- und Risikobereitschaft sowie das bewußte Einlassen auf Neues eine entscheidende Bedeutung gegenüber spezifischer Fachkenntnis des bisherigen, aber nicht länger gültigen Geschäftssystems haben. Die vorhandenen Fähigkeiten reichen gegebenenfalls nicht aus beziehungsweise bedürfen der Ergänzung. Bei einer ausschließlich internen Beurteilung des Management wird dies häufig nicht hinreichend wahrgenommen und schafft damit ein trügerisches Maß an Sicherheit.

Während der Projektvorbereitung bei der Festlegung der zur Beurteilung heranzuziehenden Kompetenzen und in der Ergebnispräsentation werden diese Aspekte durch die konkrete Auseinandersetzung mit den Bewertungen der einzelnen Führungskräfte transparent.

Entscheidungshilfe zur kurz- und mittelfristigen Besetzung von Führungspositionen

Aus der Bewertung der einzelnen Führungskräfte und der Zusammenfassung zu Organisationseinheiten ergibt sich der erforderliche Handlungsbedarf, der nach der Dringlichkeit in unmittelbar beziehungsweise kurz-, mittel- und langfristig differenziert wird.

- Unmittelbarer Handlungsbedarf ergibt sich, wenn die Führungskraft, die die Position innehat, mit der Wahrnehmung der Verantwortlichkeit deutlich überfordert ist und Entscheidungen mit nachhaltigen Folgewirkungen nicht mit der erforderlichen Geschwindigkeit und Gründlichkeit trifft oder Führungsaufgaben nicht hinreichend wahrnimmt und damit die Zielerreichung aktuell gefährdet erscheint. Eine weitere Ursache für akuten Handlungsbedarf könnte z.B. darin bestehen, daß eine Führungskraft gegenwärtig aufgrund mangelnder Perspektiven oder fehlender Kommunikation frustriert und damit akut gefährdet ist, das Unternehmen zu verlassen.

- Mittelfristiger Handlungsbedarf kann z.B. daraus entstehen, daß die Führungsmannschaft eines Bereiches im Vergleich zum Branchen- oder Wettbewerbsumfeld eher schwächer einzustufen ist oder eine Reihe von Nachfolgeregelungen aufgrund altersbedingten Ausscheidens anstehen. In einem solchen Fall besteht die Gefahr, daß dem Unternehmen nicht nur Fachkenntnis verlorengeht, sondern sich auch das bestehende informelle Geflecht zwischen Führungskräften, die langjährig aufeinander eingespielt waren, neu strukturiert. Mit Hilfe eines „Management Evaluation-Projektes" läßt sich die Frage beantworten, welche internen Kandidaten für die Besetzung in Frage kommen und ob ein potentieller Kandidat die Voraussetzungen mitbringt, um sowohl den Anforderungen der Position zu genügen als auch in die vorhandene Führungsstruktur integrierbar zu sein.
- Schließlich stellt sich die Frage nach der systematischen Nachfolgeplanung beziehungsweise die erweiterte Fragestellung, welche Maßnahmen zur persönlichen Weiterentwicklung für die beurteilten Führungskräfte erforderlich sind, um die zukünftigen Anforderungen abzudecken. Damit wird die Verknüpfung zwischen den aus der Sicht der Top-Entscheidungsträger notwendigen Kompetenzen der Führungskräfte und der Personalentwicklung hergestellt.

Als Ergebnis des „Management Evaluation-Prozesses" wird damit die Entscheidungsnotwendigkeit, eine Position neu zu besetzen, transparent, und es kann entschieden werden, ob geeignete interne Kandidaten zur Verfügung stehen oder eine Besetzung mit einem externen Kandidaten sinnvoll ist.

Identifikation von sonstigen übergreifenden Problemen und Aufgabenstellungen

Unter diesen Sammelbegriff lassen sich sämtliche Erkenntnisse subsumieren, die aus der Auseinandersetzung der involvierten Berater mit der Klientenorganisation und den beteiligten Führungskräften gewonnen werden können. Diese Art von Erkenntnissen und Aussagen sind stark unternehmensindividuell geprägt und in keiner Weise standardisierbar oder vorhersehbar. Für das Top-Management des beauftragenden Unternehmens sind diese Aussagen jedoch in der Regel besonders wertvoll. Der Berater anonymisiert, strukturiert und kommuniziert in einer angemessenen Form Einzelaussagen der Führungskräfte. Im folgenden werden zur Erläuterung einige Beispiele beschrieben. Ein Problem, das oft vorkommt, liegt in der Kommunikation von Strategien, daraus abgeleiteten Zielen und Vorgehensweisen. Es zeigt sich leider allzu häufig, daß von der Geschäftsleitung entschiedene Strategien nicht hinreichend über die nachfolgenden Ebenen kommuniziert werden, was in mehrfacher Hinsicht zu Schwierigkeiten führt:

- Zum einen fühlen sich Führungskräfte im mittleren Management verunsichert und sind damit nur eingeschränkt in der Lage, mit ihren Mitarbeitern die für ihre Organisationseinheit notwendigen Detailziele abzuleiten.

- Andererseits führt die Verunsicherung notgedrungen zu einem eher durch Abwarten als durch aktives Entscheiden gekennzeichneten Verhalten. Mangelnde Umsetzungsgeschwindigkeit, abgebrochene Implementierungsvorhaben sowie ausbleibende Ergebnisse sind die Folge. Für das Top-Management sind diese Zusammenhänge oftmals nicht hinreichend erkennbar.

- Aus der Erfahrung in der praktischen Durchführung von Management Evaluation-Projekten läßt sich erkennen, daß typischerweise zu wenig und zu selten kommuniziert wird. Fehlende aktive Kommunikation öffnet der Spekulation und Gerüchtebildung Tür und Tor und beinhaltet die große Gefahr, daß Veränderungen von vornherein negativ besetzt sind.

Wesentlich ist es in diesem Zusammenhang, auf die vorhandene Kommunikations- und Führungskultur des Unternehmens Einfluß zu nehmen. Diese zu verändern ist ein bezüglich des erforderlichen Aufwandes häufig unterschätzter langwieriger und komplexer Prozeß, zu dem ein Management Evaluation-Prozeß einen deutlichen Erkenntniszuwachs zu leisten vermag. Folgendes Beispiel mag dieses verdeutlichen:

In einem langjährig patriarchalisch von einer Einzelperson geführten Unternehmen wurde ein mehrköpfiges Geschäftsführungsgremium aktiv. Die aus verschiedenen Unternehmen stammenden Führungspersönlichkeiten mußten zunächst in ihrer internen Diskussion einen Konsens über ihre unterschiedlichen sachlichen Auffassungen herstellen, um zu einem Führungsteam zusammenzuwachsen. Dies führte im Unternehmen zu einer erheblichen Verunsicherung der beteiligten

Führungskräfte auf der nächsten Ebene, da bisher erfolgreiche Verhaltensmuster von den neuen Vorgesetzten zunehmend weniger akzeptiert wurden. Gleichzeitig wurde die neue Führungsmannschaft als eine Gruppe von Individuen mit unterschiedlichen Meinungen erlebt. Während die neue Geschäftsführung mehr unternehmerische Initiative der Führungskräfte erwartete und enttäuscht auf den aus ihrer Sicht mangelnden Input reagierte, waren diese eher auf Abwarten eingestellt, da ihnen die Vorgabe einer Richtung fehlte, die sie bisher gewohnt waren. Gleichzeitig wurde von den Führungskräften die „Konzeptionslosigkeit", z.B. durch Äußerungen wie: "Die wissen selber nicht, was Sie wollen", als wesentliche Schwäche der Geschäftsführung empfunden.

Oftmals zeigen sich während der Durchführung eines Management Evaluation-Projektes Diskrepanzen und Unterschiede in der Beurteilung der strategischen Situation des Unternehmens und den daraus abgeleiteten Handlungsoptionen zwischen den verschiedenen Hierarchieebenen. Diese können im Laufe des Prozesses vom Berater deutlich herausgearbeitet und strukturiert werden. Nur wenn diese Widersprüche erkannt und thematisiert werden, gelingt es, Veränderungsprozesse mit der erforderlichen Geschwindigkeit voranzutreiben und das Beharrungsvermögen, welches jeder Organisation in einem gewissen Maß eigen ist, zu überwinden.

Einsatzfälle: In welchen Unternehmenssituationen ist eine „Management Evaluation" sinnvoll?

In vielen Fällen gibt es eine spezielle Unternehmenssituation, die den Anlaß bietet, ein „Management Evaluation-Projekt" durchzuführen. Unabhängig davon nutzen viele Unternehmen dieses Instrument, um ohne eigentlichen Anlaß eine Standortbestimmung ihres Managementpotentials vorzunehmen. Die folgenden Unternehmenssituationen seien beispielhaft aufgelistet (siehe Abbildung 3):

- Strategische Neuausrichtung,
- Turnaround-Situation,
- Wechsel im Top-Management,
- Akquisitionen und Fusionen,
- Post-Merger-Integration.

UNTERNEHMENSSITUATIONEN ZUR DURCHFÜHRUNG EINER MANAGEMENT EVALUATION

Situation	Kernfragen
Wechsel im Top-Management	• Wer sind die wesentlichen Leistungs- und Potentialträger? • Gibt es Meinungsbildner bzw. Motivatoren im Führungskräfteteam?
Turnaround-Situationen	• Sind die bisherigen Inhaber von Schlüsselfunktionen in der Lage, die anstehenden Veränderungen aktiv voranzutreiben?
Generationenwechsel	• Sind die „altgedienten“ Führungskräfte bereit, einen geänderten Führungsstil zu akzeptieren? • Wird die neue Unternehmensführung unterstützt/gebremst bei Veränderungen der strategischen Ausrichtung?
Strategische Neuausrichtung	• Passen die operativen Fähigkeiten der Führungskräfte zur strategischen Veränderung?
Mergers/Akquisitionen/ Fusionen	• Welche Ergänzungen des Managements sind ggf. erforderlich? Wer sind die Meinungsbildner in den beteiligten Unternehmen? Wer sind die Potentialträger, die unbedingt gehalten werden sollten? Welche Unterschiede in den Unternehmenskulturen sind vorhanden und wie können sie überwunden werden?
Mittelfristige Nachfolgeplanung	• Hat das Unternehmen genügend interne Ressourcen für die Zukunft? • Über welche „Skills“ verfügen die Nachwuchsführungskräfte und welche werden vom Unternehmen benötigt?
Standortbestimmung	• Entspricht das Potential des Managements den zu erwartenden Veränderungen in unserer Branche? • Wie sind wir im Vergleich zu unseren Wettbewerbern aufgestellt?

Abbildung 3: In bestimmten Unternehmenssituationen ist die Durchführung eines Management Evaluation-Projektes besonders sinnvoll

Als strategische Neuausrichtung werden an dieser Stelle alle Unternehmenssituationen bezeichnet, die zu substantiellen Veränderungen in der Struktur sowie den Prozessen und Abläufen führen. Beispielhaft sei an dieser Stelle der Prozeß der Internationalisierung der deutschen Automobilzulieferindustrie angeführt:

Innerhalb weniger Jahre ergab sich für viele erfolgreiche Zulieferer eine starke Verschiebung von Umsatzanteilen und damit Produktionsstätten ins Ausland, häufig zunächst in Europa, in einem zweiten Schritt USA, Mittelamerika und China. Dies führte bei den Organisationsstrukturen von einer häufig anzutreffenden Zentralisierung von Entscheidungen in Deutschland mit angebundenen Satelliten zu flexibleren und stärker dezentralisierten Strukturen mit eigener Entscheidungsverantwortung. Für die betroffenen Führungskräfte ergaben sich daraus vielfach nachhaltige Änderungen der erforderlichen Kompetenzen. Neben einer steigenden Bedeutung der sozialen Kompetenz generell nahmen die Bereitschaft zur Auseinandersetzung mit anderen Kulturen, stärker teamorientierten Führungsprinzipien und die Fähigkeit zur Integration, aber auch Delegation von Entscheidungen einen höheren Stellenwert ein als bisher.

Ähnliches gilt für Unternehmen, die sich in einer Turnaround-Situation befinden. In einer solchen Situation kann es erforderlich sein, harte Schnitte durchzuführen und sich durch Konzentration auf Kerngeschäfte auf die Wiedergewinnung der Ertragskraft zu konzentrieren. Damit weicht auch das erforderliche Anforderungsprofil der tätigen Manager in der Regel von dem eines prosperierenden Unternehmens ab. Umgekehrt sind erfolgreiche Turnaround-Manager nicht unbedingt für Wachstumsphasen geeignet, die durch eine Ausweitung der bestehenden Geschäfte beziehungsweise der Investition in neue oder zusätzliche Geschäftsfelder beschrieben werden können.

In den beiden genannten Situationen arbeiten Unternehmen häufig mit Top-Management- beziehungsweise Strategieberatern zusammen. Die erarbeiteteten Konzepte beschreiben typischerweise die erforderlichen Entscheidungen und Maßnahmenbündel. Dies schließt geänderte Abläufe und Organisationsstrukturen ein. Für eine schnelle und erfolgreiche Umsetzung benötigt man die geeigneten Führungskräfte, deren Kompetenzen zu den definierten Aufgaben passen und die sich zum Motor der Veränderung machen. Ein in zeitlicher Abstimmung durchgeführtes Management Evaluation-Projekt kann hier für die Nachhaltigkeit und Schnelligkeit der Umsetzung einen wesentlichen Beitrag leisten.

Bei einem Wechsel im Top-Management kommt es darauf an, daß sich die neue Geschäftsführung schnell einen zuverlässigen Überblick über das vorhandene Managementpotential in Schlüsselpositionen verschafft. Die Beobachtung der betroffenen Führungskräfte in der operativen Tagesarbeit führt sicherlich zu Ergebnissen, bedeutet aber einen erheblichen Zeitverlust.

Noch bedeutsamer ist die zuverlässige Kenntnis des vorhandenen Managementpotentials während eines Akquisitions- oder Fusionsprozesses von Unternehmen. Bei Fusionen kommt es häufig darauf an, aus zwei vorhandenen Managern für eine bestimmte Aufgabenstellung den besser geeigneten auszuwählen oder gegebenenfalls für die entstehende Position einen externen zu rekrutieren. Von essentieller Bedeutung ist in diesen Situationen die Geschwindigkeit, da üblicherweise gute und selbstbewußte Führungskräfte nicht abwarten, sondern ihr Schicksal in die eigene Hand nehmen. Während der in einer solchen Situation typischen Phase der Unsicherheit gilt es zu verhindern, daß wichtige Leistungsträger das Unternehmen verlassen, da ihr Platz in der neuen Organisation noch nicht bestimmt ist. Unter Berücksichtigung der Bedeutung, die Führungskräfte für das Gelingen eines Mergers beziehungsweise einer Fusion haben, kann eine „Management Evaluation" als eine Art „Due Diligence des Humankapitals" angesehen werden. Vergleicht man die Kosten, die während einer Due Diligence entstehen, mit dem zusätzlichen Aufwand für einen Management Evaluation-Prozeß, ergibt sich eine hervorragende Aufwand/Nutzen-Relation. Mit geringen zusätzlichen Kosten läßt sich ein erheblicher Erkenntniszuwachs erzielen, der eine Akquisitionsentscheidung absichert beziehungsweise eine gute Vorbereitung für die Phase danach darstellt.

Nach erfolgter Fusion beginnt die Tagesarbeit, d.h., die vorab beschriebenen Synergien, die als Begründung für den Fusionsprozeß dienen, müssen durch Verschmelzen der Organisationen und das Zusammenführen der Unternehmenskulturen in realisierbare Wachstums-, Kostensenkungs- und letztendlich Ertragspotentiale umgesetzt werden. Dieser Prozeß wird in seiner Dauer und Komplexität häufig unterschätzt. Gewöhnlich beschäftigt sich die Organisation für einen zu langen Zeitraum mit sich selbst und überläßt damit den Markt den Wettbewerbern. Eine „Management Evaluation" kann dazu beitragen, vorhandene Defizite in den benötigten operativen Fähigkeiten der Organisation aufzuzeigen und Fehlbesetzungen von für den Erfolg der Fusion wesentlichen Führungspositionen zu verhindern. Erst die erfolgreiche

Bewältigung der Post-Merger-Integrationsphase entscheidet letztendlich über den Erfolg einer Fusion. Neben einer Unterstützung der Auswahlentscheidung von Führungskräften liefert ein „Management Evaluation-Projekt" in dieser Phase auch entscheidende Hinweise für ergänzungsbedürftige Kommunikationsprozesse und hilft durch Erhöhung der Identifikation der beteiligten Führungskräfte mit der Organisation beim Entstehen der neuen gemeinsamen Unternehmenskultur. Da sich die Unternehmen vor der Fusion häufig am Markt als Wettbewerber gegenüberstanden, ist die gestalterische Aufgabe beim Aufbau einer neuen gemeinsamen Unternehmenskultur nicht zu unterschätzen.

Methodische Grundlagen und Vorgehensweise

Nachfolgend werden die methodischen Grundlagen und die übliche Vorgehensweise eines „Management Evaluation-Projektes" beschrieben. Hierzu müssen einige wesentliche Kernfragen beantwortet werden:

- Auf welchen Kriterien basiert die Einschätzung und damit Einordnung einer analysierten Führungskraft?
- In welchem Modell beziehungsweise welcher Struktur werden die gewonnenen Erkenntnisse von Einzelbewertungen zu einer Aussage verdichtet?
- Wie erfolgt der funktionsübergreifende Vergleich des untersuchten Personenkreises?
- Wie werden die Erkenntnisse im Prozeß der Interaktion mit den Beteiligten gewonnen?
- Wie erfolgt die Auswertung, und auf welche Grundlage stützt sich die Beurteilung?
- Wie werden Neutralität und Objektivität sichergestellt?

Wesentlich ist, daß – neben einer verläßlichen Methodik – die persönliche Kompetenz der beteiligten Berater der entscheidende Erfolgsfaktor für eine treffsichere und verläßliche Beurteilung der untersuchten Führungskräfte ist, d.h. ihre Erfahrung, Professionalität und die Fähigkeit, Führungskräfte in ihrem Verhalten einschätzen zu können. Berater, die erfolgreich Management Evaluation-Projekte durchführen, verfügen häufig über berufliche Erfahrungen sowohl als Managementberater, z.B. auf den Feldern Strategie- und/oder Organisationsberatung, als auch über branchenspezifische Erfahrungen aus der Linie. Selbst in entsprechender Verantwortung tätig gewesen zu sein und damit auch in das operative Tagesgeschäft und die Mitarbeiterführung eingebunden gewesen zu sein, ist eine notwendige Voraussetzung, um Führungskräfte sicher und professionell beurteilen zu können.

Die methodische Grundlage jeder „Management Evaluation“ bilden die zur Einschätzung verwendeten Kompetenzen und Kriterien sowie das Modell, d.h. die Struktur, in der die gewonnenen Erkenntnisse systematisch und nachvollziehbar zu Ergebnissen und Schlußfolgerungen verdichtet werden. Grundsätzlich existieren bei den verschiedenen Anbietern Modelle und Beurteilungskriterien mit einer Vielzahl von ähnlichen Begriffen. Wichtig ist, mit der Auswahl der Kriterien die wesentlichen Aspekte abzudecken, die die Eignung für den Einsatz einer Person als Führungskraft bestimmen.

Das verwendete Modell muß die Einordnung nachvollziehbar machen, also für die Kommunikation mit dem Adressaten geeignet sein. Aussagen sind auf die Darstellung der wesentlichen für die Entscheidung relevanten Informationen zu fokussieren. So unterschiedlich die von verschiedenen Anbietern verwendeten Bezeichnungen auch sein mögen, so läßt sich doch feststellen, das sich wesentliche Inhalte in ähnlicher Form wiederfinden. Beispielhaft erwähnt seien typische Kompetenzfelder wie die unternehmerische Kompetenz, die Führungsfähigkeit, die soziale und die professionelle beziehungsweise Fachkompetenz.

Wesentliche Voraussetzungen für die Anwendbarkeit eines Kriteriums sind die Anschaulichkeit, die Beobachtbarkeit und die Quantifizier- beziehungsweise Erfaßbarkeit sowie eine hinreichende allgemeine Anwendbarkeit. Dies bedeutet im einzelnen:

- Ein Kriterium muß für den Auftraggeber, d.h. für Mitglieder der Geschäftsführung beziehungsweise für Top-Entscheider, unmittelbar anschaulich sein. Mitunter wird eine zu große Anzahl Kriterien eingesetzt. Auch muß die hierarchische Struktur der angewandten Begriffe leicht erkennbar sein, da ansonsten zusammenfassende Darstellungen an Transparenz verlieren.
- Als weitere Anforderung müssen die Kriterien im Rahmen der angewandten Untersuchungsmethode beobachtbar und beurteilbar sein.

Die Grundlage der Einschätzung bildet in den meisten Fällen ein mehrstündiges Interview, welches typischerweise als sogenanntes halbstrukturiertes Interview durchgeführt wird. Dies bedeutet, das die Berater über einen Katalog möglicher Fragen verfügen, mit dem sicher gestellt wird, das die zu bewertenden Kriterien auch hinreichend erfaßt werden, ohne jedoch den Gesprächsverlauf übermäßig vorzustrukturieren. Dem Kandidaten verbleibt ein möglichst breiter Spielraum, das Interview zu gestalten. Auf diese Weise gelingt es, den Kandidaten als Person mit seinen für die Wahrnehmung der Funktion wesentlichen Facetten kennenzulernen.

- Es ist sinnvoll, sich bei der Auswahl der Beurteilungskriterien auf eine überschaubare Anzahl zu beschränken. Der Versuch, eine komplexe Persönlichkeit in allen erdenklichen Facetten auf der Grundlage eines Interviews beurteilen zu wollen, muß letztendlich scheitern. Für die Praxis hat sich die Verwendung von fünf bis sechs Kompetenzfeldern, die sich in jeweils zwei bis drei Kriterien gliedern, als praktikabel und ausreichend erwiesen.

In der Definitionsphase des Prozesses ist zwischen Berater und Auftraggeber zu entscheiden, welche standardisierten Kompetenzen angewendet und in welchem Umfang sie durch spezifische Kriterien, bedingt durch die Unternehmenssituation, ergänzt werden sollen. Das Beispiel eines nach der Fusion zwischen einem deutschen und einem amerikanischen Unternehmen durchgeführten Management Evaluation-Projektes verdeutlicht die Definition und Auswahl der zu bewertenden Kompetenzen. In der Diskussion zwischen Auftraggeber und Berater zeigte sich zu Beginn des Projektes, daß die Bereitschaft und Fähigkeit zur Integration beider Unternehmenskulturen ein wesentliches Merkmal für die zukünftige Auswahl von Führungskräften sein würde, um aktiv die Verschmelzung der beiden bisher am Weltmarkt als Konkurrenten auftretenden Unternehmen zu einer gemeinsamen Unternehmenskultur zu gewährleisten. Durch Berücksichtigung der „Integrationskompetenz“, bestehend aus den Kriterien „interkulturelle Kompetenz“ und „Veränderungsbereitschaft“ wurde diesem Aspekt Rechnung getragen.

In der beschriebenen Weise kann auf spezifische Fragestellungen des Auftraggebers reagiert werden, andererseits bedeutet ein zu weitgehendes Abweichen vom Standard eine Einschränkung beim externen Benchmarking. Der Vergleich mit dem relevanten Branchenumfeld oder dem Gesamtmarkt gibt Auskunft über die relative Qualität des Managementpotentials.

Die verwendeten Kriterien müssen hinreichend allgemein sein, um auf Träger unterschiedlicher Funktionen im Unternehmen anwendbar zu sein. Der Controller, der Bereichsleiter Marketing und der Entwicklungschef sind im Rahmen derselben Logik zu beurteilen. Die fachspezifischen Unterschiede der wahrgenommenen Funktion werden in der fachlichen Kompetenz abgebildet.

Aus der Bewertung der Einzelkriterien wird ein untersuchter Kandidat in eine Kategorie, z.B. „Leistungsträger“ oder „Potentialträger“, eingeordnet. Wesentlich ist dabei, daß es sich nicht um einen berechneten Algorithmus handelt, sondern ein Spielraum vorhanden ist, der die persönlichen Merkmale der untersuchten Person adäquat berücksichtigt. Eine als „Leistungsträger“ bezeichnete Führungskraft erfüllt die Anforderungen der Position vollständig, verfügt über einen hinreichenden Erfahrungshintergrund und ist damit ein stabilisierendes Element in der Organisation. Er hat seine Position im Griff, d.h., es kann davon ausgegangen werden, daß der Positionsinhaber in der notwendigen Weise angemessen reagiert und Entscheidungen fällt. Gleichzeitig ist für die persönliche Weiterentwicklung jedoch eine Grenze erkennbar. Eine gewisse Ausweitung der Verantwortung wird möglich sein, jedoch unter entsprechender Beobachtung und im Rahmen definierter Grenzen. Zur Verdeutlichung folgendes Beispiel:

Der Positionsinhaber hat seine heutige Funktion seit fünf Jahren inne, und der Verantwortungsbereich, gemessen an Kriterien wie verantwortetes Budget, Entscheidungsbefugnis und Anzahl geführter Mitarbeiter, ist im Laufe dieser Zeit entsprechend gewachsen, so daß der Betroffene aktuell eine Abteilung mit 25 Mitarbeitern führt. Eine Erweiterung, z.B. durch Übernahme der Verantwortung für eine weitere Region oder einen zusätzlichen Produktionsbereich, mit der eine Ausweitung der zu führenden Mannschaft auf 30 bis 35 Personen verbunden ist, wäre eine sinnvolle und mögliche Entwicklung. Als Bereichsleiter zwei oder drei Abteilungen dieser Größenordnung zu betreuen würde die untersuchte Führungskraft jedoch überfordern beziehungsweise je nach Situation des Unternehmens ein größeres Risiko darstellen.

Für die Einordnung der untersuchten Führungskräfte werden mehrere Kategorien definiert, die in einer Portfoliomatrix anschaulich visualisiert werden können. Die Achsen der Portfoliomatrix bilden der „Aktuelle Erfüllungsgrad der Anforderungen“ und das „Potential für weiterführende Aufgaben/Übernahme einer umfassenderen Verantwortung“. Durch eine Bewertung in dieser Systematik lassen sich eine Reihe von Fragen hinreichend beantworten:

- Wie ist jede einzelne Führungskraft positioniert, beziehungsweise welche Potentiale des Einzelnen sind noch auszuschöpfen?
- Wer kommt für eine Nachfolgeregelung als aussichtsreicher Kandidat in Frage?
- Wie ist ein Bereich mit seinen Führungskräften insgesamt bezüglich der anstehenden Aufgaben einzuschätzen?
- Wie ist die Gesamtheit des untersuchten Managements im internen Vergleich zwischen verschiedenen Bereichen oder Geschäftseinheiten zu beurteilen?

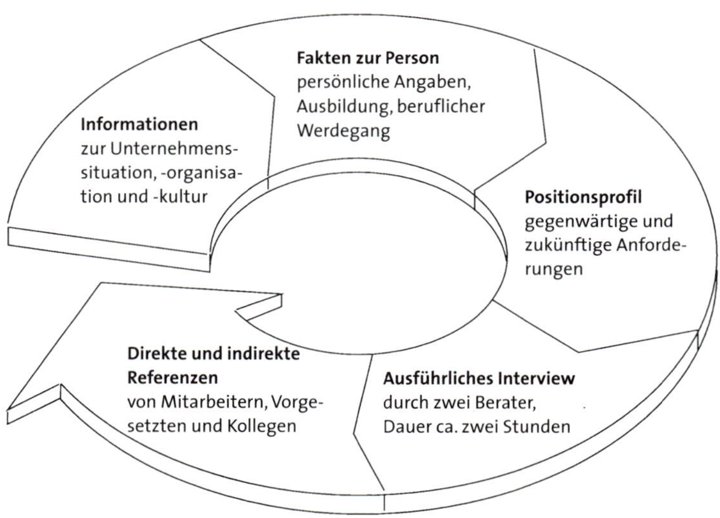

Abbildung 4: Neben dem Eindruck aus dem Interview werden eine Vielzahl von Informationen in die Bewertung einbezogen

- Gibt es unter den jüngeren Managern eine genügende Anzahl von Potentialträgern, oder ist es notwendig, durch externes Recruiting für eine Verstärkung auf ausgewählten Positionen zu sorgen?
- Entspricht das Managementpotential insgesamt im externen Vergleich dem Standard der Branche beziehungsweise dem Gesamtmarkt?

Die Qualität eines Management Evaluation-Prozesses hängt wesentlich vom Umfang der in die Bewertung einbezogenen Informationen ab (siehe Abbbildung 4). Basierend auf den Vorinformationen zur Situation des Unternehmens, den aktuellen und zukünftigen Strategien, Vorhaben und den sich daraus ergebenden Anforderungen bilden die Positionsbeschreibung und der persönliche berufliche Werdegang die Ausgangsinformationen für die Berater.

Im Anschluß an die Ergebnisse des Interviews stellen die Berater die wesentlichen Merkmale sowie Stärken und Schwächen der untersuchten Führungskraft dar und nehmen die Bewertung anhand der abgestimmten Kompetenzen und Kriterien vor. Als Ergänzung der Einschätzung der Berater ist es sinnvoll, direkte oder indirekte Referenzen einzubeziehen. Referenzen können im Gespräch implizit erfaßt oder aber auch explizit nachgefragt werden. Welches Verfahren angewandt wird, hängt auch davon ab, inwieweit gegenseitiges Feedback ein akzeptierter Bestandteil der Unternehmenskultur ist. Grundsätzlich sollten Referenzen verwendet werden, weil es eine substantielle Ergänzung der Einschätzung der externen Berater ist, wenn die interne Wahrnehmung einer Führungskraft durch Mitarbeiter, Kollegen und Vorgesetzte einbezogen wird. So subjektiv jede einzelne Referenz sein mag, die Summe der Aussagen zu einer Person ergibt ein Gesamtbild. Es kann davon ausgegangen werden, daß Feedback dem Betroffenen gegenüber üblicherweise nur unter entsprechenden Vorbehalten direkt geäußert wird. Jedoch stiftet die Gegenüberstellung der Selbsteinschätzung des Betroffenen mit dem Fremdbild durch die Mitglieder der eigenen Organisation und mit der Einschätzung der Berater dem Beurteilten einen hohen Nutzen.

Für die beurteilte Führungskraft besteht die Möglichkeit, gemeinsam mit dem Berater mehr als den bisherigen beruflichen Werdegang und dessen weitere Planung, verknüpft mit der Darstellung der Stärken und Schwächen, zu diskutieren. Eine aus verschiedenen Management Evaluation-Projekten gewonnene Erfahrung ist, das die Führungskräfte dieses Angebot zur Reflexion gerne nutzen. Mit dem Berater als Externem ohne eigene Interessen entsteht häufig eine Coaching-Situation, die von den Beteiligten positiv erlebt wird und aus der eine verstärkte Motivation und damit Identifikation mit dem Unternehmen beziehungsweise dem eigenen Tätigkeitsfeld resultiert.

Immer wieder ergibt sich die kritische Frage, inwieweit rhetorisch geübte und extrovertierte Kandidaten in der Lage sind, sich persönlich besser darzustellen als andere, die erst im Lauf der Zeit durch die Qualität ihrer Arbeit überzeugen. Ensprechend erfahrene Berater sind in der Lage, sich der Gesprächssituation anzupassen und die Eigendarstellung des Kandidaten in ihrer Beurteilung adäquat zu berücksichtigen.

Projektablauf: Schritte und Zeitrahmen eines Management Evaluation-Projektes

Der Ablauf eines Management Evaluation-Projektes besteht grundsätzlich aus vier Phasen:

- Projektdefinition,
- Kommunikation und Interviews,
- Erarbeitung der Ergebnisse,
- Kommunikation der Ergebnisse.

In jeder dieser Phasen werden in enger Abstimmung mit dem Auftraggeber spezifische Arbeitsinhalte abgearbeitet. Dabei ist der Zeitanteil, den der Berater bei den Entscheidungsträgern und auch bei den zu untersuchenden Führungskräften bindet, verglichen mit sonstigen Beratungsprojekten eher gering. Möglichst zu Beginn des Projektes muß entschieden werden, inwieweit eine Begleitung der Implementierung durch den Berater stattfinden soll. In den vier Projektphasen sind folgende Themen zu bearbeiten.

Projektdefinition

Während der ersten Phase (Projektdefinition) werden die Voraussetzungen für einen fokussierten Beratereinsatz und eine erfolgreiche Ausrichtung des Projektes geschaffen. Dies geschieht in folgenden Schritten:

- Der Auftraggeber, d.h. der Vorstand oder die Geschäftsführung, machen zunächst die Berater mit der Unternehmenssituation vertraut. Die Projektziele werden gemeinsam festgelegt, und in ausführlichen Gesprächen wird die gegenwärtige und zukünftige Situation des Unternehmens im Branchen- und Wettbewerbsumfeld erarbeitet. Hierzu gehören auch die Darstellung der Unternehmensorganisation, die wesentlichen Eckpfeiler der strategischen Ausrichtung, die daraus abgeleiteten Vorgehensweisen und die resultierenden Anforderungen an das Management. Im Rahmen dieser Diskussion werden auch diejenigen Kompetenzfelder und Beurteilungskriterien abgestimmt, die angewendet werden sollen.
- Im nächsten Schritt werden die Führungskräfte ausgesucht, die untersucht werden sollen. Wichtig ist, daß alle wesentlichen funktionalen Bereiche oder Divisionen entsprechend der Organisationsstruktur des Unternehmens einbezogen werden, um eine Gesamtaussage über die Kompetenz des Managements zu erhalten. Aus den verschiedenen Einheiten sind jeweils eine repräsentative Anzahl von Führungskräften auszuwählen. Dabei sollten sowohl ältere wie auch jüngere Manager in die Untersuchung einbezogen werden. Ergänzend ist es in bestimmten Fällen, z.B. bevorstehendes altersbedingtes Ausscheiden eines wichtigen Funktionsträgers, sinnvoll, gegebenenfalls mehrere potentielle Nachfolgekandidaten zu analysieren. Abschließend ist sicherzustellen, das es aufgrund der Auswahl nicht zu Frustrationen im Kreis derjenigen Führungskräfte kommt, die nicht an dem Projekt teilnehmen.
- Ferner sind die für die Durchführung der Interviews notwendigen Informationen für die Berater zusammenzustellen. Hierzu gehören in erster Linie der berufliche Werdegang der zu untersuchenden Führungskräfte, die Anforderungsprofile der Positionen und der erforderlichen Qualifikationen sowie Hinweise auf geplante oder denkbare Veränderungen der Anforderungen beziehungsweise Arbeitsinhalte.

Kommunikation und Interviews

Die zweite Phase (Kommunikation und Interviews) ist gekennzeichnet durch die Interaktion zwischen den Führungskräften des Unternehmens und den Beratern. Diese Phase besteht aus zwei Schritten:

- Vor Beginn der eigentlichen Interviewphase erfolgt in einer Auftaktveranstaltung die detaillierte Information der beteiligten Führungskräfte. Zu diesem Zeitpunkt ist es wesentlich, daß die Auftraggeber das Vorhaben entsprechend positionieren und die anstehende Bewertung für die Führungskräfte positiv besetzen. Der Berater stellt die Methodik und die Vorgehensweise ausführlich dar und diskutiert sie. Weiterhin präsentiert sich das mit der Durchführung beauftragte Beraterteam, und es besteht die Möglichkeit, sämtliche offenen Fragen zu klären. Für die Führungskräfte ist damit der Prozeß nachvollziehbar und transparent. An dieser Stelle ist insbesondere auf das Feedback-Gespräch hinzuweisen, in dem jedem Teilnehmer die Ergebnisse seiner Beurteilung vorgestellt und die Schlußfolgerungen mit ihm diskutiert werden. Basierend auf praktischen Erfahrungen kann die Durchführung von Feedback-Gesprächen nur nachhaltig empfohlen werden. Auf diese Weise stehen die Führungskräfte dem Prozeß positiv gegenüber.
- Daran schließt sich die eigentliche Durchführung der Interviewphase an. Bei der Planung und Terminierung sollte eine möglichst kompakte Durchführung gewählt werden. Für die Führungskräfte ist es interessant, in einem überschaubaren Zeitraum nach Abschluß des Interviews mit den Ergebnissen vertraut gemacht zu werden. Vergehen zwischen Interview und Feedback-Gespräch mehrere Monate, läßt das Interesse und damit auch die positive Motivation spürbar nach. Unter Umständen sollte der Einsatz mehrerer Beraterteams oder gegebenenfalls eine Aufteilung der zu untersuchenden Führungsmannschaft in nacheinander ablaufende Teilprojekte in Betracht gezogen werden, um dies zu gewährleisten.
- Die Interviews werden als sogenannte halbstrukturierte Interviews durchgeführt, d.h., wesentliche inhaltliche Aspekte sind die Charakterisierung beruflicher Situationen beziehungsweise Herausforderungen, die für den Beteiligten besonders wichtig waren etc. Die angewandte Fragetechnik bedient sich dabei jeweils offener Fragen, die differenzierte Antworten des Interviewten erfordern. Der Beteiligte

beschreibt die Ausgangssituation, in der er sich befand, die gestellten Anforderungen, die für ihn möglichen Entscheidungs- beziehungsweise Handlungsoptionen und seine eigenen Handlungen. In der Reflektion darüber, wie erfolgreich das eigene Verhalten eingeschätzt wird, ob aus heutiger Sicht eine andere Entscheidung und aus welchen Gründen sie die angemessenere gewesen wäre, lassen sich Schlußfolgerungen auf das Verhalten auch in zukünftigen Situationen ableiten. Die Erarbeitung eines projektspezifischen Leitfadens stellt sicher, daß trotz weitgehender Gestaltungsmöglichkeit des Interviews durch den Interviewten sämtliche wesentlichen Themen abgedeckt und die von verschiedenen Beratern geführten Interviews miteinander vergleichbar sind.

Erarbeitung der Ergebnisse

Die dritte Phase (Erarbeitung der Ergebnisse) findet typischerweise ohne Interaktion zwischen Auftraggeber und Berater statt. Die Vorgehensweise in dieser Phase besteht aus den folgenden Schritten:

- Aus den Interviews und den Informationen zum beruflichen Werdegang werden die Einzelberichte der untersuchten Führungskräfte erstellt. Dies wird von den Beratern, die das Interview geführt haben, gemeinsam vorgenommen. Ergänzend werden sämtliche Referenzen in die Beurteilung einbezogen.
- Sämtliche fertigen Berichte und Bewertungen der jeweiligen Beraterteams werden plausibiliert und gegebenenfalls ergänzt. Liegen die Bewertungen fest, erfolgt die Einordnung in die Portfoliomatrix.
- Arbeiten mehrerer Beraterteams an einem Projekt, werden die Ergebnisse in einem Workshop mit allen beteiligten Beratern nochmals auf Vergleichbarkeit der Bewertungen überprüft. Als Ergebnis stehen damit die Einzelberichte der analysierten Führungskräfte und die Aussagen zum Benchmarking fest.
- Im letzten Schritt dieser Phase werden alle übrigen Auswertungen durchgeführt und die zu kommunizierenden Ergebnisse für einen Endbericht und die Präsentation aufbereitet. Das besondere Augenmerk liegt dabei auf der Fokussierung der Kernaussagen zu den allgemeinen Themen.

Kommunikation der Ergebnisse

In der vierten Phase (Kommunikation der Ergebnisse) werden die beschriebenen Aussagen zunächst dem Auftraggeber und danach in geeigneter Form den Teilnehmern vorgestellt. Daraus ergeben sich die folgenden Schritte:

- Zunächst werden die Ergebnisse und die daraus zu ziehenden Schlußfolgerungen dem Auftraggeber gemeinsam präsentiert. Daran schließt sich eine separate Besprechung der Ergebnisse und des Handlungsbedarfes mit den jeweiligen Bereichsverantwortlichen an. Hierbei werden auch die Schwerpunkte für die Feedback-Gespräche mit den Beteiligten festgelegt.
- Auf dieser Grundlage können dann die Feedback-Gespräche erfolgen. Als empfehlenswerte Variante hat sich ein Feedback-Gespräch zwischen der bewerteten Führungskraft, dem Berater und dem direkten Vorgesetzten, der in der Regel auch Teilnehmer des Prozesses ist, herausgestellt. So werden für den Betroffenen Gemeinsamkeiten beziehungsweise Unterschiede in der Bewertung durch den Vorgesetzten, der mit der Führungskraft in einer laufenden Arbeitsbeziehung steht, und dem Berater, dessen Bewertung auf einer einmaligen Gesprächssituation beruht, nachvollziehbar kommuniziert.
- Diese Phase sollte mit einer Kommunikation der Gesamtergebnisse, insbesondere der allgemeinen Aussagen in einer gemeinsamen Veranstaltung mit den Führungskräften, abgeschlossen werden. Wichtig ist in dieser Veranstaltung vor allem die konkrete Beantwortung der Frage: Wie geht es weiter? Die beteiligten Führungskräfte erwarten eine Umsetzung der präsentierten Ergebnisse.

Ein in dieser Art durchgeführtes Management Evaluation-Projekt läßt sich, abhängig von der Anzahl zu beurteilender Führungskräfte und deren zeitlicher Verfügbarkeit, in wenigen Wochen durchführen. Eine „Management Evaluation", die eine Gruppe von bis zu 50 Führungskräften umfaßt, kann inklusive der vorbereitenden Arbeiten und der Ergebniskommunikation bei entsprechender Planung in drei Monaten abgeschlossen werden. Die Verfügbarkeit der Führungskräfte für die Interviews determiniert wesentlich die Dauer der gesamten Projektbearbeitung.

Generelle Vorteile einer „Management Evaluation"

Mit einem Management Evaluation-Prozeß werden in einem kurzen Zeitraum mit überschaubarem Aufwand umsetzungsreife Ergebnisse erzielt, die dem Unternehmen und den Führungskräften nachhaltig nutzen. Das Unternehmen erhält abgesicherte Aussagen zur Qualität des Managementpotentials und den gegebenenfalls erforderlichen Veränderungen zum Ausgleich bestehender Defizite. Dem steht der Aufwand für den Einsatz externer Berater gegenüber. Trotzdem überwiegen die Vorteile:

- Faire, einheitliche und systematische Beurteilung der analysierten Führungskräfte durch professionelle und qualifizierte Berater.
- Die Methodik basiert auf standardisierten Kompetenzen beziehungsweise Kriterien, die einerseits eine hohe Vergleichbarkeit im unternehmensübergreifenden Benchmarking ermöglichen, andererseits können durch teilweise Anpassung oder Ergänzung der Beurteilungskriterien spezifische Unternehmenssituationen und Anforderungen berücksichtigt werden.
- Die erstellten Berichte sind hierarchisch aufgebaut, klar strukturiert und lassen sich einfach kommunizieren. Die vom Berater erarbeiteten Aussagen können durch eine Vielzahl von Detailanalysen ergänzt und erhärtet werden.
- Aufgrund der Vorabinformation der Berater durch die Auftraggeber beziehen sich die Ergebnisse nicht nur auf die Vergangenheit, sondern berücksichtigen in den Schlußfolgerungen die zukünftig zu erwartenden Veränderungen.
- Infolge einer entsprechenden Projektplanung und -vorbereitung stehen die Ergebnisse schnell zur Verfügung. In bestimmten Unternehmenssituationen kann dies wesentlich zur Entscheidungssicherheit beitragen.
- Auch die Durchführung eines umfassenden Management Evaluation-Projektes belastet die Organisation nur in geringem Maße. Die teilnehmenden Führungskräfte werden zeitlich nur gering in Anspruch genommen. Weitergehende, umfangreiche Analysen sind nicht erforderlich.
- Aus den Rückmeldungen, die die Teilnehmer in den Feedback-Ge-

sprächen erfahren, resultiert üblicherweise eine erhöhte Identifikation der Teilnehmer mit dem Unternehmen und der wahrgenommenen Aufgabe.

Aus der Erfahrung einer Reihe durchgeführter Management Evaluation-Projekte läßt sich die Aussage ableiten, daß neben der Beurteilung der einzelnen Teilnehmer, der Verdichtung in einem Managementportfolio, der Ableitung des unmittelbaren personalpolitischen Handlungsbedarfes die Aussagen zu den sogenannten „soft factors", wie z.B. Unternehmenskommunikation und Führungsverhalten, für die Top-Entscheidungsträger als Auftraggeber wichtige und oftmals neuartige Erkenntnisse liefern.

Zusammenfassung

Die Mitarbeiter und Führungskräfte eines Unternehmens sind die wesentliche Ressource, die ein Unternehmen von anderen differenziert und langfristig erfolgreich sein läßt. Diese Ressource ist kurzfristig nicht oder nur mit hohem finanziellen Aufwand veränderbar. Für ein Unternehmen ist die Bestimmung der eigenen Positionierung z.B. im Branchenvergleich beziehungsweise zu Wettbewerbern kaum zuverlässig möglich. Die „Management Evaluation" ist als Instrument zur Beurteilung des Potentials von Führungskräften und damit der Qualität des Managements eines Unternehmens entwickelt worden und läßt sich als unabhängige, objektive, von neutralen Dritten durchgeführte Beurteilung der Führungskräfte und ihres Potentials definieren. Mit Hilfe dieses Instrumentes kann die Kernfrage, inwieweit die Führungskräfte des Unternehmens für die aktuell und zukünftig anstehenden Anforderungen gerüstet sind, hinreichend beantwortet werden.

Aus der Stärken-/Schwächen-Analyse des vorhandenen Managements, die im Rahmen eines derartigen Management Evaluation-Projektes erarbeitet wird, läßt sich der personalpolitische Handlungsbedarf unmittelbar ableiten und für die Unternehmensführung der notwendige Entscheidungsbedarf aufzeigen. Damit ist eine „Management Evaluation" in erster Linie ein Instrument der strategischen Führung, das sich an die Top-Entscheidungsträger im Unternehmen wendet.

Der Nutzen eines Management Evaluation-Prozesses besteht für das Unternehmen in der langfristigen Schaffung von Ergebnis-, Kostensenkungs- und Wachstumspotentialen durch eine Optimierung des Einsatzes von Führungskräften. Gleichzeitig liegt der Nutzen für die beteiligten Führungskräfte, neben einer persönlichen Rückkopplung, vor allem in der auf die Einzelperson bezogenen Entscheidungs- und Entwicklungshilfe.

Die Durchführung eines Management Evaluation-Projektes durch externe Berater liefert eine neutrale, objektive Beurteilung der Führungskräfte, die die vorhandene interne Einschätzung durch eine externe Sicht wesentlich ergänzt. Zusätzlich können für das Top-Management relevante Themen, z.B. zur Unternehmens-, Kommunikations- und Führungskultur, die nur einem Externen auffallen, von den Beratern strukturiert aufbereitet und zur Diskussion gestellt werden.

Weitere Vorteile liegen darin, daß die Projektergebnisse schnell vorliegen, der finanzielle Aufwand überschaubar ist, die Organisation beziehungsweise die beteiligten Führungskräfte zeitlich nur gering, d.h. einige Stunden, in Anspruch genommen werden. In spezifischen Unternehmenssituationen ist ein Management Evaluation-Projekt besonders hilfreich. Im Rahmen einer Due Diligence kann eine „Management Evaluation" als eine „Due Diligence des Humankapitals" die finanzorientierte Bewertung eines Unternehmens ergänzen und damit eine Investitionsentscheidung absichern.

Diese Aspekte haben dazu geführt, daß das Instrument Management-Audit zur Beurteilung der Gesamtkompetenz des Managements in den letzten Jahren in Deutschland eine erhebliche Bedeutung gewonnen hat.

Audit-Ansätze für die Human Resources-Beratung

Jost-Hinrich Wahlen
PricewaterhouseCoopers, Frankfurt

Überblick

Sechs Faktoren sind für den Erfolg eines Management-Audits entscheidend:

- Das Commitment der Unternehmensführung zur Übernahme der damit verbunden Verantwortung für die teilnehmenden Führungskräfte sowie zu den erforderlichen Ressourcen und den Konsequenzen
- Die frühzeitige und umfassende Kommunikation über das Management-Audit an alle Beteiligten und Betroffenen, um die funktionalen Effekte des Audits zu maximieren und die disfunktionalen Effekte zu minimieren
- Die Transparenz über Ablauf, Methode und Verwendung der Ergebnisse des Audits, um die Akzeptanz des Audits und die Kooperation der teilnehmenden Führungskräfte zu fördern
- Die methodische Qualität der diagnostischen Elemente und die Qualifizierung der Auditoren, um die teilnehmenden Führungskräfte fair zu behandeln und zu gültigen und verläßlichen Aussagen im Rahmen der Möglichkeiten des Audits zu gelangen
- Die offene, ausführliche und wertschätzende Rückmeldung über die Ergebnisse des Audits und getroffene Entscheidungen an die teilnehmenden Führungskräfte
- Die Berücksichtigung von Konsequenzen aus den Ergebnissen und Empfehlungen des Audits

Einleitung

„Wie fit sind meine Führungskräfte?" ist eine typische Frage, die sich Unternehmensleiter stellen, wenn sie innerlich eine Bestandsaufnahme ihrer Managementkapazitäten und Managementpotentiale vornehmen. Schließlich sind es ihre Führungskräfte, die eine wesentliche Mitverantwortung für die Steuerung des Unternehmens und das Erreichen der unternehmerischen Ziele tragen. Das richtige Investment in die eigene Führungsmannschaft ist eine der zentralen Voraussetzungen für den Erfolg des Unternehmens, wenngleich nicht die einzige.

Obwohl die Beurteilung und Potentialanalyse von Führungskräften und Mitarbeitern eine Führungsaufgabe ist, zeigt sich häufig große Verlegenheit im Management, wenn die Ergebnisse hierzu ad hoc tatsächlich abgerufen und verwendet werden sollen. Auf einmal ist das Vertrauen in die Beurteilungen aus dem eigenen Hause erschüttert, die bisher über Jahre zur Begründung wichtiger Personalentscheidungen herangezogen worden sind. Andererseits kann es bei besonderen Anlässen wie Mergers and Acquisitions zu Interessenkonflikten kommen, die es nahelegen, eine unabhängige oder zumindest neutrale Partei in die Beurteilung des Managements einzuschalten.

Als Lösungsansatz hat sich hier das Management-Audit bewährt, das einen neutralen, nachvollziehbaren Beurteilungsansatz darstellt. In diesem Beitrag wird die Audit-Philosophie und der Audit-Ansatz der Human Resource-Beratung von PricewaterhouseCoopers vorgestellt. Abschließend wird auf die Erfolgsfaktoren eines Management-Audits eingegangen, die das Top-Management eines Unternehmens dabei unterstützen, Management-Audit-Projekte erfolgreich durchzuführen.

Anlässe für ein Management-Audit

Das Top-Management sieht sich häufig der Situation ausgesetzt, ein Schiff navigieren zu sollen, ohne die Fähigkeiten und Entwicklungspotentiale seiner Mannschaft richtig zu kennen. Während auf betriebswirtschaftlicher Seite seit vielen Jahren schon der Controller eine Lotsenfunktion übernommen hat und als feste Institution im Unternehmen etabliert ist, fehlt häufig noch ein entsprechender Sparringspartner für das Top-Management, der zuverlässig über Zustand und Entwicklungstrends der Human Resources im Unternehmen berichten könnte. Natürlich halten zeitgemäße und effektive Instrumente zum Performance Management in die Unternehmen Einzug, doch nicht immer wird das Management in diese Systeme einbezogen.

Ein institutionalisiertes Feedback an Führungskräfte, sei es als eindimensionales Feedback „von unten nach oben" oder als mehrdimensionales 360°-Feedback gestaltet, ist in deutschen Unternehmen eher noch die Ausnahme. Wenngleich der Ausspruch „Führungskräfte werden nicht beurteilt" immer weniger zur beobachtbaren Entwicklung einer Führungskultur zu mehr gemeinsamer Ergebnisverantwortung und konstruktiver Partnerschaft paßt, werden in den Führungsetagen dennoch weiterhin Vorbehalte gegen Beurteilungen der eigenen Leistungen und Entwicklungspotentiale bestehen bleiben, da sich die Erwartungskomponenten Hoffnung auf Förderung und Furcht vor Stillstand oder Rückschritt bestenfalls ausgleichen.

Um so mehr nutzt das Top-Management das bewährte Instrument des Management-Audits, um eine Standortbestimmung seiner Führungskräfte vorzunehmen, Entwicklungspotentiale zu identifizieren und konkrete Entwicklungsmaßnahmen abzuleiten. Sofern ein Unternehmen eine fundierte Einschätzung des vorhandenen Managementpotentials vornehmen möchte, können grundsätzlich alle Führungskräfte in ein Audit einbezogen werden. Anlaß können beispielsweise Maßnahmen zur Neuausrichtung des Unternehmens, Re-Strukturierungen oder Unternehmenszusammenschlüsse beziehungsweise Übernahmen sein.

Standortbestimmung

Ein Wechsel an der Führungsspitze eines Unternehmens, eine strategische Neuausrichtung oder eine deutliche Veränderung des Unternehmensumfeldes sind mögliche Anlässe, um eine Standortbestimmung des Managements durchzuführen, die dazu dienen soll herauszufinden, wen man an Bord hat, auf welche Stärken man bauen kann und wo sich möglicherweise Deckungslücken auftun, die man frühzeitig schließen sollte.

Eine Standortbestimmung des Managements stellt dabei nicht nur für die Unternehmensleitung einen wertvollen Informationsgewinn dar, sondern auch für die betreffenden Führungskräfte selbst, die vielleicht nach Jahren zum ersten Mal wieder ein umfassendes und differenziertes Feedback bezüglich ihres Führungsverhaltens und zugleich einen indirekten Abgleich mit Führungskräften entsprechender Verantwortungsebenen anderer Unternehmen erhalten.

Personalentwicklung

Qualifizierte Führungskräfte mit Entwicklungspotential sind bekanntermaßen ein seltenes und daher begehrtes Gut auf dem Arbeitsmarkt. Eine gezielte und effiziente Personalentwicklung, die deutlich über ein Angebot von Führungsseminaren und Fortbildungsangeboten hinausgeht, ist daher in fortschrittlichen Unternehmen Usus geworden, um die knappe Ressource „Manager" im eigenen Unternehmen zu halten und zu entwickeln.

In manchen tradierten Strukturen ist es jedoch bis heute üblich, das Thema Führungskräfteentwicklung mit einem Mantel der Geheimniskrämerei und der Intransparenz zu umgeben, der weder der Sache noch den betroffenen Führungskräften dienlich und angemessen ist. Schließlich verlangt ein Unternehmen in der Regel mündige, entscheidungsfreudige und reflexionsfähige Manager in seinen Spitzenpositionen, behandelt diese hauseigenen Schätze jedoch bisweilen wie unmündige, verantwortungsscheue und nicht reflexionsfähige Weggenossen. Entwicklungs- und Beförderungsentscheidungen werden intransparent und garantiert ohne Beteiligung derjenigen diskutiert und verabschiedet, die letztlich unter Einsatz ihres gesamten persönlichen Potentials und in Vereinbarung mit dem Privatleben Spitzenleistungen für das Unternehmen erbringen sollen. Wie paßt das heutzutage noch zusammen?

Erst Mitarbeiterbefragungen bringen es mitunter zutage, daß eine gezielte und transparente Personalentwicklung im Unternehmen von Seiten der Führungskräfte und Mitarbeiter eingefordert wird. Unter Aspekten von „Attraction, Retention and Development" der Ressource Personal sollte dieses zur Selbstverständlichkeit für Unternehmen werden, die auch morgen noch kompetente Führungskräfte in ihren Reihen wissen wollen.

Ein Management-Audit bietet in diesem Fall eine gute Möglichkeit, um die Bestandsaufnahme durch Hinweise zur gezielten Personalentwicklung zu erweitern. Einerseits stellt ein Management-Audit bereits selbst eine Maßnahme zur individuellen Personalentwicklung dar, andererseits lassen sich Entwicklungsbereiche im Hinblick auf die angestrebte berufliche Weiterentwicklung im Unternehmen herausarbeiten und vereinbaren.

Vergleichbares gilt bei der Unternehmensentscheidung, die eigenen Geschäftsaktivitäten in ausländischen Märkten durch erfahrene Mitarbeiter aus anderen Ländern als dem Zielland zu unterstützen. Neben der Bereitschaft, für das Unternehmen in einem anderen Land zu arbeiten, ist beispielsweise zu klären, inwieweit die betreffenden Mitarbeiter die Voraussetzungen hinsichtlich ihrer sozialen und interkulturellen Kompetenzen für einen erfolgreichen Auslandseinsatz mitbringen.

Spezialfall: Mergers and Acquisitions

PricewaterhouseCoopers unterstützt viele internationale Unternehmen in M&A-Prozessen. Ein zentraler Aspekt dabei ist das Ziel, die angestrebten Synergien aus einem Merger oder einer Akquisition auch tatsächlich zu realisieren, ganz zu schweigen von dem Anliegen, einen Unternehmenszusammenschluß nicht etwa ganz scheitern zu lassen. Nach vielen schmerzlichen Erfahrungen im M&A-Geschäft, auch in jüngster Zeit, wird den Bereichen Personal und Unternehmenskultur nun deutlich mehr Aufmerksamkeit geschenkt, da sie als wichtige Erfolgsfaktoren für das Gelingen eines Unternehmenszusammenschlusses identifiziert worden sind.

Diese Anerkennung hat verhältnismäßig lange gedauert, da die Ressource Personal nur schwer in harten Daten zu bewerten, in der Projektion nur schwer berechenbar ist und das Thema „Unternehmenskultur“ gerne in die esoterische Ecke gestellt worden ist. Die Fachdiskussion zur Bedeutung der Unternehmenskultur in M&A-Prozessen ist alles andere als abgeschlossen, doch wird letztlich vor allem bei internationalen Zusammenschlüssen schnell deutlich, wie sich unterschiedliche Landeskulturen auf das Führungsverhalten und damit auf eine angestrebte reibungslose Zusammenarbeit auswirken können.

PricewaterhouseCoopers widmet sich in M&A-Prozessen neben der Ermittlung von klassischen Managementpotentialen vor allem der Analyse der typischen Managementstile in den beteiligten Unternehmen und seiner Manager, die der Erfahrung nach einen wesentlichen Einfluß auf den Erfolg von Unternehmenszusammenschlüssen haben. Damit konzentriert sich das Management-Audit in diesem Fall auf konkretes, erfolgsrelevantes Managementverhalten als Teil der Unternehmenskultur.

Aufträge an den Berater

Vor der Erteilung beziehungsweise Annahme eines Auftrages zum Management-Audit sollte der Auftrag an den durchführenden Berater genau besprochen und definiert werden. Eine frühzeitige Auftragsklärung und eine genaue Auftragsdefinition ermöglichen größtmögliche Transparenz der Ziele des Audits bei allen Beteiligten, die Wahl angemessener Methoden und unterstützen die Akzeptanz dieses Instrumentes bei Auftraggeber, teilnehmenden Führungskräften und der übrigen Organisation des Unternehmens wesentlich.

Weder für den in der Regel externen Berater noch für den Auftraggeber selbst ist es empfehlenswert, sich auf verdeckte, unklare oder gar nachgeschobene Aufträge einzulassen. Langfristig zerstören die für den Auftrag und für den Prozeß Verantwortlichen damit weit mehr, als sie durch den scheinbaren Erkenntniszuwachs tatsächlich gewinnen können. Der einfachste, aber empirisch auch sehr wirksame Prüfstein für die Annahme eines Auftrages ist die Frage, ob man den fraglichen Auftrag als teilnehmende (betroffene) Führungskraft am eigenen Leibe erleben wollte und sich fair behandelt vorkommen würde. Wer diese einfache Frage verneint, sollte einen entsprechenden Auftrag weder erteilen noch annehmen.

Aufträge, die in die Nähe einer zweifelhaften unternehmerischen Ethik gerückt werden könnten oder die einzig dazu dienen sollen, bestehende Machtverhältnisse durch Informationshandel zu stabilisieren, erschüttern das Vertrauen der Führungskräfte und letztlich der Mitarbeiter in das Top-Management des Unternehmens – und auch des Beraters. Zurück bleibt verbrannte Erde in einem Terrain, das erst viele Jahre später, wenn überhaupt, wieder erfolgreich beackert werden kann. Unternehmensführungen verlieren an Glaubwürdigkeit, und schwarze Beraterschafe ruinieren den Ruf einer ganzen Branche. Ein sauberer Auftrag für ein Management-Audit sollte der Erfahrung von PricewaterhouseCoopers nach inhaltlich umfassen:

- das Ziel des Management-Audits,
- die teilnehmende Zielgruppe des Managements,
- die Beobachtungs- und Bewertungskriterien, die dem Audit zugrunde liegen sollen,
- die Aussagen, die als Ergebnis getroffen werden sollen und auf der Basis der gewählten Methode auch vertreten werden können,
- das Feedback der Audit-Ergebnisse an die teilnehmenden Führungskräfte,
- das Feedback der Audit-Ergebnisse an den Auftraggeber,
- die Dokumentation der Audit-Ergebnisse,
- die begleitende Informationsstrategie über das Audit im Unternehmen,
- die Vereinbarung der Vertraulichkeit über die Erkenntnisse des Audits zwischen Auftraggeber und Berater.

Audit-Ansätze von PricewaterhouseCoopers

Je nach Auftrag und unternehmensspezifischen Rahmenbedingungen unterscheidet PricewaterhouseCoopers drei grundsätzliche Audit-Ansätze, die im folgenden kurz dargestellt werden:

- Der erste Ansatz stellt gewissermaßen das Grundmodell für ein Management-Audit dar, das für Zwecke der Auswahl und der Entwicklung auf Managementebene eingesetzt werden kann.
- Der zweite Ansatz stellt eine methodische Erweiterung des ersten Ansatzes dar und geht vom Grundverständnis aus, daß die Leistungen und Leistungspotentiale eines Managers erst dann umfassend bewertet werden können, wenn dessen unternehmensinternes und -externes Wirkungsfeld, also das relevante Managementsystem, in das Audit einbezogen wird.

- Der dritte Ansatz schließlich bezieht sich auf den Spezialfall von Mergers and Acquisitions und dient weniger der Ermittlung von individuellen Leistungspotentialen als der Analyse von individuellem Managementverhalten als erfolgsrelevantem und daher wesentlichem Bestandteil von Unternehmenskulturen.

In der Unternehmenspraxis werden eine Reihe von unterschiedlichen Methoden eingesetzt, um individuelle Eignung und Potential für Managementaufgaben einzuschätzen. Welche Methode beziehungsweise welcher Audit-Ansatz eingesetzt wird, hängt oft von der jeweiligen Unternehmenskultur, früheren Erfahrungen mit anderen Methoden, persönlichen Präferenzen, der angesprochenen Führungsebene oder dem verfügbaren zeitlichen Budget ab.

Das „Management Potential Audit"

Das PricewaterhouseCoopers Management Potential Audit dient der raschen Standortbestimmung und fundierten Potentialanalyse von Führungskräften beziehungsweise Managementebenen eines Unternehmens als Grundlage zur Entwicklung gezielter Management-Entwicklungsprogramme, zur individuellen Entwicklungsförderung und zur Optimierung von Besetzungsentscheidungen. Das Management Potential Audit leistet einen wesentlichen Beitrag dazu, Managementpotentiale auf der Basis einer differenzierten und unabhängigen Betrachtung zu identifizieren und im Sinne einer wertorientierten Unternehmensführung optimal einzusetzen.

Je nach Auftrag liefert das Management Potential Audit eine Einschätzung jeder teilnehmenden Führungskraft beispielsweise in bezug auf definierte unternehmensspezifische Kompetenzen oder in bezug auf Kompetenzbereiche, die zusammen mit der begleitenden Beratung festgelegt werden. Häufig haben Unternehmen ihre Anforderungen an das Management in einem Set von Kompetenzen schriftlich verankert, die Grundlage für Personalauswahl, Beurteilungen im Rahmen des Performance Management und für Management Potential Audits werden. Dabei ist es wichtig, bevorstehende Veränderungsprozesse zu antizipieren und auch solche persönlichen Managementkriterien wie Lernpotential zu berücksichtigen, die für den Umgang mit permanentem „Change" erfolgskritisch sind (Sarges, 2000).

Die Ergebnisse des Audits werden ebenfalls nach diesen unternehmensspezifischen Kompetenzen gegliedert, und es werden Empfehlungen abgeleitet, welche auditierte Führungskraft unmittelbar für weiterführende Aufgaben eingesetzt werden könnte und welche Führungskraft zunächst bestimmte Entwicklungsschritte durchlaufen sollte, bevor ein Einsatz in weiterführenden Aufgaben erfolgversprechend erscheint.

Diese Einschätzung hat eine hohe Bedeutung sowohl hinsichtlich der damit verbundenen Verantwortung für die teilnehmende Führungskraft als auch für die dadurch mögliche optimierte Wertschöpfung des Unternehmens. Um eine derart wichtige Einschätzung abgeben zu können, besteht eine wesentliche Aufgabe des Audits darin, die teilnehmende Führungskraft so gut wie möglich kennenzulernen. Einerseits würde dies für eine Auditierung durch interne Berater beziehungsweise durch dafür ausgebildete Vertreter der Personalentwicklung oder andere obere Führungskräfte sprechen, andererseits besteht bei diesem Vorgehen die Gefahr, daß im Unternehmen bereits „Bekanntes" bestätigt und bestehende Bewertungen stabilisiert werden könnten, anstatt die Auditierung durch eine neutrale, unvoreingenommene „Brille" durchzuführen.

Bewährt hat es sich, das Management-Audit entweder nur von externen Beratern oder von einer Kombination aus externen und internen Auditoren durchführen zu lassen. Im letzteren Fall können die Auditoren das Audit als „Tandem" durchführen und dabei sowohl der unternehmensinternen als auch der neutralen externen Perspektive gerecht werden.

Um im Kreis der zu auditierenden Führungskräfte Akzeptanz für ein Management Potential Audit zu erzielen, können beide Vorgehensweisen unterstützend wirken. Sofern in der Unternehmenspraxis bisher keine regelmäßigen, transparenten und nachvollziehbaren Führungskräftebeurteilungen stattgefunden haben, ist es aus Akzeptanzgründen empfehlenswert, ein erstes Management Potential Audit nur mit externen Beratern durchzuführen. Sofern bereits systematische und nachvollziehbare Führungskräftebeurteilungen im Unternehmen praktiziert werden, kann gerade eine Kombination von externen und internen Beratern die Akzeptanz eines Audits fördern, da es sich in die bereits intern existierenden Führungssysteme einreiht.

Um ein Kennenlernen in relativ kompakter Form zu ermöglichen, ist es unabdingbar, Vertrauen zwischen Auditoren beziehungsweise Beratern und teilnehmender Führungskraft aufzubauen. Schließlich sollen im Audit Managementpotentiale, also künftige Leistungsmöglichkeiten, und berufliche Perspektiven thematisiert werden. Es geht um mögliche Leistungen genauso wie um berufliche Motivationen, Interessen und Wertvorstellungen, über die man sich üblicherweise nur vor dem Hintergrund einer hinreichenden Vertrauensbasis offen austauscht.

Dazu muß der für den Prozeß verantwortliche Berater seinen Auftrag allen Beteiligten gegenüber von Anfang an deutlich machen und sich unter allen Umständen auch daran halten. Offenheit bezüglich der vereinbarten Ziele und striktes Einhalten einer Neutralität zahlen sich langfristig für alle Beteiligten und für die Ergebnisse des Audit-Prozesses aus. Ein Audit-Berater, der sich nur in das Vertrauen der Führungskräfte „einschleicht" und für seinen Auftraggeber „Spitzeldienste" leistet, tut weder der Qualität der Audit-Ergebnisse noch der Effizienz des Audit-Projektes insgesamt noch seinem Ruf einen Gefallen. Wer meint, die Dinge richtiger und besser dadurch zu erfahren, daß er seine Mitarbeiter über seine wahren Beweggründe täuscht, verspielt das kostbare Vertrauen seiner Mitarbeiter. Und ohne die Kooperation seiner Mitarbeiter kann ein Unternehmenslenker herzlich wenig ausrichten.

Das Management System Audit (MSA)

Das Management System Audit (MSA) stellt eine Erweiterung des klassischen Management-Audits durch externe Auditoren oder auch der hierarchiebezogenen Top-down-Einschätzung durch Vorgesetzte sowie des im Vergleich dazu umfassenderen 360°-Feedbacks durch Vorgesetzte, Mitarbeiter und Kollegen dar: Es bewertet die Führungsleistung und das Führungspotential im Gesamtzusammenhang der Managementaufgabe.

Das MSA ist für Führungskräfte konzipiert, die bereits eine gewisse Zeit (etwa sechs Monate) Führungsverantwortung beziehungsweise Projektverantwortung im Unternehmen tragen. Die Teilnehmer müssen – nach einer Einarbeitungsphase – bereits Managementaktivitäten in ihrem Wirkungskreis gezeigt haben, um von den Mitgliedern ihres Managementsystems hinreichend fundiert beurteilt werden zu können.

Die zur Auditierung verwendete Datenbasis ist so umfassend wie bei keinem anderen vergleichbaren Verfahren: Beim Management System Audit werden grundsätzlich Informationen aus dem gesamten Wirkungskreis einer Führungskraft berücksichtigt. Zu diesem Wirkungskreis beziehungsweise „Managementsystem" gehören grundsätzlich alle Personen, Organisationsteile, Gremien und Institutionen, mit denen die Führungskraft bei der Gestaltung ihrer Managementaufgabe zusammenarbeitet. Das Managementsystem, in das eine Führungskraft eingebunden ist, geht in der Regel über die klassischen internen Organisationsstrukturen hinaus, bezieht also auch interne Projektgruppen, zusammenarbeitende Abteilungen und Bereiche, Kunden, Lieferanten, Medien, Gemeinden usw. mit ein. Weiterhin dient wie im Management-Audit eine Selbsteinschätzung der Führungskraft dazu, selbst zugeschriebene Kompetenzfelder und persönliche Zielvorstellungen in die Gesamtbetrachtung einzubeziehen.

Damit der Gedanke dieser mitunter sehr umfassenden „systemischen Netzwerke" für ein Management System Audit praktikabel bleibt, werden bei dieser Methode für jede Führungskraft die wichtigsten Managementsysteme (genannt: „relevantes Managementsystem") und deren Mitglieder ermittelt. Nur die wichtigsten Elemente des individuellen Managementsystems werden in das MSA einbezogen. Im Sinne einer Selbstverantwortung beziehungsweise möglichst hohen Mitverantwortung für die eigene Personalentwicklung werden die zu auditierenden Führungskräfte gebeten, den zu berücksichtigenden „Managementwirkungskreis" selbst vorzuschlagen. Auf dieses relevante Managementsystem konzentriert sich das Audit beim MSA.

Die ermittelten Anforderungskriterien werden in einen Audit-Fragebogen und verschiedene Interviewleitfäden integriert, anhand derer zwei Audit-Interviews mit den Führungskräften und weiteren Mitgliedern ihres Managementsystems geführt werden. Zur fundierten Einschätzung des Management-Potentials einer Führungskraft werden verschiedene Informationen genutzt. Diese können beispielsweise sein:

- Leistungen und Verhaltensweisen der Führungskraft im MSA-Interview,
- Berichte des direkten Vorgesetzten der Führungskraft,
- Berichte des nächsthöheren Vorgesetzten der Führungskraft, sofern er die Führungskraft in einer direkten Zusammenarbeit erlebt hat,
- Berichte der direkt unterstellten Mitarbeiter der Führungskraft,

- Berichte der Mitarbeiter und Kollegen, mit denen die Führungskraft in Projekten, Gremien oder anderen Arbeitsbeziehungen zusammengearbeitet hat, und
- Personalbeurteilungen der Führungskraft, die bei der Personalverwaltung dokumentiert sind.

Auf besonderen Wunsch können auch Berichte von externen Kunden und Lieferanten, zu denen die Führungskraft häufigen Kontakt gehabt hat, und die Berichte von Mitgliedern externer Gremien, in denen die Führungskraft mitgearbeitet hat, in das MSA einbezogen werden. Hierbei ist aber unbedingt zu beachten, daß Beiträge zu einem Audit wohl in der Regel nur schwer mit grundsätzlich anderen Rollenbeziehungen vereinbar sind. Die Beziehung zwischen Verkaufsleiter und seinen Kunden würde sicherlich auf eine harte Probe gestellt werden, wenn die Kunden Beiträge zu seiner Potentialeinschätzung liefern sollten.

Alle zu auditierenden Führungskräfte benennen neun Personen, die ihrer Meinung nach repräsentative Mitglieder des eigenen relevanten Managementsystems sind und sie in einer ihrer Managementaufgaben persönlich erlebt haben. Idealerweise setzen sich diese neun Personen zusammen aus

- dem direkten Vorgesetzten der Führungskraft,
- vier direkt unterstellten Mitarbeitern und
- vier Mitgliedern aus Projekt- beziehungsweise Arbeitsgruppen außerhalb der hierarchischen Organisation (können der Führungskraft von der Verantwortungsebene her vergleichbar über- oder untergeordnet sein).

PricewaterhouseCoopers gewinnt Informationen durch Fragebogen und ergänzende Interviews mit Vertretern des relevanten Managementsystems sowie durch eine Selbstbeschreibung und zwei Audit-Interviews mit der zu auditierenden Führungskraft.

Operating Style Analysis

Einen Spezialfall des Management-Audits stellt die Operating Style Analysis dar: Im Rahmen von Mergers and Acquisitions wird dieses Instrument dazu eingesetzt, um die typischen Managementstile der Führungskräfte zu analysieren. Die Begründung für diesen Ansatz liegt darin, daß Mergers and Acquisitions nicht vor allem dann scheitern, wenn die jeweiligen Unternehmenskulturen nicht miteinander kompatibel sind, sondern wenn das Managementverhalten (Operating Style) nicht in Einklang mit den identifizierten Werttreibern steht (Feldman & Spratt, 1999).

Ziel dieses Verfahrens ist es, neben den Verhaltens- und Entwicklungsmöglichkeiten (Können, Potential) vor allem auch das tatsächlich bevorzugte und praktizierte Managementverhalten der Führungskräfte zu erfassen. Die Ergebnisse werden bei der Besetzung künftiger Schlüsselpositionen im neuen Unternehmen berücksichtigt, wenn es darum geht, die geplanten Synergiepotentiale auch tatsächlich zu realisieren. Weitere Einsatzmöglichkeiten der Operating Style Analysis sind Change Management-Projekte, Unternehmenskultur-Analysen und Coachings. Das Verfahren stellt von seinem Charakter her insofern auch einen bestimmten Audit-Typ dar, als individuelle Management-Stile erfaßt werden, die Hinweise auf unterstützende Maßnahmen bei der Zusammenführung verschiedener Unternehmen, auf personelle Besetzungsentscheidungen und auf individuelle Entwicklungsfelder geben.

Diagnostischer Kern dieses Instrumentes sind Behavioral Event Interviews zwischen externen Beratern und den jeweiligen Führungskräften, die nicht auf Kompetenzen, sondern auf tatsächlich gezeigtes Verhalten fokussieren. Dieser Ansatz fußt auf der Erfahrung, daß geplantes oder mögliches Verhalten und tatsächliches Verhalten zwei Paar Schuhe sind: Ein Manager, der sehr eloquent und reflektiert über wichtige Unternehmensentscheidungen und -projekte berichtet, ist nicht unbedingt auch derjenige, der diese Entscheidungen tatsächlich so trifft und die Projekte entsprechend voranbringt.

Sagen und Tun sind mitunter eben zweierlei. Ein Unternehmen benötigt jedoch in der Regel Führungskräfte, die sowohl sagen als auch tun, und zwar in einer Weise, die das Unternehmen in der beabsichtigten Weise voranbringt. Dieser Ansatz wird bisher vor allem im angloamerikanischen Raum erfolgreich eingesetzt und hat sich im Rahmen internationaler Merger-Projekte auch in deutschen Unternehmen bewährt.

Gestaltung des Management-Audits

Gesamtprozeß beim Management-Audit

Ein Management-Audit beginnt mit der Entscheidung, es als Instrument der Standortbestimmung, der Personalentwicklung oder der Besetzung von Schlüsselpositionen einzusetzen, und endet mit der Umsetzung der aus den Ergebnissen abgeleiteten Empfehlungen oder Entscheidungen sowie der nachträglichen Bewertung (Evaluation) der Maßnahme. Dabei muß dieses kein einmaliger, zeitlich befristeter Prozeß bleiben: Sofern Management-Audits beispielsweise als Standard zur Personalentwicklung für bestimmte Managementebenen eingesetzt werden, werden Teile des Audit-Prozesses mehrfach durchlaufen.

Die Gestaltung des Audit-Prozesses im einzelnen hängt vom Auftrag, vom Auftraggeber und den unternehmerischen Rahmenbedingungen ab. Der Audit-Prozeß wird auf Seiten des Auftraggebers üblicherweise von einem Steuerungsgremium verantwortet, auf Seiten des Beraters vom Projektleiter. Wesentliche Prozeßschritte, mit denen PricewaterhouseCoopers bei seinen Management-Audits gute Erfahrungen gemacht hat, sind:

- Entscheidung für ein Management-Audit,
- Auftrag an externe und gegebenenfalls auch interne Berater,
- Beginn der internen Kommunikation das Audit betreffend,
- Auswahl und Information des Teilnehmerkreises,
- Durchführung der Management-Audits mit den bestimmten Teilnehmern,
- Feedback der Audit-Ergebnisse an die Teilnehmer,
- Feedback der Audit-Ergebnisse an den Auftraggeber,
- Ableitung von Empfehlungen oder Entscheidungen aus den Audit-Ergebnissen,
- Umsetzung der Empfehlungen oder Entscheidungen,
- Evaluation der durchgeführten Maßnahmen.

Diagnostische Methoden

Im Rahmen des Management-Audits werden verschiedene diagnostische Methoden eingesetzt, um die teilnehmenden Führungskräfte in kurzer Zeit möglichst gut kennenzulernen und um Aufschluß über die im Auftrag festgelegten Managementkompetenzen beziehungsweise Managementstile zu erhalten. Die Zusammenstellung der diagnostischen Methoden richtet sich danach, was erfaßt werden soll und welche Ziele das Management-Audit verfolgt.

PricewaterhouseCoopers setzt in allen Management-Audit-Verfahren *teilstrukturierte Interviews* ein, in denen je nach Auftrag berufliche Erfahrungen, Leistungen und Zielvorstellungen thematisiert werden. Der Anwendungsbereich von Interviewverfahren ist so breit, daß diese allen Aufträgen angepaßt werden können. Aspekte des Interviews sind beispielsweise die Bewältigung besonderer beruflicher Herausforderungen, der individuelle Beitrag zur Wertschöpfung des Unternehmens oder auch Strategien zur Unternehmensführung in die Zukunft. Ein dem Auftrag angepaßter Leitfaden und bestimmte Fragetechniken stellen sicher, daß in der vorgesehenen Zeit die zuvor definierten Kompetenzbereiche angesprochen werden und die unter Umständen durch verschiedene Auditoren geführten Interviews miteinander vergleichbar sind.

Bei der Operating Style Analysis wird die Technik des *Behavioral Event Interviewing (BEI)* einsetzt. Vereinfacht dargestellt bedeutet dies, daß sich die Interviews auf mehrere, von den Führungskräften selbst gewählte, für sie herausfordernde berufliche Situationen/Ereignisse konzentrieren. Die Führungskräfte werden gebeten, ihr Verhalten in diesen Situationen genau zu beschreiben, wobei sie dabei von den Interviewern mit bestimmten Fragetechniken geleitet werden. Schließlich werden im Interview die für den Einzelnen mehr oder weniger typischen Managementstile auf konkreter Verhaltensebene herausgearbeitet. Dieser Ansatz wird von den Interviewten in hohem Maße akzeptiert, da er für beide Seiten sehr transparent ist und Selbst- und Fremdeinschätzung unmittelbar zusammenfließen.

Ein weiteres mögliches diagnostisches Element für das Management Potential Audit oder das Management System Audit ist die *Business Presentation,* bei der die teilnehmende Führungskraft Konzepte zu einem unternehmensrelevanten Thema aufbereitet, diese den Auditoren präsentiert und ihnen gegenüber in einer sich anschließenden kritischen Diskussion zu vertreten hat. Dieses Element hat u.a. den Vorteil, daß für das Unternehmen derzeit oder künftig relevante Themen berücksichtigt werden können, zu denen gegebenenfalls Hintergrundmaterial bereitgestellt wird. Mit der Business Presentation kann erfaßt werden, wie die teilnehmende Führungskraft die vorliegenden Informationen verarbeitet und aufbereitet, welche Konzepte sie entwickelt und wie sie diese auch in einer kritischen Diskussion zu vertreten weiß. Anders als in einem Interview stellt die Business Presentation also eine Simulation einer typischen Anforderungssituation dar.

Um komplexe unternehmerische Szenarien abzubilden, hat sich auch die Methode der *Management Disputation* bewährt. Inhalt ist die Bearbeitung eines umfangreichen Fallszenarios und die Ableitung von konkreten Managementempfehlungen, die vor einem zuvor definierten Teilnehmerkreis zu vertreten sind. Dieses Element kombiniert die Stärken des Fallstudien-Ansatzes mit denen der Disputation. Besonderes Augenmerk kann dabei nicht nur auf die analytisch einwandfreie Bearbeitung des gestellten Fallbeispiels gelegt werden, sondern auch auf die flexible und konstruktive Interaktion der teilnehmenden Führungskraft mit den Gesprächspartnern in der Diskussionsphase. Denn in der Managementpraxis werden nicht nur brilliante Analytiker und überzeugende Präsentatoren benötigt, sondern Leader und Manager, die einerseits Ziele setzen, andererseits aber auch Konzepte zusammen mit anderen weiterentwickeln und umsetzen können (Senior, 1997).

Beim Management System Audit (MSA) werden für die Vertreter des relevanten Managementsystems kurze *Fragebögen* eingesetzt, in denen sie zur Zusammenarbeit mit der zu auditierenden Führungskraft Stellung nehmen. Diese Fragebögen werden an die externen Auditoren zurückgesandt und dort ausgewertet. Weil die Antwortmöglichkeiten bei Fragebögen begrenzt sind, werden die Absender von den externen Beratern in einem etwa halbstündigen persönlichen oder telefonischen *Interview* gebeten, ihre Antworten kurz zu erläutern und gegebenenfalls zu ergänzen. Diese Fragebogen und anschließenden Interviews beziehen das relevante Managementsystem jeder teilnehmenden Führungskraft in das Audit mit ein und erweitern die Aussagekraft der Audit-Ergebnisse wesentlich.

Ergänzend zu den genannten diagnostischen Methoden werden auch *psychologisch entwickelte und erprobte Fragebogenverfahren* eingesetzt. Diese nutzen einen weiteren Weg, um Aufschluß über die Ausprägung von persönlichen Erfolgsdimensionen zu erhalten. Sofern diese Verfahren den Teilnehmer dazu auffordern, sein Verhalten in beruflichen Situationen zu beschreiben, stellen sie eine Form der strukturierten Selbstbeschreibung dar, die die von den Auditoren gewonnenen Fremdeindrücke ergänzen. Häufig erhält man wertvolle zusätzliche Anhaltspunkte zur Auditierung einer Führungskraft, die das Gesamtbild bereichern und außerdem zur Akzeptanz des Gesamtverfahrens beitragen.

Obwohl unter Fachleuten diskutiert wird, ob und wann psychologische Persönlichkeitsfragebogen aus methodischen Gesichtspunkten in der Diagnostik eingesetzt werden sollten, häufen sich die wissenschaftlichen Belege dafür, daß diese Verfahren einen wesentlichen Informationsgewinn beisteuern können (Hossiep, 2000; Hossiep, Paschen & Mühlhaus, 2000). Verfahren, mit denen beispielsweise gute Erfahrungen im PricewaterhouseCoopers Management Potential Audit gemacht worden sind, sind das „Bochumer Inventar zur berufsbezogenen Persönlichkeitsbeschreibung (BIP)" (Hossiep & Paschen, 1998), das „Multi-Motiv-Gitter (MMG)" (Schmalt, Sokolowski & Langens, 2000) sowie das „Managementpotential (MAP)" (Stratemann, Sonnenberg & Wottawa, 1999). Alle beispielhaft genannten Verfahren sind als Papierversion oder computergestützt einsetzbar.

Durchführung des Management-Audits

Eine gute Vorbereitung und kommunikative Begleitung stellen sicherlich die halbe Miete für ein erfolgreiches Management-Audit dar. Bei der eigentlichen Durchführung haben sich folgende Vorgehensweisen bewährt:

Das Audit der Führungskräfte sollte unbedingt in störungsfreier und neutraler Umgebung stattfinden, um ungeteilte Aufmerksamkeit und Vertraulichkeit wahren zu können. Inwieweit das Audit am Arbeitsplatz der Führungskraft oder extern durchgeführt werden sollte, hängt u.a. vom Entwicklungsstand des Unternehmens im Hinblick auf derartige Verfahren ab.

Weiterhin ist es für den langfristigen Erfolg des Audits zentral, eine Vertrauensbasis zwischen Teilnehmern und Auditoren herzustellen. Das gelingt vor allem in Form einer größtmöglichen Transparenz des Verfahrens für die Teilnehmer, Kommunikation und Einhaltung des Auftrages sowie einer durchgängig offenen, fairen und wertschätzenden Haltung der Auditoren gegenüber den Teilnehmern.

Die Auditoren, seien es externe oder interne Berater beziehungsweise Vertreter der Personalentwicklung, sollten im Umgang mit personaldiagnostischen Verfahren dieser Art ausgebildet sein und entsprechende persönliche Integrität mitbringen, um eine Vertrauensbasis zu den Teilnehmern aufbauen zu können. Dabei ist zu beachten, daß die Auditoren nicht in irgendetwas „besser" sein müssen als die teilnehmenden Führungskräfte. Es geht im Audit keinesfalls darum, den Teilnehmern etwas „zu beweisen". Auditoren und Teilnehmer konkurrieren nicht um eine vermeintliche Managementwahrheit. Entscheidend ist vielmehr die Erfahrung und Kompetenz, das im Audit erfaßte Managementverhalten richtig in seinen Kontext einordnen und vor dem Hintergrund des konkreten Auftrags bewerten zu können.

Sofern interne Auditoren aus einer Linienfunktion in Kombination mit externen eingesetzt werden, sollten letztere mindestens der nächsthöheren Verantwortungsebene und möglichst einem anderen Fachbereich angehören als die zu auditierende Führungskraft.

Audits sollten von mindestens zwei Auditoren durchgeführt werden, um zumindest zwei Wahrnehmungsperspektiven bei der Aufnahme, Auswertung und Bewertung der Teilnehmer nutzen zu können. Beim Management System Audit empfiehlt sich immer eine Kombination von internen und externen Auditoren. Bei der Operating Style Analysis bei Mergers and Acquisitions dagegen sollten alle Auditoren von einem neutralen externen Beratungsunternehmen kommen und bei internationalen Zusammenschlüssen so zusammengesetzt sein, daß die Auditoren auch die jeweiligen Landeskulturen der beteiligten Unternehmen repräsentieren können. Bei einem Merger von einem US-amerikanischen und einem deutschen Unternehmen ist es beispielsweise empfehlenswert, Auditoren-Teams mit je einem US-Amerikaner und einem Deutschen zu besetzen. Das fördert die Akzeptanz und unterstützt die Wahrnehmung kulturspezifischer Aspekte im Audit.

- Beim *Management Potential Audit* können die verschiedenen diagnostischen Elemente auf einen oder zwei Tage verteilt sein. Aus praktischen Gründen wird in der Regel der in sich abgeschlossene Audit-Tag bevorzugt: Er hat zugleich den Vorteil, die Dramaturgie des Tages nicht in der Mitte zu unterbrechen, um sich am folgenden Tag erst wieder allmählich auf das Audit-Setting einstellen zu müssen.

- Beim *Management System Audit* finden mindestens zwei Audit-Interviews mit jeweils unterschiedlichen Auditoren an einem oder an zwei Tagen statt. Die Bearbeitung der Fragebogen und die Durchführung der ergänzenden Interviews erfolgt etwa ein bis zwei Wochen vor den Audit-Interviews mit der auditierten Führungskraft.
- Bei der *Operating Style Analysis* findet ein zusammenhängendes Behavioral Event Interview an einem halben Tag statt.

Nach der Durchführung der Management-Audits erfolgt eine Auswertung der aufgenommenen Informationen durch die Auditoren und eine Bewertung vor dem Hintergrund der Fragestellung des Auftrags. Selbstverständlich sind diese Informationen absolut vertraulich zu behandeln. Sie sind allein den benannten Vertretern des Auftraggebers und den Teilnehmern selbst zugänglich, wobei beim Einsatz psychologischer Fragebogenverfahren besondere rechtliche Aspekte zu beachten sind (Püttner, 1999). Am besten werden die Ergebnisse in einem aussagekräftigen Ergebnisgutachten zusammengefaßt, das Auftraggeber und Teilnehmer nach dem Audit erhalten.

Nach dem persönlichen Feedback der Audit-Ergebnisse an die Teilnehmer findet nach oder in Zusammenhang mit dem Feedback an den Auftraggeber in der Regel eine Audit-Konferenz statt, in der die für das Audit verantwortlichen Führungskräfte und Personalentwickler des auftraggebenden Unternehmens Empfehlungen und Entscheidungen aus den Audit-Ergebnissen ableiten.

Kommunikation und Feedback im Audit-Prozeß

Zentral für den Erfolg eines Management-Audits ist die begleitende Kommunikation. Nachdem die Entscheidung für ein Audit getroffen wurde, beginnt bereits die Kommunikation im Unternehmen, um alle Beteiligten möglichst frühzeitig und umfassend über die geplanten Maßnahmen zu informieren. So minimiert ein Unternehmen die Gefahr, daß das Vertrauen zwischen Unternehmensführung und teilnehmendem Management erschüttert wird und die Gerüchteküche für dysfunktionale Verunsicherung sorgt. Die frühzeitige Einsetzung eines Steuerungskreises gewährleistet, daß die interessierten Gruppen des Unternehmens eine Einflußmöglichkeit auf die Gestaltung des Audits besitzen.

Was tun mit den Audit-Ergebnissen? Nachdem ein Management-Audit durchgeführt worden ist, wird mitunter angenommen, daß die Sache mehr oder weniger erledigt ist. Man habe irgendein objektiv abrufbares Ergebnis produziert, das nun nach Belieben und bei Bedarf weiterverarbeitet werden kann, indem es zur Personalentwicklung, für Besetzungsentscheidungen von Schlüsselpositionen oder gar zur Reduktion der Führungsmannschaft verwendet werden kann. Weit gefehlt! Ein Management-Audit wird erst dann zu einem solchen, wenn die Ergebnisse als Feedback an die Teilnehmer, an den Auftraggeber und an die Organisation kommuniziert werden. Man könnte sogar behaupten, daß sich der Wert eines Audits erst mit dem anschließenden Feedback an alle beteiligten Interessengruppen herausstellt.

Was nützt einem Auftraggeber das differenzierteste und psychologisch ausgefeilteste Audit, wenn diese wertvollen Ergebnisse in den Köpfen der durchführenden Berater bleiben, während die Teilnehmer mit einem Kurzbericht aus standardisierten Textbausteinen und das Top-Management des Auftraggebers mit einer Einordnung der Audit-Teilnehmer in eine Vier-Felder-Matrix à la Portfolioanalyse vermeintlich zufriedengestellt werden?

Die individuellen Audit-Ergebnisse werden der auditierten Führungskraft von den Auditoren in einem ausführlichen Feedback-Gespräch sowie dem disziplinarischen Vorgesetzten mitgeteilt. Aus Gründen der Fairneß, der Transparenz und der Akzeptanz der Audit-Ergebnisse sollte das individuelle Feedback zum Management-Audit immer zuerst an die auditierte Führungskraft selbst erfolgen, danach an den Auftraggeber. Der Leitgedanke von PricewaterhouseCoopers bei Management-Audits ist der, daß jedes Audit, unter welcher Fragestellung auch immer, für die auditierte Führungskraft ethische Standards der psychologischen Diagnostik (Schuler, 1998) und sowohl für die auditierte Führungskraft als auch für den Auftraggeber einen Gewinn, einen *value-added,* darstellen soll.

Ein Audit gibt der auditierten Führungskraft idealerweise genauso viel mit auf den weiteren Berufsweg wie dem auftraggebenden Unternehmen. Dem aufgewendeten Geld des Auftraggebers, der aufgewendeten Zeit und vor allem dem Vertrauen der Teilnehmer sind es die Auftraggeber schuldig, das Audit auch qualitativ optimal zu nutzen und zu verwerten. Ungenutzte Audit-Ergebnisse in den Köpfen der Berater, in den Akten der Personalabteilungen oder in den Schubladen des Top-Managements sind ökonomisch gesehen Verschwendung der Ressource Human Capital.

Zur Dokumentation werden die Audit-Ergebnisse von den Auditoren in einem Ergebnisgutachten zusammengefaßt, das die individuellen Bewertungen differenziert, verständlich und mit möglichst eindeutigem Interpretationsspielraum darstellt. Wenig zweckmäßig erscheint eine Transformation in feinstufige numerische Bewertungsskalen, gar mit Dezimalstellen, die eine nicht belegbare mathematische Exaktheit der vorgenommenen „Messung" und der abgeleiteten Aussagen vortäuschen. Wenngleich Zahlen die Sprache sind, die im Top-Management finanzbasierte Entscheidungen vorbereiten, läßt sich diese Sprache nur bedingt auf personenbezogene Entscheidungen übertragen. Zielführender sind eher beschreibende Bewertungen, die sowohl das individuelle Managementprofil als auch konkrete Entwicklungs- und Einsatzempfehlungen aufzeigen

In einem anschließenden Entwicklungsgespräch mit dem disziplinarischen Vorgesetzten und der Personalentwicklung werden die Ergebnisse der Audit-Konferenz und konkrete weiterführende Entwicklungsmaßnahmen besprochen. Die Besetzung dieser Feedback-Runde durch disziplinarische und gegebenenfalls weitere Vorgesetzte sowie Personalentwickler soll unterstreichen, daß die Aussagen und Empfehlungen vom entsprechenden Führungskreis des Unternehmens gemeinsam getragen werden und das Commitment der Unternehmensführung dokumentieren.

Nach dem Abschluß des Management-Audit-Projektes wird auch die bis dahin nicht unmittelbar beteiligte Unternehmensführung in allgemeiner Form über die Gesamtergebnisse informiert. Die individuellen Audit-Ergebnisse werden von der Personalentwicklung vertraulich archiviert und dürfen nur im Rahmen von internen Personalentscheidungen von den dazu befugten Personen verwertet werden.

Erfolgsfaktoren für ein Management-Audit

Aus der Erfahrung von PricewaterhouseCoopers sind sechs Faktoren für den Erfolg eines Management-Audits entscheidend:

- Das Commitment der Unternehmensführung als Auftraggeber zu diesem Projekt, zu der damit verbundenen Verantwortung für die teilnehmenden Führungskräfte, zu den erforderlichen Ressourcen und den Konsequenzen.
- Die frühzeitige und umfassende Kommunikation über das Management-Audit an alle Beteiligten und Betroffenen, um die funktionalen Effekte des Audits zu maximieren und die dysfunktionalen Effekte zu minimieren.
- Die Transparenz über Ablauf, Methode und Verwendung der Ergebnisse des Audits, um die Akzeptanz des Audits und die Kooperation der teilnehmenden Führungskräfte zu fördern.
- Die methodische Qualität der diagnostischen Elemente und die Qualifizierung der Auditoren, um die teilnehmenden Führungskräfte fair zu behandeln und zu gültigen und verläßlichen Aussagen im Rahmen der Möglichkeiten des Audits zu gelangen.
- Die offene, ausführliche und wertschätzende Rückmeldung der Ergebnisse des Audits und der getroffenen Entscheidungen an die teilnehmenden Führungskräfte, wie es im Abschnitt „Kommunikation und Feedback im Management-Audit-Prozeß“ erläutert ist.
- Die Konsequenz aus den Ergebnissen und Empfehlungen des Audits. Wenn ein Audit für die teilnehmende Führungskraft im Sande verläuft oder beispielsweise Führungskräfte deutlich diskrepant zu ihrem Audit-Ergebnis im Unternehmen entwickelt und eingesetzt werden, verlieren die Unternehmensführung und – zu Unrecht – das Instrument Management-Audit an Glaubwürdigkeit.

Schlußbetrachtung

Das Management-Audit stellt grundsätzlich ein wirkungsvolles Instrument dar, um relativ kurzfristig Maßnahmen der Personalentwicklung und der Personalplazierung auf mittlerer und oberer Managementebene vorzubereiten. Obwohl der Begriff Management-Audit eine bestimmte definierte Methode und Vorgehensweise suggeriert, ist dieses Instrument in hohem Maße gestaltbar und für verschiedene Ziele einsetzbar, wie die drei dargestellten Management-Audit-Ansätze zeigen.

Entscheidend für den Erfolg eines Management-Audits sind aus unserer Erfahrung die sechs Erfolgsfaktoren *Commitment, Kommunikation, Transparenz, Methodenqualität, Rückmeldung und Konsequenz.* Die Verantwortung für diese Faktoren und den Umgang mit dem Instrument Management-Audit liegt allein bei den Auftraggebern und den durchführenden Auditoren, also bei den Personen, die den Prozeß inhaltlich gestalten und begleiten.

Literatur

Feldman, M.L. & Spratt, M.F. (1999). Five Frogs on a Log. A CEO's Field Guide to Accelerating Transition in Mergers, Acquisitions, and Gut Wrenching Change. New York: Harper Business.

Hossiep, R. & Paschen, M. (1998). Das Bochumer Inventar zur berufsbezogenen Persönlichkeitsbeschreibung (BIP). Göttingen: Hogrefe.

Hossiep, R. (2000). Konsequenzen aus neueren Erkenntnissen zur Potentialbeurteilung. In L. von Rosenstiel & T. Lang-von Wins (Hrsg.), Perspektiven der Potentialbeurteilung (75–105). Göttingen: Verlag für Angewandte Psychologie.

Hossiep, R., Paschen, M. & Mühlhaus, O. (2000). Persönlichkeitstests im Personalmanagement. Göttingen: Hogrefe.

Püttner, I. (1999). Rechtsfragen beim Einsatz von psychologischen Tests. Personalführung, 4, 54–57.

Sarges, W. (2000). Diagnose von Managementpotential für eine sich immer schneller und unvorhersehbarer ändernde Wirtschaftswelt. In L. von Rosenstiel & T. Lang-von Wins (Hrsg.), Perspektiven der Potentialbeurteilung (107–128). Göttingen: Verlag für Angewandte Psychologie.

Schmalt, H.-D., Sokolowski, K. & Langens, T.A. (2000). Das Multi-Motiv-Gitter für Anschluß, Leistung und Macht (MMG). Handanweisung. Frankfurt am Main: Swets Test Services.

Schuler, H. (1998). Psychologische Personalauswahl. Einführung in die Berufseignungsdiagnostik. Göttingen: Verlag für Angewandte Psychologie.

Senior, B. (1997). Organisational Change. London: Financial Times Management.

Stratemann, I., Sonnenberg, H.-G. & Wottawa, H. (1999). Managementpotential. Mödling: Schuhfried.

Das Interaktive Management-Audit – Schlüssel-Baustein systematischer Führungskräfte-Entwicklung

Volker T. Wiegmann
Roland Berger Executive Resources, Düsseldorf

Überblick

- Bei wachsender Markt- und Wettbewerbsdynamik kann aus der Management-Performance zurückliegender Jahre nicht mehr folgerichtig auf Management-Potential für die Beherrschung von Zukunftschancen und -Risiken geschlossen werden. Eignungsdiagnostische Instrumente zur Potential-Einschätzung von Führungskräften gehören deshalb heute zum Standard.
- Die gemeinsame Erarbeitung der Markt- und Wettbewerbsvoraussetzungen für ein Management-Team ist bei unternehmerischen Diskontinuitäten (Strategische Neuausrichtung, Reorganisation, Sanierung, Fusion, Verkauf, oder Börsengang) auf die Kompetenz und Akzeptanz des Management-Teams angewiesen. Ein interaktives Management-Audit ist deshalb einer externen Prüfung oder einem Beiratsurteil methodisch überlegen.
- Bei konsequenter personalpolitischer Umsetzung ist ein interaktives Management-Audit der erste Schritt zur nachhaltigen Absicherung oder zur Rückgewinnung eines Wettbewerbsvorsprungs – d. h. zur Sicherung der Unternehmenszukunft.

Seit den siebziger Jahren unterstützen Großunternehmen die Auswahl und Entwicklung ihres Führungsnachwuchses zunehmend durch eignungsdiagnostische Instrumente. Mit Testbatterien zur Intelligenzstruktur, Kreativität oder Belastbarkeit von Führungskräften und strukturierten Assessment Center werden die klassischen Vorgesetztenbeurteilungen zum individuellen Bildungsbedarf und mittelfristigen Einsatzhorizont von Managern aussagekräftig ergänzt. Vor allem im Nachwuchsbereich und bei bekannten, klar beschreibbaren Anforderungsprofilen gehören eignungsdiagnostische Verfahren heute zum Standard.

Analyse des Humankapitals

Im Bereich des Oberen Managements wird dagegen auf Assessment Center etc. weitgehend verzichtet, und dafür lassen sich zwei ernstzunehmende logische Gründe ins Feld führen:

- Managementerfolge auf der mittleren Führungsebenen korrelieren stärker mit individuellen Kenntnissen und Fähigkeiten als bei „Oberen Führungskräften"; dort treten drei zusätzlich erfolgsbestimmende Parameter hinzu:

  1. sozial erlernte Muster der Erfahrungsverarbeitung,
  2. persönliche Ambitionen und
  3. unternehmensspezifische Interaktionskulturen in Entscheidungsprozessen.

- Die Anforderungen an Obere Führungskräfte werden nur noch selten in ihren „Stellenbeschreibungen" sichtbar, sondern setzen sich aus dynamischen, oft gar nicht mehr individualisierbaren Anforderungen – dem „Rollensatz" – zusammen, der wiederum aus vielfältigen Beiträgen zu unterschiedlichen Arbeitsteams und Entscheidungsprozessen besteht.

Prognostische Potentialaussagen über die voraussichtliche Effektivität einer Führungskraft in einem zukünftigen Szenario lassen sich deshalb nicht ohne weiteres nur aus den Kenntnissen und Erfahrungen, der Eigenmotivation, Mobilität und Vitalität einer Führungskraft ableiten. Darüber hinaus läßt sich auch kein „master mind" im Unternehmen dingfest machen, der diese Aufgabe systematisch und mit methodischer Validität erfüllen könnte. Die entstehende Methodenlücke kann auf akzeptable Weise mit einem Interaktiven Management-Audit geschlossen werden.

Ein umfassendes Management-Audit ist vor allem bei Diskontinuitäten in der Organisation, der strategischen Stoßrichtung oder der Performance einer unternehmerischen Einheit geboten, wenn einerseits verläßliche Informationen über die Erfolgsvoraussetzungen der Führungsmannschaft besonders dringlich sind und andererseits nur unter erschwerten Bedingungen gewonnen werden können. Gravierende Diskontinuitäten wie

- eine Reorganisation,
- die strategische Neuausrichtung eines Geschäftsbereichs,
- der Eintritt in neue Märkte oder der Aufbau neuer Absatz- und Vertriebswege,
- ein Börsengang oder ein Wechsel in der Zusammensetzung der Shareholder,
- die Vorwärts- oder Rückwärtsintegration in vor- oder nachgelagerte Wertschöpfungsstufen,
- ein Firmenzusammenschluß,
- die Durchsanierung oder Restrukturierung eines Geschäftsbereichs,
- Neubesetzungen im Top-Management

lösen meist ohnehin personalpolitische Entscheidungen aus und machen eine zeitnahe inhaltlichen Neuorientierung der Führungskräfte-Entwicklung nötig. Zuvor vielleicht weniger dringlich gefragte Managementqualifikationen sind dann häufig ein Engpaßfaktor – wie derzeit internationales Vertriebs-Know-how, Kompetenz im F&E-Management, IT-Kompetenz, originäre E-Commerce-Erfahrung oder spezifische Werkstoffkompetenz. Für die Schließung solcher Know-how-Lücken muß ein Unternehmen dann gezielte Programme erarbeiten, das interne Potential konsequent erfassen und eine systematische Weiterentwicklung der vorhandener Managementressourcen organisieren.

Ein Interaktives Management-Audit geht also immer der Frage nach, wie die vorhandenen Managementressourcen individuell und kollektiv den zukünftigen Herausforderungen gewachsen sein werden, es entwickelt dafür personenbezogene Potentialhypothesen und erarbeitet personalpolitische, entwicklungsorientierte und organisatorische Empfehlungen, von deren Umsetzung der zukünftige Unternehmenserfolg dann nicht weniger abhängt als von den getätigten Anlageinvestitionen – die allerdings, schon ihrer besseren Rechenbarkeit wegen, traditionell sehr viel sichtbarer im Fokus der Controllingprozesse stehen. Ein Interaktives Management-Audit ist bestenfalls „interessant", wenn die Ergebnisse nicht in ein Handlungsprogramm übersetzt werden. Bei konsequenter personalpolitischer Umsetzung wird ein Interaktives Management-Audit allerdings zum ersten Schritt der nachhaltigen Absicherung eines Wettbewerbsvorsprungs, den die Führungsmannschaft einer unternehmerischen Einheit in Angriff nimmt – und damit zur Sicherung der Unternehmenszukunft.

Charakteristik und Erfolgsvoraussetzungen der Methodik

Statistisch gesicherte Kriterien für die valide Messung der Erfolgsvoraussetzungen einer Führungsmannschaft für einen noch unsicheren Zukunftsabschnitt, in dem ein dynamisches Wettbewerbsumfeld und neue Technologien die Spielregeln verändern werden, sind aus nachvollziehbaren Gründen nicht verfügbar. Wenn aber in Summe

- die persönlichen Kenntnisse, Fähigkeiten und nutzbaren Erfahrungen,
- die intellektuelle Analysekompetenz und Konzeptionsstärke,
- die persönliche Werteorientierung, Courage und Umsetzungsstärke,
- die Initiative, kommunikative Effektivität und Netzwerknutzung,
- der Beitrag des Einzelnen zur Teameffektivität sowie
- das Führungsverständnis und die Zusammenarbeit mit dem Sozialpartner

den Managementerfolg in dynamischen Aufgabenprofilen absichern, muß ein Interaktives Management-Audit die Indikatoren für diese Erfolgsparameter im beobachtbaren Verhalten einer Führungskraft identifizieren.

Eignungsdiagnostisches „Beobachten“ ist weitgehend systematisch erlernbar, steht aber meist nicht auf dem „Stundenplan“ typischer Managementausbildungen und -entwicklungsprogramme. Die Teilnahme an Einzel- und Gruppen-Assessments oder an einem Management-Audit-Projekt trägt deshalb für Führungskräfte mit umfangreicher Personalverantwortung unmittelbar zu ihrer Weiterqualifizierung bei. Der Aufbau eines Kaders erfahrener „Auditoren“ verbessert unmittelbar auch die „Hit-Rate“ im Rekrutierungsprozeß, bei Besetzungsentscheidungen und beim laufenden Feedback beobachteter Stärken und Schwächen im Rahmen regelmäßiger Mitarbeitergespräche.

Wo ein erfahrener Kader auch eignungsdiagnostisch qualifizierter Führungskräfte noch nicht aufgebaut ist, wird für ein Management-Audit legitimerweise auf das „kodifizierte Judgement“ entsprechend qualifizierter Unternehmensberater zurückgegriffen. Akzeptierte Gesprächspartner dafür sind in der Praxis meist Seniorberater namhafter Consulting-Firmen, die neben ihrer eignungsdiagnostischen Erfahrung auch branchen- und funktionsspezifische Benchmarks in die Audit-Dialoge einbringen und für die Prozeßmoderation im Managementteam die notwendige Vertrauensbasis herstellen können.

Der methodische Ansatz Interaktiver Management-Audits verknüpft einen „tiefenscharfen“ Dialog über die zukünftigen Herausforderungen an eine Managementaufgabe und die zu deren Bewältigung notwendige Sachkompetenz, Urteilskraft, Netzwerkqualität und Initiative auf eine Weise miteinander, daß aus den dabei beobachteten Kenntnissen, Einstellungen und Verhaltensaspekten plausible Empfehlungen für den erfolgswahrscheinlichen Einsatz und zielführende Entwicklungsinvestitionen abgeleitet werden können. Nachdem die eignungsdiagnostische Forschung eindrucksvoll belegt hat, daß mit professionell strukturierten Interviews bei

- anforderungsbezogener Gestaltung,
- Strukturierung (oder Teilstrukturierung) der Interviewdurchführung,
- Trennung von Informationssammlung und -auswertung,
- Einsatz verhaltensverankerter Auswertungsskalen und
- Einsatz geschulter Interviewer

für die „Vorhersage“ von Berufserfolg[1] eine Validität erreichbar ist, die sich sonst nur durch Assessment Center, nicht aber mit standardisierten Testbatterien[2] erreichen läßt, gibt es für die Gewinnung plausibler Potentialhypothesen – bei professioneller Prozeßanlage – zum Interaktiven Management-Audit keine wissenschaftlich vertretbare Alternative.

Um die im Interview gewonnenen Beobachtungen weiter zu objektivieren und zugleich Konsens über die notwendigen Interventionen und Investitionen in die angestrebte Weiterentwicklung der beobachteten Erfolgsvoraussetzungen vorzubereiten, werden die dokumentierten Beobachtungen einer intersubjektiven Plausibilitätsprüfung unterzogen und in einem offenen Rückkopplungsprozeß mit den teilnehmenden Führungskräften besprochen. Das aktuelle Leistungs- und Erfahrungsprofil und die in den Audit-Interviews beobachteten Erfolgsvoraussetzungen werden dabei zugleich auf absehbare Strategie-, Struktur- und Systemveränderungen projiziert und wahrgenommenen Erfolgserschwernissen, persönlichen Ambitionen und präferierten Einsatzalternativen gegenübergestellt.

Im Gegensatz zu marktgängigen „Beurteilungsverfahren“ ist ein Interaktives Management-Audit stets zukunftsorientiert – in der Regel mit einem Zeithorizont von fünf bis acht Jahren – und verwendet einen der Delphi-Methode nicht unähnlichen Konsensbildungsprozeß als „Zukunftsradar“. Der abgeleitete Handlungsbedarf wird entscheidungsorientiert aufbereitet, und ein positiver „side effect“ des Verfahrens liegt darin, daß so auch die Plausibilität (d.h. die Konsensfähigkeit und Umsetzbarkeit mit den vorgefundenen Ressourcen) der explizit oder implizit verfolgten Bereichsstrategie einem Check unterzogen wird.

Die in ein Interaktives Management-Audit einbezogenen Führungskräfte profitieren nach eigener Einschätzung unmittelbar von den angebotenen Audit-Dialogen und schätzen daran vor allem das offene Feedback. Die Tatsache, daß sie bei „Investitionsentscheidungen“ in eigener Sache selbst zu Wort kommen und in objektivierter Form „den Spiegel vorge-

---

1 Vgl. Wiesner, W.H. und Cronshaw, S.F. (1988): The moderating impact of interview format and degree of structure on interviewing validity. The Journal of Occupational Psychology, Jg. 61, S. 275–290).

2 Beide Instrumenttypen stehen wegen der für sie notwendigen Standardisierung von „Muster-Lösungen" und Bewertungsmaßstäben für die Potentialeinschätzung bei noch unklaren Zukunftsanforderungen nicht zur Verfügung.

halten" bekommen, unterstützt auch sie bei der Klärung ihres persönlichen Handlungsbedarfs, setzt zum Teil unmittelbare Veränderungsimpulse und sichert auch die Nachhaltigkeit von in Angriff genommenen Entwicklungsmaßnahmen und deren Erfolgswahrscheinlichkeit ab. Die intersubjektive Objektivität und die Neutralität der Auditoren machen den Audit-Prozeß für Auftraggeber und Teilnehmer gewissermaßen zum „unbestechlichen Katalysator".

Arbeitsschritte im Interaktiven Management-Audit

Ohne relative Klarheit der mittelfristigen strategischen Stoßrichtung und Verantwortungsarchitektur in der auditierten Unternehmenseinheit läßt sich natürlich nicht schlüssig beurteilen, ob ein Mitglied des Managementteams zukunftssichere Erfolgsvoraussetzungen mitbringt. Die Prozeßanlage eines Interaktiven Management-Audits reflektiert diese Begrenzung, indem nicht nach „absoluten" Potentialindikatoren einer Führungskraft gesucht wird, sondern es werden in der vorgefundenen beziehungsweise angestrebten Unternehmenskultur und für eine absehbare strategische Stoßrichtung „situative" Indikatoren für ein als erfolgsrelevant erkanntes Initiativpotential, Kompetenzgefüge, Netzwerkverhalten und Urteilsvermögen ausgelotet.

Die Bereitschaft, sich von Dritten „in die Karten gucken" zu lassen, ihrer Urteilsfähigkeit, Professionalität und der Fähigkeit zu vertrauen, von Augenblickswahrnehmungen abstrahieren zu können, ist eine unmittelbare Erfolgsvoraussetzung für ein Interaktives Management-Audit. Sie ist leicht enttäuschbar und hängt fast ausschließlich davon ab, ob in allen sieben Arbeitsschritten eines Management-Audit-Projekts professionelle Sach- und Sozialkompetenz demonstriert wird.

1. Arbeitsschritt: Strategie-und Struktur-Briefing

Zur Vorbereitung eines Management-Audits ist ein gründliches Briefing zur mittelfristigen Strategie- und Strukturentwicklung des untersuchten Bereichs unabdingbar. Idealerweise erfolgt dies in Form einer Klausurtagung, die der Plausibilitätsprüfung des strategischen und organisatorischen Unternehmenskonzepts dient und den Managementkonsens über die wichtigsten Grundannahmen zur Wettbewerbsdynamik und zur zukünftigen Unternehmensentwicklung abklärt. Das Audit-Team erarbeitet sich dabei das nötige Grundverständnis für die Wertschöpfungsstruktur und die kritischen Ressourcen des auditierten Unternehmensbereichs, ohne den Zusatzaufwand für eigene, vertiefende Analysen zu investieren. Kritische Fragen zur Unternehmensentwicklung können durchaus in die Interviewleitfäden des Audits selbst übernommen werden, und das Audit-Team gewinnt durch die „Sprache des Bereichs“ und die Diskussion bereichsspezifischer Themen aus dem Blickwinkel der Audit-Teilnehmer zusätzlich an „Satisfaktionsfähigkeit”.

2. Arbeitsschritt: Erarbeitung dynamischer Anforderungsprofile

Unter der Annahme einer mittelfristig annähernd stabilen Organisationsstruktur dokumentiert das Audit-Team anschließend für alle Schlüsselpositionen die wichtigsten absehbaren Änderungen in den untersuchten Aufgaben. Im Unterschied zu klassischen „Stellenbeschreibungen“, die sich aufgrund ihres Zwecks am „Ist“ orientieren und oft auch nicht mehr ganz aktuell sind, erlaubt die Zukunftsbetrachtung des mit einer Managementaufgabe verbundenen Rollenbündels, daraus ein dynamisches Anforderungsprofil für die nächsten fünf bis acht Jahre abzuleiten.

3. Arbeitsschritt: Halbstrukturierte Audit-Interviews

In der Interviewphase des Management-Audits wird jede teilnehmende Führungskraft im Zeitraum von ca. zwei Wochen in einen in Summe fünf- bis sechsstündigen, halbstrukturierten Dialog mit seinen Auditoren einbezogen. Durch die zwischen den Gesprächsabschnitten – idealerweise werden zwei „Halbzeiten“ von je zwei bis drei Stunden Dauer an unterschiedlichen Tagen mit je zwei unterschiedlichen Interviewern vereinbart – wechselnden Gesprächspartner und Themenstellungen werden Tagesform- und Akzeptanzprobleme weitgehend ausgeschaltet. Über die Gespräche hinweg wird gleichzeitig eine „Lernkurve“ aufgebaut, deren Zustandekommen und Nutzung auch als Zusatzinformation interessant ist. Zwischen den Interviews ist Zeit für die Reflexion besprochener Themen gegeben, und neben der durch das „Acht-Augen-

Prinzip" verbesserten Objektivität wird die Konsensbildung über die anschließend aus den Gesprächen abgeleiteten Empfehlungen erleichtert.

Im Verlauf des Meinungsaustausches und der Diskussion der Unternehmensstrategie, des erwarteten persönlichen Beitrags zu deren Umsetzung, dafür nutzbarer persönlicher Stärken und eventuell unabgedeckter Lernfelder, möglicher „Ungereimtheiten" in der Firmenorganisation und Personalpolitik, in der Systemunterstützung und Entscheidungsfindung, des Umgehens miteinander und des „Fit" persönlicher Erfahrungsprofile mit anstehenden Aufgaben und artikulierten Ambitionen lernt das Audit-Team einen Manager relativ gründlich kennen. Eventuell gefährliche Erfahrungslücken, zentrifugal wirkende Ambitionen und spürbare Motivationsrisiken können bei Entstehen einer tragfähigen Vertrauensbasis im Audit-Prozeß unter Vertrauensschutz erörtert werden.

Plausible Hypothesen über die wahrscheinlich gegebenen, eher unwahrscheinlichen und noch unklaren Erfolgsvoraussetzungen einer Führungskraft – relativ zum zukünftigen Anforderungsprofil und zu möglichen Einsatzalternativen – können auf diese Weise in jedem Fall gewonnen werden.

Im Interaktiven Management-Audit steht nicht nur die „Beurteilung" der Leistungsvoraussetzungen einer Führungskraft im Vordergrund, sondern auch die gemeinsame Suche nach den strukturellen Voraussetzungen zukünftigen Erfolges und der Weg, auf dem eine Führungskraft in Eigeninitiative oder durch unternehmensseitige Programmunterstützung ihre persönlichen Erfolgsvoraussetzungen verbessern kann.

Die gemeinsame Auswertung der Audit-Interviews durch die Interviewer und die Dokumentation der beobachteten Eignungsprofile erfolgt entlang schlüssiger, mit der Unternehmensleitung gemeinsam erarbeiteter Beobachtungskriterien. Die angelegten Maßstäbe werden von Unternehmen zu Unternehmen (oder in jedem Unternehmen über die Zeit) variieren. In Ergänzung zu solchen firmenspezifischen Kriterien (oder auch in relativ komplexen Konglomeraten) unterscheiden sich „zukunftssichere" Manager stets von weniger „zukunftssicheren" Kollegen durch ein Mehr an

- Initiative,

- Kompetenz,
- Kompatibilität und
- Urteilsvermögen.[1]

Kriterien wie „Vitalität“ und „Loyalität“ sind aus der Sicht der Befragten ebenfalls wichtige Erfolgvoraussetzungen, lassen sich aber für einen Zeithorizont von fünf bis acht Jahren nicht mehr verläßlich prognostizieren.

Im Unterschied zu klassischen „Beurteilungssystemen“, die vor allem die Performance in einer abgelaufenen Arbeitsperiode betrachten, stellt das Interaktive Management-Audit die erwarteten Initiativen und auch die innovative Dimension der erwarteten Beiträge zum Unternehmenserfolg heraus. Dazu gehören vor allem:

- Marketinginnovationen, die auf Initiativen zur Neukundengewinnung, Kundenbindung und Identifikation neuer Marktsegmente gerichtet sind,
- Angebotsinnovationen im angebotenen Produkt- und Dienstleistungsangebot, im System der Angebotsbereitstellung oder im Kostenwettbewerb,
- Strategieinnovationen in Form gezielter Wachstums- und Investitionsinitiativen, wettbewerbsüberlegene Geschäftsfeldsegmentierungen, der Mut zur Kräftekonzentration etc.,
- Prozeßinnovationen wie das Eliminieren wertvernichtender Prozeßschritte, Verbesserungen im Zeitmanagement, Quantensprünge in der Kostenrestrukturierung oder ein konsequentes Qualitätsmanagement,
- Strukturinnovationen wie das Outsourcing von Wertschöpfungsschritten, eine operative Dezentralisierung, Dekonzentration oder Zentralisierung von Leistungs- und Kostenblöcken, ein aggressives

1 Das beschriebene Erfolgsfaktorenraster wird seit 1992 in Interaktiven Management-Audit-Projekten von Roland Berger Executive Resources angewendet und verdichtet unterschiedliche Arbeitsergebnisse der psychologischen Eignungsdiagnostik. Es wurde durch Expertengespräche und empirische Studien über Erfolgskriterien im Management validiert (Zielgruppe: Europäische Führungskräfte; Umfang des Samples: ca. 1.500 Fragebogenrückläufe).

Lean-Management oder der Umbau funktionaler Strukturen zu einer Prozeßorganisation, aber auch

- Kulturinnovationen, welche die Entwicklung neuer Fähigkeiten im Unternehmen, die Implementierung verbindlicher Commitments auf vereinbarte Ziele, ein Empowerment zu eigenverantwortlichem Arbeiten, die Kopplung von Vergütungsbausteinen an Leistung etc. begünstigen.

4. und 5. Arbeitsschritt: Plausibilitätsprüfung von Interviewbeobachtungen und Ableitung von Entwicklungsempfehlungen

Nach Abschluß der Audit-Interviews werden diejenigen Beobachtungen des Audit-Teams dokumentiert, welche die Ableitung von Potentialhypothesen über die Voraussetzung erlauben, unter denen eine Führungskraft wahrscheinlich die Anforderungsdynamik ihrer Aufgabe (oder einer diskutierten Einsatzalternative) in den nächsten fünf bis acht Jahren erfolgreich meistern wird. Die Hypothese wird um die Empfehlung konkreter Maßnahmen zur Verbesserung oder Klärung präsentierter Erfolgsvoraussetzungen ergänzt und in einem zweistufigen Implementierungsprozeß

- durch Klärung der Beobachtungen und Empfehlungen im Dialog mit dem personalverantwortlichen Top-Management und
- im Feedback-Gespräch mit den auditierten Führungskräften

in die Umsetzung eingesteuert. Das durchgängig interaktive Vorgehen des Management-Audits in allen Arbeitsschritten akzeptiert in jeder Phase, daß eine „objektive" Einschätzung der erwarteten Managementeffektivität nur im positivistischen Sinne möglich ist und nähert sich der Objektivität durch eine intersubjektive Plausibilitätsprüfung und durch ein Bekenntnis zum „educated judgement" – bei dem das Selbstbild der Teilnehmer ausdrücklich als valide Beobachtung zugelassen ist und im Vergleich zu „Gutachten" neben einer dramatisch verbesserten Ergebnisakzeptanz auch die Nachhaltigkeit anschließender Entwicklungsanstrengungen begünstigt.

Über die individuellen Potentialeinschätzungen und Entwicklungsempfehlungen hinaus erlaubt das beschriebene Vorgehen auch den Quervergleich von Zielgruppensegmenten (wie z.B. „alle Controller", „alle Key-Account-Manager“, „alle Product Manager der Komponenten-Sparte“ oder „alle Personalreferenten am Standort Berlin“).

6. Arbeitsschritt: Ergebnis-Klausurtagung

Das wichtigste Ergebnis eines Management-Audit ist nicht die Dokumentation der einzelnen Gesprächsergebnisse, sondern die Umsetzung der Erkenntnisse in die betriebliche Personalpolitik und die Inangriffnahme persönlicher Entwicklungsinvestitionen unter Abwägung der bestehenden Freiheitsgrade.

Die Präsentation der Beobachtungen aus den Audit-Interviews erfolgt idealerweise im Rahmen einer Klausurtagung, in der das Top-Management die Interviewergebnisse durch eigene Erfahrungen aus der laufenden Zusammenarbeit ergänzen und verdichten kann. Die individuellen Profile der Stärken und Entwicklungsbedarfe der Audit-Teilnehmer werden dabei gemeinsam überdacht und mit den daraus abgeleiteten Einsatzperspektiven und Entwicklungsempfehlungen für das Teilnehmer-Feedback dokumentiert.

7. Arbeitsschritt: Persönliches Teilnehmer-Feedback

Ein professionell durchgeführtes Interaktives Management-Audit schließt damit ab, daß die zusammenfassende Einschätzung der beobachteten Erfolgsvoraussetzungen und die daraus abgeleiteten Empfehlungen zur persönlichen Weiterentwicklung mit den ins Audit einbezogenen Führungskräften persönlich durchgesprochen werden.

Die Gesprächspartner erhalten so Gelegenheit, ihr „Selbstbild“ mit dem „Fremdbild“ der Auditoren zu vergleichen und zudem ihr Wirkungsprofil auf der Führungsebene ihrer Vorgesetzten zu überprüfen und im Dialog mit ihrem Arbeitgeber ein wechselseitiges Commitment über zukünftige Entwicklungsschritte und -investitionen zu verabreden. Ein professionelles Umgehen mit Entwicklungs-Commitments bewertet offen die absehbare Sinnhaftigkeit erwarteter Bildungs-, Struktur- oder Einsatzkonsequenzen, die nicht als unverbindlicher Anreiz „in Aussicht gestellt“, sondern mit dem „Preisschild“ klar beschreibbarer Performance-Erwartungen und Entwicklungsfortschritte versehen werden.

Professionalitäts-Gebot im Interaktiven Management-Audit

Die beschriebenen Arbeitsschritte kann nur ein Team erfahrener Manager und Berater sach- und sozialkompetent durchführen, weshalb nachdrücklich vor „Scharlatanen" zu warnen ist, die nicht über eigene Benchmarks leistungsfähiger Unternehmen verfügen und Themen wie „Ergebnisverantwortung" oder „Führungsverantwortung" nicht auf der Basis von Managementerfahrung diskutieren können.

Verantwortungsbewußt durchgeführt, bietet die seit Mitte der achtziger Jahre verfügbare Methodik Interaktiver Management-Audits den wohl wirksamsten, inzwischen auf breiter Front getesteten Prozeß für die konsequente Strategiekopplung der Personalpolitik im Führungskräftebereich. Sie ist zugleich ein geeigneter Schlüsselbaustein für die systematische Führungskräfteentwicklung und die Entscheidungsfindung über weichenstellende Entwicklungsinvestitionen und bietet unter professioneller Leitung eingesetzten Co-Auditoren aus den durchführenden Unternehmen ein optimales Lernumfeld für das eignungsdiagnostische Beobachten, mit dem sowohl die Qualität von Einstellungsentscheidungen als auch die Effektivität situativer Führung im Alltag verbessert wird.

Wer einen Patienten gegen seine Zustimmung und aktive Mitwirkung zu therapieren versucht, stellt fast immer den Erfolg der Therapie in Frage. Das gleiche Risiko laufen methodische Ansätze, die erwachsene Führungskräfte mit Jahreseinkommen zwischen € 80.000 und 300.000 (und deutlich darüber) einseitig als „Probanden" auditieren oder von Industriepsychologen „testen lassen". Ein Interaktives Management-Audit hat deshalb nur als Dialog mit den Leistungsträgern im Management einen Sinn, in dem Führungskräfte und Unternehmen gemeinsam Perspektiven ausloten und statt lediglich zu „bewerten" plausible Handlungsoptionen erarbeiten.

Bei veränderten Erfolgsvoraussetzungen in der Wettbewerbsumgebung und Wertschöpfungsstruktur eines Unternehmens kann die professionelle Durchführung eines Interaktiven Management-Audits nicht nur die unternehmerische Zukunft sichern helfen. Sie macht darüber hinaus gerade durch die aktive Umsetzung von Sorge in Maßnahmen das durchführende Unternehmen auf dem engen Arbeitsmarkt qualifizierter Managementpotentiale doppelt attraktiv.

Das Strategische Kompetenz-Modell: Kernfähigkeiten entwickeln!

Ingrid von Ulardt
WBB - PDI, Tübingen

Überblick

- Der Erfolg des Unternehmens wird letztendlich von den Fähigkeiten und Fertigkeiten des Humankapitals bestimmt und so sollten die erforderlichen Kernkompetenzen der Manager diesen strategischen Ausrichtungen folgen.
- Dargestellt wird eine Systematik, die es ermöglicht, die zukünftigen Strategien und Herausforderungen für Manager zu definieren und diese in ein Kompetenzmodell zu transportieren. Ziel eines vorliegenden Strategischen Kompetenzmodells ist stets, die strategisch relevanten Potentiale und Fähigkeiten der Manager zu überprüfen, um dann gezielte Entwicklungsschritte abzuleiten und zu initiieren.

Für Unternehmen ist es bereits Routine, laufend ihre Produkte auf die sich wandelnden Bedürfnisse ihrer Kunden abzustimmen beziehungsweise kundenorientierten Service als selbstverständliche Dienstleistung aufzubauen. Um Marktchancen zu sichern und wettbewerbsfähig zu bleiben, müssen Unternehmen sich immer wieder neu strategisch ausrichten. Strategische Neuausrichtung aufgrund externer Gegebenheiten erfordert auch interne Neuorientierungen. Die internen Strukturen und Prozesse müssen mit den neuesten technologischen Entwicklungen in Einklang gebracht werden. Und fast alle Erfahrungen mit Re- und Neustrukturierungen haben gezeigt: Ein Unternehmen kann nur so effizient sein, wie die Mitarbeiter dieses Unternehmens dazu befähigt sind, die neuen Technologien anzuwenden und die strategischen Ausrichtungen des Unternehmens umzusetzen. So scheinen Fähigkeiten und Fertigkeiten eines jeden Mitarbeiters die kritischen Erfolgsfaktoren für die zukünftige Entwicklung, für Wachstum und Effizienz eines Unternehmens zu sein.

Während die externen Entwicklungen sich weitgehend den Einflußmöglichkeiten entziehen, hat ein Unternehmen doch recht gute Möglichkeiten, auf interne Faktoren einzuwirken. Wenn Potential und Wissen die relevanten Schlüsselfaktoren darstellen, dann ist die Entwicklung von Potential und Wissen der entscheidende Schritt, um Wettbewerbsfähigkeit, Marktposition und wirtschaftliche Effizienz dauerhaft zu sichern. Jedoch reicht meist die Konzentration auf Weiterbildungsprogramme nicht aus, um zu gewährleisten, daß jeder Mitarbeiter mit den externen Entwicklungen Schritt hält. Selbst wenn Managemententwicklung nicht nur zufällig stattfindet, entsteht doch häufig der Eindruck, daß eher Trends oder Moden die Personalentwicklung bestimmen und weniger die Strategie und zukünftige Ausrichtung des Unternehmens richtungsweisend für den Aufbau der erforderlichen Managementkompetenz sind. Marktchancen zu nutzen und künftige Herausforderungen zu meistern erfordern vom Management und jedem Mitarbeiter Fähigkeiten, Fertigkeiten und Erfahrungen, die sinnvollerweise in engem Bezug zur geplanten zukünftigen Unternehmensentwicklung stehen. Mit anderen Worten: Die Anforderungen und Kompetenzen, nach denen Manager und Mitarbeiter „gemessen“ und/oder entwickelt werden, sollten sich unmittelbar auf den unternehmerischen Kontext beziehen.

Anforderungen auf den Unternehmenskontext abstimmen

Vor jeder Diagnostik der Fähigkeiten, vor jeder Auditierung des Managements und vor allem vor jeglicher Weiterbildungsmaßnahme sollte sehr genau definiert sein, auf was sich Diagnose und Therapie beziehen. Der Prüfstand für Manager muß einen konkreten und engen Bezug sowohl zu den Positionszielen als auch zu den Unternehmenszielen haben.

Leider sind nur wenige der Methoden, deren Ziel es ist, Anforderungsprofile für Manager zu erarbeiten, sehr umfassend. Die meisten fokussieren auf nur einen Aspekt[1]. Allzu oft erfolgt die Definition über eine erfahrungsgeleitete Einschätzung wichtiger Anforderungen, z.B. seitens der Fachvorgesetzten. Auch die wissenschaftliche Analyse der relevanten Anforderungsbereiche wird angewendet. Beide Verfahren greifen jedoch meist zu kurz, sie beziehen sich mehr auf das Zurückliegende als auf die zukünftigen Herausforderungen. Gewiß trägt eine erfolgreiche Bewältigung kritischer Situationen viel zum Erfahrungsgewinn bei. Und dennoch sind die zukünftigen Erfordernisse häufig andere. So sollte auch bei der Definition von Anforderungen, die an das Management gestellt werden, der Satz gelten: „nicht stets mehr vom selben (Bekannten, Alten)...". Eine andere und prospektive Betrachtungsbasis von Anforderungen wäre dann: „...sondern das Neue und Andere sind gleichrangig bedeutsam". Daher sollte bei der Analyse von Anforderungen auch der Zukunftsaspekt stärker berücksichtigt werden. Die Definition von Managementanforderungen bleibt oberflächlich, wenn sie retrospektiv nur auf individuellen Annahmen oder nur auf wissenschaftlichen Ergebnissen basiert. Unternehmenskultur und Werte, Unternehmensentwicklung und -strategie sowie die daraus abgeleiteten Unternehmens- und Positionsziele sollten gleichrangig zur Erfahrung und Wissenschaft herangezogen werden. Abbildung 1 verdeutlicht diesen Aspekt.

- Ausgangspunkt stellen die klar definierten Unternehmensziele und Geschäftsstrategien, die Positionsziele sowie entsprechende Human Resources-Ziele dar.

- Aus den zukünftigen Herausforderungen, Unternehmensstrategien und Unternehmenszielen werden die „kritischen Erfolgsfaktoren" auf der Mitarbeiterseite abgeleitet. Unternehmenskultur vervollständigt die Definition der Anforderungen. Diese Anforderungsbeschreibungen mit den operationalisierten Verhaltensweisen werden als Strategisches Kompetenz-Modell (SKM) festgelegt.

- Das Strategische Kompetenz-Modell ist die Meßgrundlage und ermöglicht, vorhandenes Managementpotential mit strategisch benötigten Kompetenzen abzugleichen.

1 Vgl. hier auch P. Krumbach, 1999.

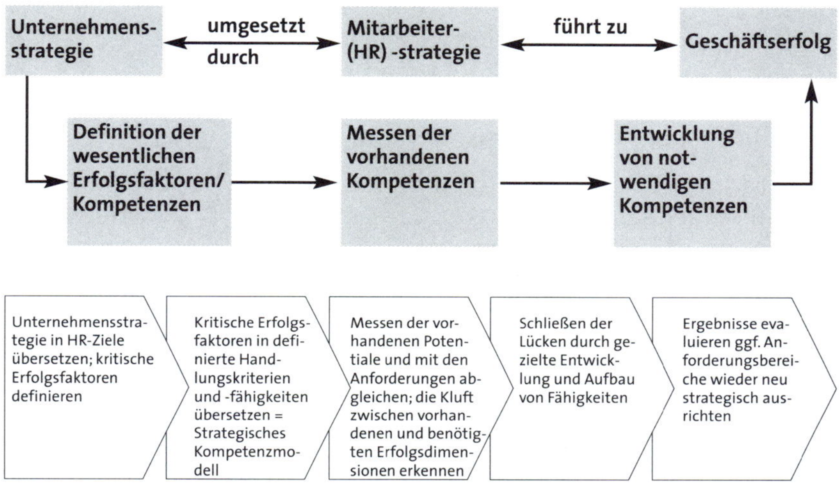

Abbildung 1: Organisationen dazu herausfordern, die Zukunft zu gestalten

- Die erkannten Lücken können dann zielgerichtet durch individuelle und bedarfsgerechte Entwicklungspläne geschlossen werden.
- Da sich externe Herausforderungen dem Unternehmen ständig neu stellen, sollten auch die internen Anforderungen, die an die Manager gestellt werden, stets aufs Neue überprüft und bestimmt werden.

Anforderungsprofile auf die unterschiedlichen Führungsaufgaben abstimmen

Manager und Führungskräfte sind für die Gestaltung und Ausrichtung des Unternehmens verantwortlich. Change Management ist die eine Aufgabe von Führungskräften, Optimierungsmanagement ist eine andere Aufgabenstellung. Die Funktion des Change Managements besteht darin, erforderliche Veränderungen herbeizuführen. Die Funktion des Optimierungsmanagements besteht darin, das bestehende geschäftliche Handeln im Hinblick auf die gesetzten Ziele zu optimieren. So unterscheidet Gerlach (1996) zwischen Aufgaben (von Führern), die Menschen bewegen, und Aufgaben (von Managern), die Sachen bewegen. Je nach Größe und Komplexität des Unternehmens können oder müssen diese unterschiedlichen Aufgaben und Funktionen auch den unterschiedlichen Hierarchieebenen zugeordnet werden.

Unter strategischer Führung wird im allgemeinen die Verantwortung für die strategische Ausrichtung des Unternehmens verstanden. Bei großen, diversifizierten Unternehmen, die auch regional strukturiert sind, liegt diese Führungsverantwortung in den Händen der Geschäftsführung und ist vom Grundsatz her nicht delegierbar. Als taktische Unternehmenspolitik (Planen) wird im allgemeinen die Gestaltung der strategischen Prozesse bezeichnet. Bei Großunternehmen liegt diese Aufgabe meist in den Händen des exekutiven Managements. In mittleren Unternehmen liegen strategische Führung und taktisches Umsetzen oft in einer Hand. Die Gestaltung der laufenden geschäftlichen Aktivitäten dagegen ist überwiegend die Aufgabe des operativen Managements. Es soll in der Funktion Sachen bewegen und primär das Bestehende optimieren.

Die begriffliche Unterscheidung von Strategen, Führern und Managern nimmt vom Grundsatz her keinen Einfluß auf die Definition der Kompetenzen. Vielmehr ist es offensichtlich, daß die verschiedenen zuvor beschriebenen Führungsfunktionen – strategische Ausrichtung des Unternehmens und der Unternehmensziele, taktische Umsetzung der Unternehmenspolitik, Optimierung der laufenden Unternehmensaktivität –, auch spezifische Kompetenzen und Qualitäten voraussetzen, die dann auch differenziert in den jeweiligen Anforderungsprofilen pro Hierarchieebene dargestellt werden sollten.

Für diese drei Grundfunktionen des Führens und Managens wurde von WBB-PDI ein sogenanntes Meta-Modell der Anforderungen erarbeitet. Unsere langjährige Zusammenarbeit mit Unternehmen unterschiedlicher Branchen ermöglicht es, daß vielfältige Erfahrungen und Perspektiven in dieses Meta-Modell der Managerkompetenzen einfließen können. Neben den verschiedenen Herausforderungen und globalen Entwicklungen wird auch konkretes erfolgreiches Managerverhalten bei der Definition der Kompetenzen berücksichtigt. Viele Unternehmen greifen dieses Kompetenzmodell auf, da neben den verschiedenen Managerfunktionen und -aufgaben gleichrangig globale Entwicklungen und zukunftsorientierte Marktsicht berücksichtigt werden. Die vielfältige Anwendung für unterschiedlichste Fragestellungen gibt dem Meta-Modell eine dynamische Komponente. Es wird laufend weiterentwickelt und entsprechend den neuesten Erkenntnissen und Erfordernissen angepaßt. Das zugrundeliegende Aufgaben- und Funktionsmodell (Executive, Midlevel, Frontleader) bestimmt das folgende Anforderungs- beziehungsweise Kompetenzmodell als „Meßmodell". Als Meßinstrumente verwenden wir je nach Fragestellung, gewünschter Tiefe und Umfang der Erkenntnis Lösungen aus dem Assessment-Bereich, aus dem Bereich 360°-Feedback sowie Tests und Interviews.

Tabelle 1 und Tabelle 2 stellen beispielhaft den Zusammenhang zwischen den Aufgaben unterschiedlicher Führungsebenen mit den daraus abgeleiteten jeweiligen Anforderungen und den verschiedenen Assessment-Lösungen dar. Tabelle 1 beschreibt den Zusammenhang von Aufgaben der exekutiven Führungsebene mit den Anforderungen. Aus unseren Erfahrungen lassen sich hier noch vier weitere Unterscheidungen ableiten; die Funktionen: „Leading Results", „Leading Alignment", „Leading Strategy" und „Leading the Organisation". Tabelle 2 beschreibt den Zusammenhang von Aufgaben der mittleren Führungsebene mit den jeweiligen Anforderungen. Auch hier unterscheiden wir drei weitere Funktionsbereiche: „Performance Leader", „Influence Leader" und „Strategic Leader".

In diesen Darstellungen sind zunächst nur die Kriterienbenennungen (Titel) der Kompetenzen abgebildet. In allen Kompetenzmodellen werden diese Kriterienbenennungen selbstverständlich in konkrete und verhaltensorientierte Beschreibungen gefaßt. Zur validen „Messung" von Potentialen auf der Grundlage der Kompetenzen verwenden wir einen „Evaluation Guide". Im Evaluation Guide werden pro Kompetenzbereich Verhaltensbeispiele eines „effizient handelnden Managers" als Orientierung aufgezeigt. Diesen Beispielen von effizienten Handlungen werden Verhaltensbeispiele, die auf Entwicklungsbedarf hinweisen, und Verhaltensbeispiele, die Hinweise auf überdurchschnittliche Leistungen geben, gegenüber gestellt. Die nachfolgende Zusammenstellung verdeutlicht einen Ausschnitt aus einem Evaluation Guide.

	Funktionsmodelle			
Exekutive Funktion und Anforderungen an die obere Führungsebene	**Leading Results**	**Leading Alignment**	**Leading Strategy**	**Leading the Organisation**
Exekutive Funktion: Die Geschäfte eines Unternehmens- oder Funktionsbereichs ergebnisorientiert führen	X	X	X	X
Anforderung, z.B.: – Fähigkeit, treffsicher zu entscheiden, – unternehmerisches Denken und Geschäftssinn	X	X	X	X
Exekutive Funktion: Geschäftseinheiten auf neue Strategien ausrichten (Strukturen, Prozesse, Systeme, Funktionen)			X	X
Anforderung, z.B.: – Fähigkeit zum visionären Denken – Fähigkeit, umfassende Geschäftsstrategien zu entwickeln			X	X
Exekutive Funktion: Mit anderen Organisationseinheiten Leistungsstandards setzen und vorantreiben		X		X
Anforderung, z.B.: – Fähigkeit, den funktionsübergreifenden Austausch und gemeinsames Handeln zu fördern		X		X
Exekutive Funktion: Strategien zur Verbesserung der Wettbewerbsfähigkeit, der Marktposition des Unternehmens und wirtschaftlichen Unternehmensergebnissen entwickeln		X	X	X
Anforderung, z.B.: – Einfluß nehmen und verhandeln, – über globale Perspektive verfügen		X	X	X

Tabelle 1: Executive Assessment-Lösungen

	Funktionsmodelle		
Operatives Management und Anforderungen an die mittlere Führungsebene	**Performance Leader**	**Influence Leader**	**Strategic Leader**
Funktion im operativen Management: Die Geschäfte einer Abteilung oder eines Arbeitsbereiches führen	X	X	X
Anforderung, z.B.: – Fähigkeit zu planen – Fähigkeit, die Durchführung zu gestalten und zu überwachen	X	X	X
Funktion im operativen Management: Kundenorientierung und Servicequalität optimieren, Verbesserungen initiieren		X	X
Anforderung, z.B.: – Fähigkeit, kundenorientiertes Arbeiten zu gestalten – Fähigkeit, interne Prozesse zu optimieren		X	X
Funktion im operativen Management: Arbeit in oder Zusammenarbeit mit bereichsübergreifenden Teams		X	X
Anforderung, z.B.: – Fähigkeit, Teamarbeit zu fördern, – selbst im Team zu arbeiten		X	X
Funktion im operativen Management: Abteilungs- oder teaminterne Strategien entwickeln zur Verbesserung der Marktorientierung und wirtschaftlichen Resultate			X
Anforderung, z.B.: – Fähigkeit, strategisch zu denken			X

Tabelle 2: Mid-Level Leader Assessment-Lösungen

Fähigkeit, Teamarbeit zu fördern und selbst im Team zu arbeiten		
Verhalten weist auf Entwicklungsbedarf	**Verhalten zeitigt Effizienz**	**Verhalten erbringt überdurchschnittliche Leistungen**
Gibt wenig Unterstützung, ermutigt nicht – oder die Angebote zur Unterstützung fehlen gänzlich.	Bietet anderen Unterstützung an; unterstützt und ermutigt nicht immer und direkt, wenn andere auf Probleme oder Hindernisse stoßen – beziehungsweise diese wahrnehmen.	Gibt anderen umfassende Unterstützung; ermutigt andere – auch wenn diese hadern oder Zweifel äußern.
Fragt nicht nach Meinungen und/oder bittet nicht um Beiträge, und/oder schließt andere aus Planungen und Entscheidungsfindungen aus, obwohl sie davon betroffen sind.	Bittet um Beiträge und fragt nach Meinungen – allerdings meistens dann, wenn die anderen Personen auch direkt von den Aspekten betroffen sind.	Bittet andere stets um Meinungen und Beiträge, bezieht sie in die Planungen ein, fordert auf zur gemeinsamen Entscheidungsfindung.
Unterstützt Teamarbeit nicht, vielmehr entmutigt das konkrete Verhalten (z.B...) im Team zu arbeiten, das Verhalten hindert andere daran, sich als Team zu finden.	Regt zur Teamarbeit an, weist auf den Austausch zwischen verschiedenen Gruppen hin, unternimmt allerdings keine konkreten Schritte, um andere zur Zusammenarbeit zu bringen, beziehungsweise unterstützt fast nur die Teamarbeit innerhalb des eigenen Bereichs.	Ermutigt andere die Teamarbeit auch zwischen verschiedenen Bereichen aufzunehmen, unterstützt dies aktiv mit konkreten Vorschlägen; sucht nach Möglichkeiten, Teamarbeit und -entwicklung voranzutreiben, bringt Energie und Begeisterung in das Team durch die vorgeschlagenen Schritte/Verfahren.

Maßgeschneiderte Kompetenzen

Neben diesem zuvor beschriebenen Aspekt der verschiedenen Managementfunktionen, die die jeweiligen Kernkompetenzen der Führung festlegen, gehen wir auch davon aus, daß Mission, Vision, Strategie eines Unternehmens und die zukünftigen Herausforderungen, vor denen das jeweilige Unternehmen steht, wegweisend sind für das Führungsverständnis. Das Verständnis, wie geführt werden soll und was einen guten Manager im jeweiligen Unternehmen ausmacht, wird häufig von der spezifischen Tradition, Kultur und Wertvorstellungen des Unternehmens und nicht zuletzt auch von der Branche und den Produkten oder Dienstleistungen, die erstellt bzw. erbracht werden (dem Zweck des Unternehmens) bestimmt. Und dieses „unternehmensgeprägte" Führungsverständnis nimmt dann auch auf Vorstellungen darüber, wie im Unternehmen geführt und gemanagt werden soll, maßgeblichen Einfluß. Für viele Organisationen ist es „überlebenswichtig", genau diese Erwartungen explizit zu machen, damit für das Führen und Managen eine einheitliche Orientierung im Sinne der strategischen Unternehmensentwicklung gegeben ist.

Dies kann und soll ein Strategisches Kompetenz-Modell (SKM), das für ein Unternehmen nach dem WBB-PDI-spezifischen Vorgehen erarbeitet wird, leisten. Ein unternehmensspezifisches, strategisches Kompetenzmodell erlaubt eine effizientere Personalentwicklung und ist Voraussetzung dafür, daß mit passenden Instrumenten die entsprechenden Fähigkeiten gemessen werden können. Ein für das Unternehmen entwickeltes SKM ist richtungsweisend für den Aufbau und die Anpassung des PE- beziehungsweise HR-Systems an die strategischen Ausrichtungen des Unternehmens: (vgl. die Darstellung in Abbildung 2).

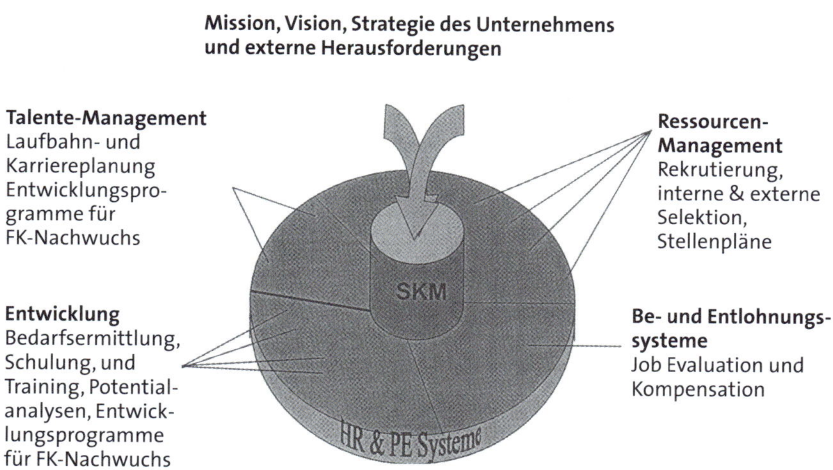

Abbildung 2: Entwicklung eines Strategischen Kompetenz-Modells (SKM)

Um zu einem Strategischen Kompetenz-Modell zu gelangen, das vor allem auch die Unternehmensspezifität einschließt, empfehlen wir eine sukzessive Annäherung:

Schritt 1:

- Identifikation der Anwendungsbereiche des Strategischen Kompetenzmodells im PE- & HR-System des Unternehmens:
  - Ressourcen-Management: Rekrutierung, Interne Auswahl, Internationale Mobilität,
  - Talente-Management: FK-Nachwuchsprogramm, High Potentials, Laufbahn und Karriereplanung,
  - Entwicklung: Bedarfsermittlung, Führungskräfte-Qualifizierung und Vorbereitung von Managern auf neu eingerichtete Positionen,
  - Be- und Entlohnungssysteme: Job Evaluation und Kompensation.

Schritt 2:

- Vereinbarung über die Entwicklung eines Strategischen Kompetenz-Modells für die identifizierten Anwendungsbereiche.

Schritt 3:

- Interviews zur Abklärung des strategischen Kontextes, der wesentlichen zukünftigen Aktivitäten, der Verantwortlichkeiten und der möglichen Marktentwicklungen: „Wohin wollen wir bewegen; welche externen Entwicklungen erwarten wir, und welche internen Veränderungen sind notwendig? Welche Anforderungen ergeben sich daraus für unsere Führungskräfte? Was sind die Schlüsselfähigkeiten und Kernkompetenzen heute und in naher Zukunft?"

Schritt 4:

- Weitere Datensammlung: schriftliche Informationen zu Vision, Kultur und Werten des Unternehmens, z.B. „Leitlinien zur Zusammenarbeit und Führung" sowie Abgleich mit dem Metamodell.

Schritt 5:

- Entwurf eines ersten Strategischen Kompetenz-Modells aus der Zusammenfassung der Interviews und der gesamten Datensichtung.

Schritt 6:

- Gemeinsame, kritische Analyse und Bewertung des Entwurfs mit dem oberen Management.

Schritt 7:

- Weiterentwicklung zu einem Strategischen Kompetenz-Modell mit der Beschreibung des erfolgreichen Verhaltens pro Kompetenzbereich im Modell.

Schritt 8:

- Überprüfung der Potentiale, der Kompetenzen und der Qualifikationen anhand verschiedener Meßinstrumente oder Auditierungsver-

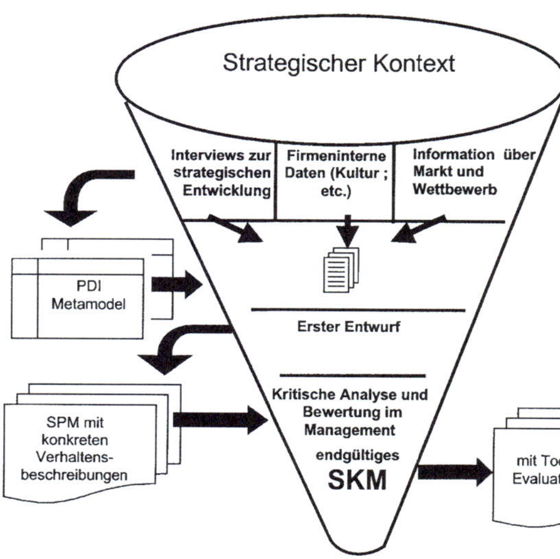

Zielsetzung
Definition der Schlüsselkompetenzen, die die Unternehmensstrategie und Handlungen in den nächsten drei bis fünf Jahren unterstützen werden.

Methode
Halbstrukturierte Interviews

- zum strategischen Kontext des Unternehmens
- zu den zukünftigen Hauptaktivitäten
  - zu den Fähigkeiten und Fertigkeiten und den notwendigen Anforderungen

Sukzessive Ausarbeitung bis zum endgültigen Strategischen Kompetenz-Modell

Abbildung 3: Unternehmensspezifische Entwicklung eines SKM

fahren, um die richtige Person für die richtige Funktion auszuwählen beziehungsweise weiterzuentwickleln. (Vgl. zusammenfassend Abbildung 3. Zu weiteren Hinweisen zur Entwicklung von unternehmensspezifschen strategischen Kompetenz-Modellen siehe Lucia und Lepsinger, 1999.)

Unser Vorgehen soll an einem Beispiel verdeutlicht werden:

Schritte

Strategischen Kontext klären

- Mit dem Leiter von HR und der Geschäftsführung wurde vereinbart, daß der Aspekt der Führungskräfteentwicklung und -qualifizierung die primäre Zielsetzung darstellt. Um die derzeitigen Potentiale zu erkennen und die Hauptanforderungen an zukünftige Führungspotentiale genau identifizieren zu können, sollte ein Strategisches Kompetenz-Modell für das Unternehmen XX erarbeitet werden, das in der endgültigen Form in deutscher und englischer Sprache vorliegen sollte.

Daten sammeln: Interviews

- Für die erste Datensammlung wurde vereinbart, zunächst Interviews mit allen Mitgliedern des oberen Managements durchzuführen. Um wenig Verzögerung und geringen Reisekostenaufwand zu haben, konnten die Interviews (ca. 1,5 Stunden) auch telefonisch erfolgen. Wir entschieden uns für ein halbstruktiertes Interview (ca. 1,5 Stunden) mit den Hauptaspekten:
  a) Die heutigen Entwicklungen bei den Kunden und am Markt; welche Anforderungen ergeben sich daraus für effiziente Manager im Unternehmen?
  b) Die Entwicklungen, die in den nächsten fünf Jahren gesehen werden; welche Geschäftsstrategien ergeben sich daraus für das Unternehmen? Und in der Folge: Welche Anforderungen lassen sich daraus für die Manager im Unternehmen ableiten?
  c) Die Stärken, die bei den derzeitigen Führungsmanagern erkannt werden und die Schwächen, die heute und auch in den nächsten fünf Jahren gesehen werden und Schwerpunkte der Führungsentwicklung sein sollten.

Daten sammeln: Führungsleitlinien

- Zusätzlich wurden auch vorliegende Führungsleitlinien und die Unternehmensphilosophie zur Zusammenarbeit herangezogen.

Daten strukturieren: Erster Entwurf

- Die Ergebnisse aus Interviews und Unterlagensichtung wurden dann als Zusammenfassung mit ersten Vorschlägen von Kompetenzbereichen an die Interviewten rückgekoppelt. Diese schriftliche Zusammenfassung diente dem oberen Management als Vorbereitung auf den nachfolgenden Workshop, in dem zumindest der Umfang und die Tiefe des SKM vereinbart werden sollten.

Kritische Analyse und Überarbeitung	• Im Workshop wurde mit allen Interviewten (Geschäftsführung, oberes Management und HR) der Grundstein für das unternehmensspezifische SKM vereinbart, Anregungen, die sich aus den Diskussionen ergaben, in die Benennung und Operationalisierungen der Kompetenzen integriert. Die nachfolgenden Schritte sowie das grundsätzliche Verfahren der Führungsqualifizierung und der Führungskräftenachwuchsplanung wurden festgelegt. Zusätzlich wurde vereinbart, daß ein einfaches „Instrument" zur internen Identifikation der gegebenen Potentiale erarbeitet werden sollte.
SKM und Operationalisierung der Kompetenzen	• Das strategische Kompetenzmodell und das entsprechende Instrument (Tool zur Identifikation der Potentiale und zur Festlegung der individuellen Entwicklungsfelder und der notwendigen Qualifizierungsschritte) wurden in enger Abstimmung mit dem oberen Management entwickelt und dann in einem Abschlußmeeting endgültig verabschiedet.
Erste Erprobung	• Diese erste Fassung des unternehmensspezifischen SKM und des Tools zur Potentialanalyse wird derzeit in einer Pilotphase (top-down) erprobt. Eine erste Evaluation macht deutlich, daß weitere Überarbeitungen und Differenzierungen nach Hierarchieebenen und Bereichen erforderlich erscheinen.

Strategische Kompetenzmodelle, die auf das Unternehmen zugeschnitten sind, bieten vielfältige Anwendungsmöglichkeiten im Rahmen von personalentwicklungsspezifischen Fragestellungen:

- als Anforderungsprofil bei externer Selektion,
- als Anforderungsmodell bei interner Auswahl und bei Potentialanalysen oder Entwicklungsassessments,
- als Grundlage zur Ableitung von Fragenformulierungen im 360°-Feedback-Prozeß,
- als Basis der Bedarfsermittlung von Entwicklung und Qualifizierung,
- als Rahmen für das jährliche Mitarbeiter-Vorgesetzten-Gespräch,
- als Grundlage, um die internationale Mobilität zu steuern.

In den Tabellen 3 bis 6 stellen wir beispielhaft diese Anwendungsmöglichkeiten dar.

				Kompetenzen	Land A	Land B	Land C
Allgemeine Kompetenzbereiche	A. Gruppe der Kernkompetenzen		1.	Probleme analysieren	X	X	X
			2.	Innovation vorantreiben	X	X	X
			3.	Offen kommunizieren	X	X	X
			4.	Globale Perspektive	X	X	X
	B. Spezifische Kompetenzen, bedeutsam für Land / Division/ ..		5.	Beziehungen aufbauen	X		
			6.	Mut zur Führung zeigen			X
			7.	Kundenorientierung	X	X	X
			8.	Verhandeln		X	X
	C. Spezifische Kompetenzen, bedeutsam für eine bestimmte Hierarchie-Ebene	Ob. FE	9.	Veränderungen managen	X	X	X
			10.	Fundierte Entscheidungen treffen	X	X	X
		Mittlere Fü-Ebene	11.	Fundierte Entscheidungen treffen	X	X	X
			12.	Andere motivieren	X	X	X
			13.	Aufmerksam zuhören	X	X	X
Fachkompetenz	D. Technische Kompetenzen, bedeutsam für verschiedene Abteilungen	Marketing	14.	Markt Analysen	X	X	X
			15.	Produktkenntnisse		X	X
			16.	Kunden kennen	X	X	
			17.	Kommunikationsfähigkeit		X	
			18.	Internationales Marketing	X	X	X
			...	......			

Tabelle 3: Beispiel eines Kompetenzmodells für ein internationales Unternehmen mit Töchtern in unterschiedlichen Nationen – aufgeschlüsselt nach Hierarchieebene und länderspezifischen Anforderungen.

allgemeine Kompetenzen	A. Kernkompetenzen für die Position des NL-Leiters	1.	Problem erkennen und analysieren: d.h. xxxxxxxx xxxxxxx
		2.	Innovation vorantreiben: d.h. xxxxxxxxx xxxxxxxxxx xxxxxx
		3.	Offen kommunizieren: d.h. xxxxxxxx xxxxxxxx xxxxxx
		4.	Globale Perspektive: d.h. xxxxxxxxx xxxxxxxxx xxxxxxxxx
	B. Regionalspezifische Kompetenzen	5.	Mut zur Führung zeigen: d.h. xxxxxxx xxxxxxxx xxxxxxxx
		6.	Verhandeln: d.h. xxxxxxxxx xxxxxxxxxx xxxxxxxxxx xxxx
	C. Kompetenzen, bezogen auf die Größe der Niederlassung	7.	Fundierte Entscheidungen treffen: d.h. xxxx xxxxx xxxx
		8.	Andere motivieren: d.h. xxxx xxxxx xxxxxxxxxxxxx xxxxxx
		9.	Aufmerksam zuhören: d.h. xxxxx xxxxx xxxxx xxxxxx xxxx

Tabelle 4: Beispiel eines Kompetenzmodells für die interne Auswahl von Niederlassungsleitern, gleiches Unternehmen.

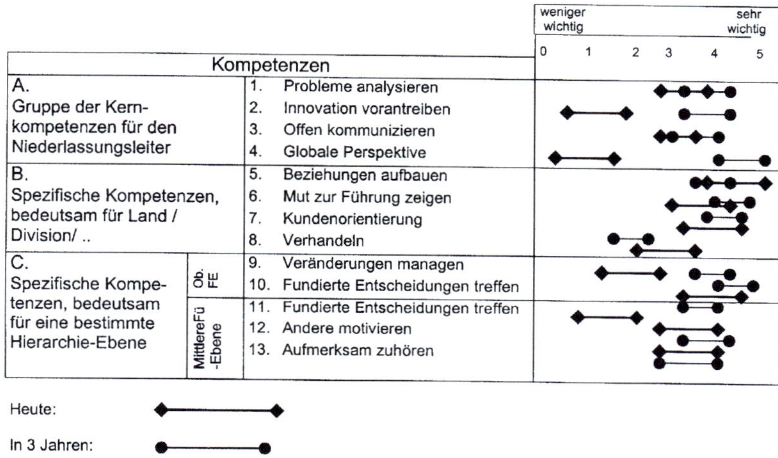

Tabelle 5: Beispiel eines Kompetenzmodells für die Festlegung von Entwicklungsbereichen für derzeitige Niederlassungsleiter und für Führungsnachwuchs mit der Zielposition „Niederlassungsleiter in ca. drei Jahren"

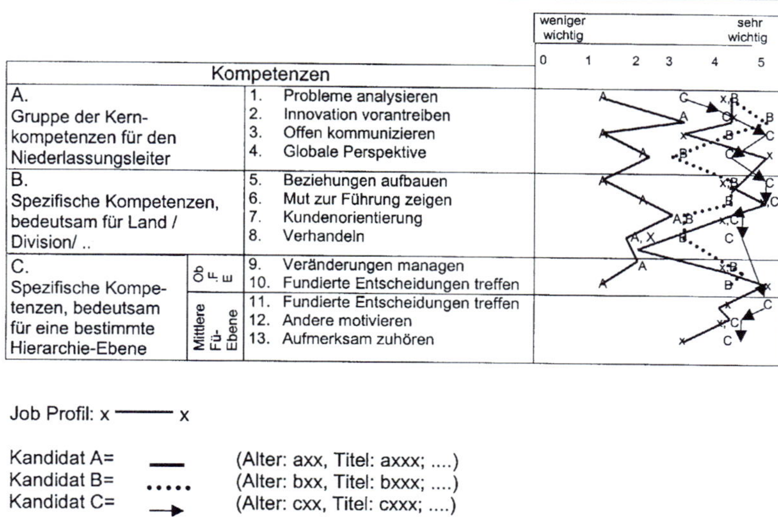

Tabelle 6: Beispiel eines Kompetenzmodells für den Vergleich verschiedener Bewerber auf die Position eines Niederlassungsleiters.

Zusammenfassung und Ausblick

Um das Unternehmen am Markt und auf dem neuesten Stand zu halten und letztendlich um das Überleben des Unternehmens zu sichern, werden von den Führungskräften heute mehr denn je Qualifikationen verlangt, die über das einfache Führungsverständnis mit den Funktionen: „Planen – Entscheiden – Anweisen – Kontrollieren" hinausgehen. Die Aufgaben sind differenzierter geworden, die strategische Ausrichtung des Unternehmens und die Unternehmensentwicklung beeinflussen und bestimmen die Auswahl und Entwicklung der Manager. Die vorhandenen Führungskräfte müssen sich in ihrer neuen Rolle zurechtfinden. Der Personalentwicklung kommt hier die wesentliche Aufgabe zu, den Führungskräften zu helfen, die neuen Anforderungen zu erfüllen. Ein wichtiger Aspekt zur Orientierung für die Manager selbst und für den gezielten Aufbau erforderlicher Führungsfähigkeiten ist die Etablierung eines unternehmensspezifischen Strategischen Kompetenz-Modells (SKM). Es kann sukzessive an die sich rasch wechselnden internen und externen Entwicklungen angepaßt werden. Ein für ein Unternehmen entwickeltes SKM bietet stets die Möglichkeit, die Instrumente der Personalentwicklung und die der Führungskräfteentwicklung auf die gesamte Unternehmensentwicklung und -strategie flexibel abzustimmen.

Literatur

Mark R. Edwards und Ann J Ewen: 360° Beurteilung. Klareres Feedback, höhere Motivation und mehr Erfolg für alle Mitarbeiter. München: Beck Wirtschaftsverlag 2000.

N. Erich Gerlach: Was ist ein Stratege? in: Ian Walsh und Gero F. Weber: Management-Audit. Anforderungen und Profile im Zeitalter der schlanken Führung. Göttingen: Verlag für Angewandte Psychologie, 1996.

Peter Krumbach: Aktuelle Methoden und Einsatzgebiete der Anforderungsanalyse. In: Walter Jochmann (Hrsg.) Innovationen im Assessment Center. Entwicklungen, Alternativen und Einsatzmöglichkeiten im Change Management. Stuttgart: Schäffer-Poeschel 1999.

Tom Lamberty: Die Kunst Kompetenzen zu entwickeln. in: Personalwirtschaft 9/2000, S. 30–35.

Anntionette D. Lucia & Richard Lepsinger: The Art and Science of Competency Models. Pinpointing Critical Success Factors in Organizations. San Francisco: Jossey-Bass/Pfeiffer, 1999.

Andreas Lukas: Kernkompetenzen – Brauchen wir überhaupt noch Manager? in: Ian Walsh und Gero F. Weber: Management-Audit. Anforderungen und Profile im Zeitalter der schlanken Führung. Göttingen: Verlag für Angewandte Psychologie, 1996.

Die Managementportfolio-Analyse – vom Audit zum Work out

Hans-Adam Pfromm
Dr. H. A. Pfromm
Führungsberatung, Bonn

Überblick

- Das Management-Audit darf nicht bei der Analyse stehen bleiben, Transparenz allein genügt nicht. Man kann daraus ein wirksames Management-Work out machen, bis hin zum Einstieg in einen Selbstoptimierungsprozeß der Führungskräfte.
- Initialzündung dieser Mobilisierung von Leistungs- und Führungsreserven ist das „gecoachte" Feedback einer als authentisch und fair akzeptierten kollektiven Selbstanalyse.
- Ein solches auditgestütztes Management-Work out wird nicht länger als unangenehme Beurteilung empfunden, sondern als intelligente Managemententwicklung erlebt.
- Anwendungsbeispiele zeigen, daß es Situationen in der Unternehmensentwicklung gibt, in denen Analyse und Work out des Managementportfolios der kritische Erfolgsfaktor sind.

Es ist keine Utopie, sondern einfach best practice, wenn die Führungsmannschaft eines Unternehmens von sich sagen kann: „Wir erkennen die Chancen und Risiken früher, reagieren darauf schneller, finden die bessere Lösung und setzen sie konsequenter um als andere".

Richtige Strategie- und Strukturentscheidungen reichen jedoch allein nicht aus, um Wettbewerbsvorteile zu erringen. Man muß auch in die optimale Nutzung seines Managementportfolios investieren. Ehrgeizige strategische Ziele und mutige operative Pläne brauchen eine adäquate Führungsmannschaft. Doch damit nicht genug: Wenn die Geschäftsentwicklung plötzlich ganz anders verläuft, als von der strategischen und operativen Planung erwartet, dann hängt es letztlich allein von der Führungsmannschaft ab, auch diese Situation zu meistern. Das Managementrisiko ist mitunter bedeutend höher als das Risiko, die richtigen Strategie- und Strukturentscheidungen getroffen zu haben.

Aber wie managt man einen hohen „Return on Management", um anspruchsvolle Unternehmensziele zu realisieren? Der operative Führungsalltag garantiert keineswegs nebenbei einen Selbstoptimierungsprozeß der Führungsmannschaft. Die gezielte „Pflege" von Managementportfolio und Managementperformance ist eine ganz eigenständige Aktivität.

Eine systematische Entwicklung der Führungsqualität auf breiter Basis benötigt immer und zuerst die Transparenz der Eignungsstrukturen und Verhaltensmuster der einzelnen Führungskräfte und der Führungsmannschaft insgesamt. Das Wissen über den Status quo der Manage-

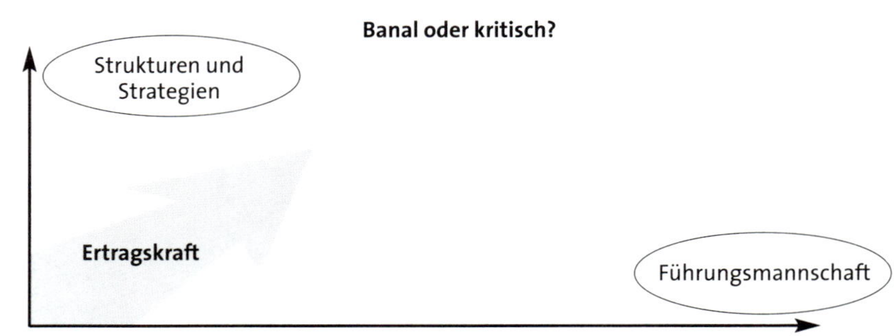

Abbildung 1: Die zwei Dimensionen des Erfolgs

mentqualität allein reicht aber nicht aus. Die daraus abzuleitenden Veränderungsprozesse sind nämlich alles andere als ein Every day business.

Das klingt nach Binsenweisheiten, könnte man einwenden. Natürlich will jede Unternehmensführung eine erstklassige Führungsmannschaft haben. Und sie will in wirksamer und nachhaltiger Weise ihr Managementportfolio auf breiter Basis optimieren. Sie wird daher dem Berater sagen:

„Nenne mir ein Instrument, das

1. wirklich treffsicher über Eignungsstrukturen und Verhaltensmuster informiert,
2. von den Betroffenen als fair und sachgerecht akzeptiert wird und
3. nicht nur Wissen liefert, sondern unmittelbar Veränderungsprozesse einleitet,

und wir werden dieses Instrument einsetzen."

Diesen drei Machbarkeitsanforderungen müssen die Verfahren gerecht werden, die unter dem Oberbegriff „Management-Audit" angeboten werden. Aber schon das Wort „Audit" ist geeignet, Ängste zu wecken und Mißverständnisse zu verursachen. Es ist ein Wort, das durch technisch detailgenaue Prüfung geprägt ist. Ein Audit besteht man, oder man fällt durch. Es signalisiert nicht Entwicklung, sondern Kategorisierung.

Ein Verfahren, das auf Akzeptanz setzt, sollte sich mit diesen Mißverständnissen nicht belasten. Wir sprechen daher von Managementportfolio-Analyse und Management-Work out. Und wir nehmen die Einwände gegen die „Machbarkeit" einer fairen Managementbeurteilung ernst.

Machbarkeitseinwände:

1. Beurteilung von Führungskräften ist zu ungenau.
2. Beurteilungsverfahren erzeugen Unruhe.
3. Abstrakte Analysen verändern nichts konkret.

Machbarkeitsanforderungen:

1. Eine wirklich treffsichere Analyse liefern

2. Für eine gute Akzeptanz des Verfahrens sorgen

3. Einen nachhaltigen Veränderungsprozeß in Gang setzen

Eine erstklassige Analyse des Managementportfolios ist viel leichter und schlanker zu haben, als allgemein bekannt. Es ist naheliegend, mit dem Wissen der Analyse anschließend einen Selbstoptimierungsprozeß zu starten und zu kontrollieren. Und was viele gar nicht zu glauben wagen: Das Verfahren läßt sich so gestalten, daß es von den Betroffenen als fair akzeptiert wird.

Ein dreidimensionaler Ansatz setzt neue Maßstäbe

Auf den ersten Blick gibt es bei der Beurteilung von Führungskräften zwei Vorgehensweisen: zum einen die internen Beurteilungsverfahren und zum anderen die externen Verfahren, bei denen ein Berater eingeschaltet wird. Beide haben ihre Stärken und Schwächen. Die Kunst besteht darin, die Vorteile beider Verfahren miteinander zu verbinden und deren Nachteile weitgehend auszuschalten.

- Der Vorteil interner Potentialanalysen liegt in der Fülle der vorhandenen authentischen Informationen über jede einzelne Führungskraft. Das gilt aber nur in der Theorie. In der Praxis liegt der Nachteil nämlich darin, daß man an diese Informationen nicht oder nur schwer herankommt. Alle internen Verfahren tendieren zu interessenspezifisch verfälschten Ergebnissen, denn jede Führungskraft folgt nicht nur der Sachlogik des Unternehmens, sie unterliegt auch der eigenen Interessenlogik. Diese beiden Handlungsgesetze sind nicht immer in Übereinstimmung. Die Identifikation mit dem Unternehmen hat dort ihre Grenzen, wo das Eigeninteresse ein anderes Verhalten nahelegt: „Everybody is in business for his own". Die Unternehmensleitung muß gerade in Beurteilungsfragen diesen Konflikt einkalkulieren. Deshalb spielen interne Ansätze zur Managementbeurteilung in den Unternehmen auch kaum noch eine Rolle.
- Der Vorteil des externen Beraters liegt eindeutig in der Methodik. Er ist neutral und objektiv, garantiert Diskretion, setzt einen einheitlichen Maßstab, arbeitet die Aufgabenstellung zügig und konsequent ab, bedient sich dabei professioneller Mittel, nutzt sein großes Erfahrungswissen und bringt durch seine externe Perspektive Bench-

markimpulse ein. Ein Nachteil liegt darin, daß seine alleinige Einschätzung immer Gefahr läuft, lückenhaft zu sein. Denn er kann nur die Informationen nutzen, die ihm im Gespräch vom Betroffenen selbst geliefert werden. Der Berater – auch der Psychologe – kann nicht ausschließen, auch einmal gründlich „schief zu liegen". Und genau dieses Risiko ist ein guter Grund, solche eindimensionalen Verfahren abzulehnen.

Wenn man die Vorteile interner Verfahren (Informationsfülle) und die Vorteile externer Verfahren (Methodik) miteinander verbindet und um die Selbsteinschätzung der Betroffenen ergänzt, dann resultiert daraus ein „drei-perspektivischer" beziehungsweise dreidimensionaler Ansatz, der zum einen eine ganz neue Qualität in die Analyse des Managementportfolios bringt und der zum anderen das Akzeptanzproblem löst.

Die Kombination der überlegenen Methodik des Beraters mit der internen Informationsfülle führt dazu, daß der Berater die interne Beurteilung moderiert. Er befragt jedoch nicht nur die Vorgesetzten allein, sondern bis zu zehn Führungskollegen. In nur einem Interviewverfahren wird also das (bis zu) zehnfache Feedback aus dem 360°-Führungsumfeld gesammelt. Jeder schätzt in verbalen und numerischen Kategorien zehn andere ein und wird von zehn anderen eingeschätzt. Daraus wird eine Summe gebildet, so daß absolute Diskretion gewährleistet ist. Auch der Auftraggeber kennt nur diese Cross-Referenzsummen. So entsteht unter professioneller Führung des Beraters ein authentisches Bild von hoher Genauigkeit.

Einzelne manipulative Fehleinschätzungen vermeidet beziehungsweise relativiert das Verfahren durch die hohe Zahl der Cross-Referenzen. Wer manipulieren will, läuft Gefahr, sich mit seinem Urteil zu isolieren und sogar ein „lag of judgement" zu offenbaren. Auch gegen das Verfahren gerichtete kollektive Absprachen funktionieren nicht, weil die „Verschwörer" sie nicht kontrollieren können. Jeder ist zuerst sich selbst der nächste und riskiert nicht, aufgrund nicht eingehaltener Absprachen letztlich „der Dumme" zu sein.

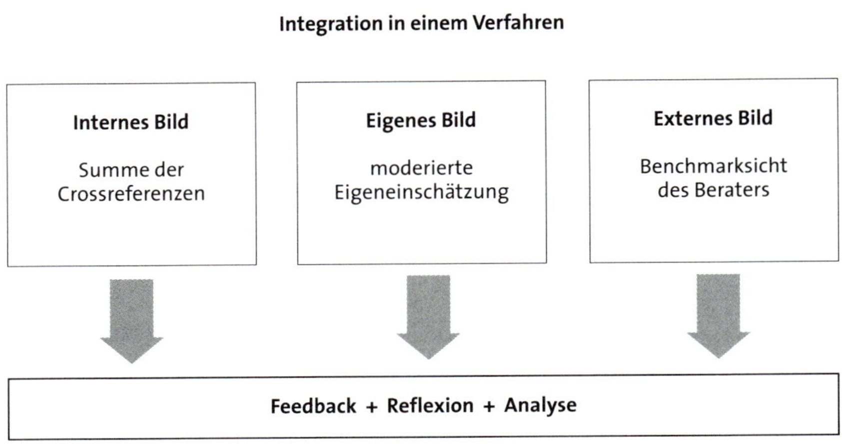

Abbildung 2: Integration in einem Verfahren

Es ist naheliegend, daß der Berater vor dem Hintergrund dieser Cross-Referenzen seinen Gesprächspartner bittet, nach den gleichen Kriterien eine Selbsteinschätzung abzugeben. Wer zwei Stunden Auskunft über Führungskollegen gibt, mit denen er teilweise täglich zusammenarbeitet, der hat den richtigen Bezugsrahmen, um sich selbst einzuordnen. Da bleibt vor den Augen des Beraters wenig Spielraum für unrealistische Phantasien. Das ist eine sachgerechte und faire Situation, um ein Committment zu formulieren.

Und schließlich bietet es sich an, daß der Berater das intensive Gespräch nutzt, um sich selbst über die Kompetenzstruktur seiner Gesprächspartner ein Urteil zu bilden. Während die Führungskraft zehnmal ausführlich über Qualitätsmerkmale von Führungskollegen spricht, kann der Berater genau daran vorermitteln, wie kompetent sein Gesprächspartner in einzelnen Themenfeldern ist. Durch Hinterfragen entsteht ein intensiver Erkenntnisdialog. Dieses Vorgehen hat den großen Vorteil, daß der Betroffene nicht mit einer persönlichen Testsituation konfrontiert wird. Der Berater kann ihn so viel besser kennenlernen als beispielsweise in Assessment-Situationen.

Treffsicherheit durch Vielfalt

Die hohe Treffsicherheit dieser Methode resultiert aus der Vielzahl von Perspektiven (zehn Cross-Referenzen, Selbsteinschätzung, Beratereinschätzung) und der Vielzahl spezifischer Merkmale, die das vorstrukturierte Interviewverfahren abfragt.

- Ein *einheitlicher Gesprächsleitfaden* garantiert:
  Systematik und Vollständigkeit,
  gleiche Inhalte und einheitliche Maßstäbe,
  Vernetzung der Merkmale,
  Fokussierung auf spezielle Probleme und Strategien des Unternehmens.

- Eine *flexible Gesprächsführung* garantiert:
  Detailgenauigkeit und Individualität,
  authentische Formulierungen im O-Ton,
  Kontrolle durch Hinterfragen,
  Moderation der Beurteilungsprozesse,
  Wahrnehmung von Fehleinschätzungen,
  Förderung der Verfahrensakzeptanz.

Der originäre Strukturierungsansatz des dreidimensionalen Verfahrens – die Integration interner, externer und eigener Sichtweisen – setzt neue Maßstäbe. Überkreuzeinschätzungen und Selbsteinschätzung machen die Betroffenen zu Beteiligten. Das verleiht dem Verfahren eine hohe Aussagekraft und Glaubwürdigkeit. Und durch die Beratereinschätzung gewinnt das Verfahren eine Benchmark-Perspektive bis hin zum Vergleich zwischen Unternehmen.

Treffsicherheit durch methodische Genauigkeit

Eine treffsichere Einschätzung von Führungskräften ist mehr als die Summe von Meinungen, deren Zustandekommen unbekannt ist. Der Berater muß eine überzeugende Antwort geben auf die Frage der Transformation von Wahrnehmungen in verbale und numerische Wertungen. Es kann nicht jeder für sich aus dem Bauch heraus entscheiden, welcher Zahlenwert mit bestimmten Wahrnehmungen und verbalen Wertungen korrespondiert.

Transformation: Wahrnehmungen → Worte → Zahlen

1. Mit einem einheitlichen Begriffskatalog werden die Wahrnehmungen in treffenden Begriffen abgebildet.

2. Mit einer numerischen Zuordnungsskala werden die Begriffe (verbale Wertungen) in numerische Wertungen umgesetzt.

Ein anderer weit verbreiteter Maßstabsfehler ist von vornherein auszuschließen. Erzielt derjenige die höchste Punktzahl, der seine derzeitige Funktion hundertprozentig ausfüllt? Das ist zwar eine gängige und bequeme Sichtweise, aber dieser konservative, funktionsorientierte Maßstab macht die Aussagen nicht addierbar und nicht vergleichbar. Gerade auf interpersonelle und Intercompany-Vergleichbarkeit darf aber nicht verzichtet werden.

Der Berater sollte sich schon die Mühe machen und einen absoluten Maßstab anlegen, eine Beurteilungsskala, die für alle Führungsebenen und -funktionen gilt. Dazu werden die Punkte auf der Zahlenskala inhaltlich entsprechend definiert. Ihre verbale Spezifizierung muß das ganze Spektrum der Managementqualitäten widerspiegeln. Dieser generelle Maßstab schafft die Voraussetzung für intra- und intercompany-Vergleiche. Die Moderation des Beurteilungsprozesses seitens des Beraters garantiert die konsequente Einhaltung dieses einheitlichen Maßstabs.

Nun ist die eingangs gestellte zweite Anforderung: „Das Verfahren muß auf Akzeptanz stoßen“ zu prüfen. Anfangs löst jede Art der Beurteilung bei den Betroffenen erst einmal Verunsicherung aus. Bei näherem Hinsehen fürchtet aber schon die Hälfte keine Risiken. Die andere Hälfte gibt zu, daß sie einerseits Unbehagen empfindet, obwohl sie andererseits auch mehr Transparenz und Offenheit fordert. Bei fast allen besteht die Einsicht, daß die Unternehmensleitung „eigentlich“ auf „so etwas“ nicht verzichten kann. Jede Diskussion mündet über kurz oder lang in zwei entscheidende Fragen:

1. Ist das Verfahren fair?

2. Was geschieht mit den Ergebnissen?

Akzeptanz durch Fairneß

Ausdrücklich als „nicht immer fair“ empfinden Führungskräfte:

- die „einsame“ Beurteilung allein durch den Vorgesetzten,
- die Schulbuch-Meßlatte der Assessment Center,
- das Standardschema „flinker“ Fragebogenaktionen,
- die eindimensionale Sicht traditioneller Management-Audits.

Es ist einfach nicht mehr zeitgemäß, von nur einer Person oder von einem Schema abhängig zu sein. Da eröffnet die dreidimensionale Managementportfolio-Analyse eine ganz andere Perspektive. Einer Befragung zufolge empfinden 90 Prozent der Beteiligten die Managementportfolio-Analyse als fair, und das ist nicht verwunderlich. Denn aus der Sicht der Fairneß gibt es keine Alternative zur eigenen Meinung plus der von zehn Führungskollegen plus der eines neutralen Beraters. Wenn man ein „Wenn schon Managementbeurteilung, dann so“ als Zustimmung gelten läßt, dann braucht ein Unternehmen sich um die Akzeptanz einer dreidimensionalen Managementportfolio-Analyse keine Sorgen zu machen.

Selten haben Führungskräfte das Gefühl, die „Wahrheit“ über sie dürfe auf keinen Fall ans Tageslicht kommen. Immer geht es zuerst einmal um die Fairneß des Verfahrens. Wer ein Verfahren als fair anerkennt, der steht auch den daraus abgeleiteten Maßnahmen positiv gegenüber. Alle verlangen zu Recht, daß das Verfahren ein objektives und differenziertes Bild liefern soll. Genau das leistet am besten der dreidimensionale Ansatz, der eine große Zahl der denkbaren Beurteilungsperspektiven in einem Verfahren vereint. Ein so entstandenes differenziertes Bild ist nie eine vernichtende Kritik. Das spüren auch die Beteiligten. Ein genaues Profil lokalisiert nicht nur den optimalen Einsatzort der Führungskraft, sondern verbessert auch deren persönlichkeitsprofil-genaue Führung und Entwicklung.

Akzeptanz durch Feedback

Je genauer der Einzelne darüber Bescheid weiß, wie er auf andere wirkt, desto besser kann er daraus lernen und den Erwartungen gerecht werden. Fester Bestandteil des Verfahrens sind deshalb die individuellen Feedback-Gespräche mit jedem Teilnehmer. Dieses Feedback höchst authentischer Ausagen (Cross-Referenzen) hat einen starken Coaching-Effekt. Es wird von den meisten Teilnehmern in hohem Maß als konstruktiv und hilfreich akzeptiert.

Was im Cross-Referenzverfahren A über B gesagt hat, wandert schon nach der Summenbildung am Schreibtisch des Beraters in den Reißwolf. Nur die anonyme Summe der Cross-Referenzen liegt vor. Und diese Aussagen sind wie folgt zu interpretieren:

- Es können Stärken und Schwächen sein, die dem jeweils Betroffenen durchaus bekannt sind. Die breit fundierte Information, daß und wie Stärken von anderen wahrgenommen werden, schafft Selbstbewußtsein und Motivation. Und die Reflexion darüber, daß die Schwächen vom Umfeld kritisiert werden, ermuntert den Betroffenen, Verhaltensmuster zu ändern, um Erwartungen besser gerecht zu werden.
- Es können auch verborgene Schwächen oder Stärken sein, die dem Einzelnen so nicht bewußt sind. Deren diskrete Offenlegung wird überwiegend als konstruktive Kritik aufgenommen. Öfter als man glauben mag, erfahren einzelne Führungskräfte auf diese Weise, daß man von ihnen mehr erwartet, weil man ihnen mehr zutraut. Auch bei Kritikpunkten kommt es häufig zu Überraschungen, die in der Regel positiv aufgenommen werden. Was der Einzelne dann wirklich damit macht, bleibt ihm überlassen. Er hat die Chance, daraus zu lernen. Wir haben die Erfahrung gemacht, daß die Cross-Referenzen niemanden ganz gleichgültig lassen, sondern immer „unter die Haut gehen". Das ist eine gute Voraussetzung dafür, daß sich Verhaltensmuster tatsächlich ändern.
- Es können aber auch kollektive Vorurteile sein. Das läßt sich nicht vermeiden und soll auch gar nicht vermieden werden, denn es ist wichtig, sie zu kennen. Gerade den Vorurteilen steht der Betroffene nicht gleichgültig gegenüber. Nur kurz hält die Verärgerung darüber

an, welche Irrtümer sich eingeschlichen haben. Spontan folgt die Reaktion, dem Vorurteil den Boden entziehen zu müssen. Der einzelne Teilnehmer akzeptiert, daß er den falschen Eindruck, den er offensichtlich hinterläßt, erst einmal kennen muß, um ihn zu vermeiden. Und er ist hochmotiviert, dies jetzt auch zu tun.

Die Erkenntnisse der Managementportfolio-Analyse müssen nicht offizieller Bestandteil der individuellen Personalakte werden. Es sind vielmehr Planungsunterlagen. Es geht der Firma gar nicht darum, Wissen über Führungskräfte in Personalakten anzuhäufen. Es geht darum, den einzelnen Führungskräften ein so authentisches Feedback zu geben, daß sie konstruktiv darauf reagieren und ihr eigenes Work out betreiben.

Die Managementportfolio-Analyse setzt mit den Feedback-Gesprächen einen Selbstoptimierungsprozeß in Gang. Das wird von den Teilnehmern so positiv aufgenommen, daß es keinerlei Akzeptanzprobleme gibt. Denn alles spielt sich sehr diskret zwischen Teilnehmer und Berater ab. Oft ergibt sich daraus ein regelrechtes Coaching- Verhältnis.

Work out-Prozeß setzt sich in Gang

Die dritte Machbarkeitsanforderung lautete: „einen nachhaltigen Veränderungsprozeß einleiten". Die Betrachtung der Feedback-Gespräche zeigte bereits, wie die Art der Analyse (Selbstanalyse) Veränderungsbereitschaft mobilisiert. Es entsteht geradezu ein gewisser „Einlassungszwang". Denn man muß sich einlassen auf die Lösung selbsterkannter und selbstbenannter Probleme. Die Manangementportfolio-Analyse zeichnet in numerischen und verbalen Kategorien ein genaues Bild der Schwächen und Stärken

- einzelner Führungskräfte,
- einzelner Führungsteams und
- der Führungsmannschaft insgesamt, der Führungskultur.

Die Summierung aller Cross-Referenzen, Eigen- und Beratereinschätzungen wird dargestellt als „Kernaussagen über die strukturellen Stärken und Schwächen". Das dreidimensionale Verfahren verleiht dieser Darstellung eine hohe Aussage- und Beweiskraft, denn es ist keine

Sammlung abstrakter Meinungen, es ist die Summe der konkreten personenbezogenen Einschätzungen.

Wenn z.B. ein externer Berater 50 Führungskräfte befragen würde: „Wie steht es mit der Zivilcourage, sich untereinander auf Fehler und Fehlentwicklungen hinzuweisen?“, dann hätte er als Antwort die Summe von 50 abstrakten Meinungen, bei denen er nicht genau weiß, wie die 50 Befragten zu ihrem summarischen Urteil gekommen sind. Das Cross-Referenz-Verfahren bei 50 Führungskräften zur gleichen Frage liefert die Summe von 50 x 10 konkreten Überkreuzeinschätzungen, bei denen sich jeweils eine Führungskraft das Zivilcourageverhalten einer anderen konkret vor Augen führt. Die große Zahl (500) und die konkrete Fokussierung auf Einzelpersonen verleiht dieser Methode eine überlegene Aussagekraft.

Dieser Bericht über die strukturellen Stärken und Schwächen der Führungsmannschaft wird allen Teilnehmern zur Verfügung gestellt, um im Rahmen einer Feedback-Konferenz die Rahmenbedingungen und Spielregeln der Zusammenarbeit zu überdenken und besser zu verabreden. Es gibt Unternehmen, die sich schon allein wegen dieser Nutzanwendung für die Durchführung einer Managementportfolio-Analyse entschieden haben.

Die Erfahrung zeigt immer wieder, daß durch die Analyse des Managementportfolios das Programm für ein Work out vorstrukturiert wird. Analyse und Entwicklung sind eng verzahnt. Es eröffnen sich neue Optionen, weil die dazu erforderlichen Erkenntnisse geliefert werden.

Die Handlungspalette ist breit:

1. Optimierung der Führungsressource,
2. Re-Allokation der Führungskräfte,
3. persönlichkeitsprofilgenaue operative Führung,
4. Input für die Führungskräfteentwicklung,
5. Verbesserung der Rahmenbedingungen,
6. Reflexion sog. heimlicher Spielregeln,
7. Offenlegung interner Konfliktstrukturen,
8. Mobilisierung von Leistungsreserven,
9. Risikoeinschätzung operativer Planungen,
10. Abschätzung strategischer Problemlösungskompetenz.

To do-Liste für ein Management-Work out

Wer eine Führungsmannschaft haben will, die von sich sagt „Komme was da wolle, wir sehen es zuerst, wir reagieren darauf schneller, finden die bessere Lösung und setzen sie konsequenter um als andere“, für den ist eine Managementportfolio-Analyse kein „nice to have“, sondern ein „need to have“. Sie ist mehr als Analyse. Sie ist mit den Feedback-Gesprächen und der Feedback-Konferenz bereits Teil des Veränderungsprozesses. Und sie liefert Informationen für ein umfassendes Management Work out-Programm. Es hat sich bewährt, die möglichen Nutzanwendungen mit der folgenden To do-Liste systematisch durchzuchecken.

1. Risikoanalyse, operative Kompetenz

Das Managementrisiko ist nicht länger ein pauschales Restrisiko. Denn die Managementportfolio-Analyse zeigt authentisch, wo die Führungsmannschaft selbst ihre operativen Stärken und Schwächen sieht. Das kann punktueller und individueller Natur sein, aber auch funktionale oder allgemeine Bedeutung haben. Man wird Optionen zur Stärkung der operativen Kompetenz erkennen und nutzen.

2. Wettbewerbsstatus, strategische Kompetenz

Weitergehend ist die strategische Kompetenz einer Führungsmannschaft. Hier ergibt sich der Handlungsbedarf aus dem Vergleich von Status quo-Profil und strategischem Anforderungsprofil. Die Führungsmannschaft selbst erkennt oft strategische Schwächen nicht, da sie zu stark operativ orientiert ist. Die Managementportfolio-Analyse zeigt aber deutlich, ob strategische Erfolgsfaktoren mit einer adäquaten Managementqualität hinterlegt sind.

3. Führungsressource, personelle Kompetenz

Niemand zieht in Zweifel, daß jetzt die Frage: Sind die Führungspositionen richtig besetzt? beweiskräftiger denn je beantwortet werden kann und daß entsprechend gehandelt wird. Wo man den Handlungsbedarf auch ohne Managementportfolio-Analyse kennt, sollte man vorher tätig werden und das Klima des Work out nicht mit zu vielen Austrittsfällen belasten. In der Praxis wird tatsächlich auch so verfahren, um den offensiven Charakter der Managementportfolio-Analyse nicht zu trüben.

4. Allokation, Teamkompetenz

Die internen Potentiale können durch Versetzungen und Beförderungen besser genutzt werden. Ursache dafür ist nicht nur das bessere Erkennen persönlicher Stärken, sondern auch das Erkennen von Optimierungsbedarf bei den Führungsteamstrukturen. Die flächendeckende Analyse erlaubt ein Austarieren des bereichsübergreifenden Gebens und Nehmens im unternehmerischen Gesamtinteresse.

5. Operative Führung, Steuerungskompetenz

Wer mehr über seine Führungskräfte weiß, der kann sie noch besser steuern. Die Managementportfolio-Analyse liefert neues Detailwissen, um Stärken konsequenter zu nutzen und Schwächen kooperativ auszugleichen. MbO-Vorgaben können profilgenau auf die Persönlichkeit bezogen abgefaßt werden. Dadurch werden Performancerisiko einerseits und Mißerfolgsfrustration andererseits vermindert.

6. Schulungsmaßnahmen, Entwicklungskompetenz

Der ganz konkrete persönliche Entwicklungsbedarf ist durch Überkreuz-, Selbst- und Beratereinschätzung beweiskräftig dokumentiert. Schon im Feedback-Gespräch übernehmen die meisten Teilnehmer die Verantwortung, diese Defizite in Eigeninitiative zügig abzuarbeiten.

7. Wissensmanagement, Fachkompetenz

Genauso deutlich werden auch die Wissensdefizite erfaßt, denen man mit gemeinsamen Lernprozessen begegnen muß. Nicht selten sind alle erstaunt, welche Probleme sich offenbaren. Und in der Regel sind alle Beteiligten hoch motiviert, ohne Aufschub die gemeinsame Wissensbasis gezielt zu stärken.

8. Spielregeln, soziale Kompetenz

Die Teilnehmer nutzen den Bericht über die strukturellen Stärken und Schwächen, um die Spielregeln der Zusammenarbeit zu verbessern. Hier sehen alle den größten Verbesserungsbedarf. Die kritische Aufarbeitung liegt vor, man kann sofort mit dem konstruktiven Verbessern starten. Die Unternehmensleitung wird diesen Diskussionsprozeß nutzen, um plausibel zu machen, wie sie in Zukunft konsequenter auf die Einhaltung der Spielregeln achten wird.

9. Rahmenbedingungen, Veränderungskompetenz

Nicht nur schlechte Spielregeln, sondern auch falsche oder fehlende Rahmenbedingungen können die Leistungsentfaltung beeinträchtigen. Wer Spitzenleistung fordert, muß auch optimale Rahmenbedingungen schaffen. Andererseits dient das Argument der schlechten Rahmenbedingungen oft auch nur als Alibi. Damit ist jetzt Schluß. Denn die Managementportfolio-Analyse fragt keine Pauschalurteile ab, sondern summiert die spezifischen personenbezogenen Aussagen über die Rahmenbedingungen zu einem Gesamtbild. Nicht selten staunen beispielsweise alle Beteiligten, daß in Summe aller konkreten Einzelfälle die Rahmenbedingungen stimmen. Ist dies aber nicht der Fall, dann hat man hier die beweiskräftige Analyse, was zu ändern ist.

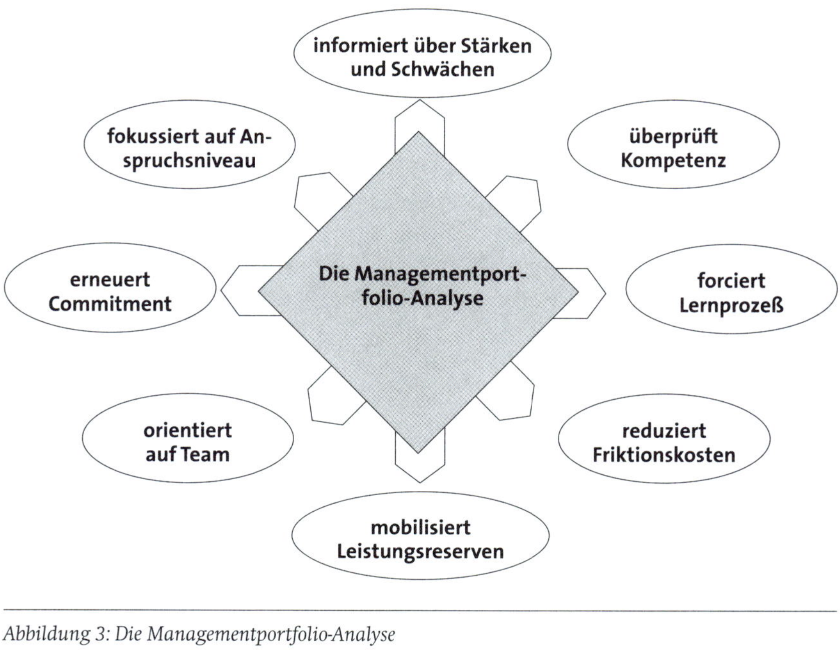

Abbildung 3: Die Managementportfolio-Analyse

10. Committment, Führungskompetenz

Der Management Work out-Prozeß läuft auf ein neues gemeinsames Committment hinaus. Denn das Problembewußtsein der Teilnehmer wird auf ein höheres Anspruchsniveau gehoben. Es sind die von den Teilnehmern selbst erkannten Soll-Ist-Abweichungen, die es nun zu meistern gilt. Die gleichwertige Betonung individueller und gemeinsamer Anstrengungen vermittelt ein Gefühl des fairen Gebens und Nehmens im Dienste des gemeinsamen Erfolgs.

Anwendungsbeispiele

Jedes Unternehmen fährt in jeder Situation besser, wenn es die Eignungsstrukturen und Verhaltensmuster seiner Führungsmannschaft auf breiter Basis gut kennt und aktiv weiterentwickelt. Aber es gibt auch besondere Situationen, die der Analyse des Managementportfolios eine hohe Aktualität verleihen.

1. Führungswechsel

Das größte Handicap eines jeden neuen Vorsitzenden ist: Er kennt seine Führungsmannschaft noch nicht gut genug. Und eigentlich hat er nicht die Zeit, sie im Trial and Error-Verfahren kennenzulernen. Mit dem Wissen einer Managementportfolio-Analyse könnte er von Anfang an gezielter führen, sicherer entscheiden, besser umsetzen, viel Zeit sparen und Risiken reduzieren. Die Informationsbeschaffung via Managementportfolio-Analyse signalisiert keineswegs Mißtrauen. Ganz im Gegenteil. Was wollen die Führungskräfte mehr, als gemeinsam in fairer Form über sich selbst Auskunft zu geben?

2. Restrukturierung

Die Annahme, daß neue Strukturen und Prozesse von der jeweils bestehenden Führungsorganisation gemeistert werden, ist bequem, aber nicht realistisch. Besser ist die systematische und konsequente Vorgehensweise: „Hefte die neue Organisationsstruktur an die Wand, lege die Analyse des Managementportfolios auf den Tisch und ordne nach Optimierungskriterien die Personen den Funktionen zu“. Niemand wird ein Argument gegen eine derart rationale und faire Neubesetzung bezie-

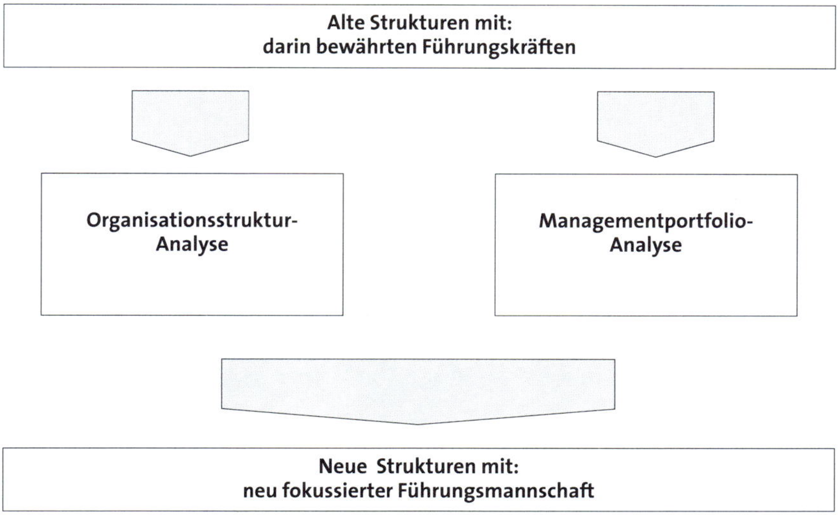

Abbildung 4: Restrukturierung

hungsweise Bestätigung der Führungspositionen finden. Welche Optimierungskriterien dabei angewendet werden, ist ein anderes Thema.

3. Change Management

Das Management von Veränderungsprozessen braucht Eignungsmuster, die in den alten Strukturen nicht vorrangig gefragt waren. Eine Umstrukturierung der Führungsaufgaben liegt daher in der Natur der Sache. Aber wer hat das Wissen und ist frei von persönlichen Interessen, um die richtigen Vorschläge zu machen? Eine Managementportfolio-Analyse identifiziert die Change-Potentiale, die man sucht, und sie mobilisiert Veränderungsbereitschaft.

4. Sanierung

Der sogenannte „mentale turnaround“ beginnt bei den Führungskräften. Die alten Verhaltensmuster müssen auf den Tisch und kritisch hinterfragt werden. Eine Managementportfolio-Analyse liefert schnell, fair und vorbehaltlos die Transparenz, die man für eine umfassende Mobilisierung der Reserven braucht.

5. Zentrale Führungskräftepolitik

Dezentrale Ergebnisverantwortung bedeutet auch dezentrale Personalpolitik und damit personalpolitischen Profitcenter-Egoismus. Das Profitcenter wird die Zentrale nie und nimmer zutreffend über seine personellen Potentiale informieren, das wäre schlicht „unlogisch". Wer dennoch eine auch nur annähernd respektable zentrale Führungskräftepolitik betreiben will, der braucht ein zuverlässiges Informationsinstrument, das alle Beteiligten als fair und sachgerecht akzeptieren können: eine neutrale Analyse des gesamten Führungsportfolios.

6. Interne Konflikte

Wenn die Führungskräfte mehr untereinander konkurrieren als mit dem Wettbewerb (sogenannte „Binnenkonkurrenz"), wenn interne Konflikte die Abläufe stören, wenn heimliche Spielregeln die offiziellen Verfahrensregeln austricksen, dann wird niemand das heiße Eisen anpacken. Jede Lösung dieses Problems bedarf zunächst einmal einer beweiskräftigen Transparenz. Und die liefert diskret, konsequent und fair die Managementportfolio-Analyse, ohne Beteiligte zu verletzen. So gewinnt man die Plattform für die konstruktive Lösung interner Konflikte.

7. Fusion

Führungsmannschaften werden im Rahmen einer Fusion oft einfach addiert. Besser wäre es, sie zu integrieren. Das wird um so besser und schneller gelingen, je besser man sie im Detail kennt. Aber genau da liegt das Problem. Wer nicht von Anfang an in professioneller Form unparteiisch für Transparenz sorgt, der handelt sich die Austragung lähmender Interessenkonflikte ein und endet in einer Fehlallokation der Führungspotentiale. Die Managementportfolio-Analyse liefert hier eine faire Inventur nicht nur der Führungspotentiale, sondern auch der Führungskultur. Fadenscheinige Verweise auf goldene alte Zustände sind damit ausgeschlossen. Dies ist eine beweiskräftige Informationsbasis für einen systematischen Post Merger Integration Process.

8. Unternehmensbewertung

Wer in der Unternehmensbewertung die Qualität des Managementportfolios als unkalkulierbares Restrisiko behandelt, der muß sich nicht wundern, wenn es dann ganz anders kommt. Strukturen und Strategien sind nicht alles. Entscheidend ist die Führungsmannschaft auf breiter Basis. Sie entwickelt aus dem Status quo die Zukunft. Ein Due Diligence-Verfahren hat nur dann Top-Qualität, wenn es die Erkenntnisse einer Managementportfolio-Analyse integriert.

9. Risikomanagement

Wie man „financial risks“ und „business risks“ kalkuliert, ist hinlänglich bekannt und gut eingeübt. Ganz anders das „management risk“, es wird bislang zu wenig beachtet. Viele Tabus halten die Unternehmen davon ab, ihr Managementportfolio und die Entwicklung ihres Managements einer Risikoanalyse zu unterwerfen und entsprechend zu optimieren. Diese Ängste sind nicht länger stichhaltig. Treffsicherheit der Analyse und Akzeptanz des Verfahrens sind machbar.

10. Shareholder value

Wer einen hohen Shareholder value haben will, der braucht einen hohen Management value auf breiter Basis.

Quintessenz

Die Analyse des Managementportfolios ist nicht länger ein Tabu. Sie bringt Bewegung in eine bessere Nutzung und konsequente Entwicklung der Führungspotentiale. Sie mobilisiert unmittelbar Leistungsreserven, und sie wird von den Beteiligten als fair und hilfreich akzeptiert.

Wer mehr dafür tun will, daß ein Unternehmen seine Ziele und Pläne wirklich realisiert, der muß in Analyse und Work out des Managementportfolios investieren. Das ist viel besser und leichter machbar, als man glauben mag. Man muß es nur richtig angehen.

III

Erfahrungsberichte

Aus der Sicht eines Personalvorstands

Kurt Lange
Bewag AG, Berlin[1]

Überblick

- Das Management-Audit wird am Beispiel eines Berliner Unternehmens der Energiewirtschaft als Instrument zum Übergang in den Wettbewerb beschrieben. Es soll die Einstellung auf den Wettbewerb bei den Führungskräften und bei den Mitarbeitern voranbringen und so den Unternehmenswandel vertiefen und beschleunigen.
- Die Erwartungen an und die Ergebnisse des Management-Audit werden am exemplarischen Fall dargestellt, überprüft und zueinander ins Verhältnis gesetzt. Im Mittelpunkt steht dabei die Wirkung des Instruments auf den Unternehmenswandel im Ganzen.
- Das Management-Audit erwies sich als ein gut geknüpftes Netz, das sich bei der Ermittlung von „high potentials" bewährt hat. Es wurde zu einem der Schwungräder des Unternehmenswandels und garantiert einen Tempozuwachs bei der Einstellung auf den Wettbewerb.

---

1 Der Autor ist dort nicht mehr tätig.

I

Der Berliner Energieversorger Bewag hatte 1998 fast 100 Führungskräfte, davon etwa 15 Hauptabteilungsleiter und über 80 Abteilungsleiter/innen für annähernd 7800 Beschäftigte – das war zwar kein ganz normales Verhältnis, aber auch nicht ganz so ungewöhnlich für eine Branche wie die Stromwirtschaft, die gestern noch in der Lage war, Produkte und Dienstleistungen in gesicherten Märkten erstellen, anbieten und verkaufen zu können. Doch die Umfeldbedingungen haben sich schnell und radikal geändert, und diese Änderungen trafen mit besonderer Schärfe die Bewag.

Mit der schlagartigen und kompletten Marktöffnung und den in der Energieversorgung vorhandenen Überkapazitäten erfolgte innerhalb kürzester Zeit ein enormer Preisverfall. Die Folge war, daß in der gesamten Branche die Zahl der Beschäftigen nicht zu halten war, es sei denn, die Einkommen der Mitarbeiter würden rapide sinken. Und das war kaum denkbar, geschweige denn umsetzbar – schon gar nicht in einer Großstadt wie Berlin.

Vorstand, Führungskräfte, Mitbestimmung und Gewerkschaften wurden sich einig: Sollte dieser Anpassungsprozeß ohne betriebsbedingte Kündigungen bewältigt werden, und zwar mit den Mitarbeitern und nicht gegen sie, müssen alle Instrumente der Personalplanung auch für Führungskräfte genutzt, die Bildung von Schutzzonen verhindert und „die Treppe von oben gekehrt werden“.

Wenn die Beschäftigung verringert werden muß, dann müssen auch der Umfang der Abteilungsleiterstellen angepaßt und die Zahl der Hauptabteilungsleiter überprüft werden. Dabei sollte auf keinen Fall die Axt des Zufalls das Heft in die Hand bekommen. Ein weitgehend zuverlässiges Verfahren wurde gesucht. Es mußte bei den Führungskräften ansetzen und bis vor Ort durchwirken: Das Management-Audit schien die Lösung zu sein, hatte es doch den Charme, „mehrere Fliegen mit einer Klappe zu schlagen“.

II

Für alle Beteiligten war von Anfang an das Management-Audit keineswegs nur ein Instrument zur Neujustierung des Verhältnisses von Führungskräften und Mitarbeitern. Es sollte vor allem und in erster Linie dazu dienen, eine Veränderung der Einstellung zum Unternehmen zu fördern, die mit der Öffnung der Märkte überlebensnotwendig geworden war. Und mit dieser Veränderung mußte – frei nach der Erkenntnis, daß der Fisch vom Kopf her stinkt – in der Führungsetage begonnen werden.

Bisher galt der Kunde, der bekanntlich auch auf den Preis achtet, als bloßer Verbraucher und daher als preisunempfindlich. Vorrang hatten Sicherheit und Technik. Im Denken der Mitarbeiter und Führungskräfte schien nicht das Unternehmen auf den Kunden, sondern der Verbraucher auf den Versorger angewiesen zu sein. Folglich sahen sie ihre Pflicht allein darin, die Versorgungssicherheit auf höchstem technischen Niveau zu garantieren, koste es, was es wolle!

Jetzt aber entscheidet der Markt. Und auf diesem Markt wählt sich der Kunde sein Unternehmen und entscheidet aufgrund der Überversorgung in der Branche mit über den Preis. Quasi von heute auf morgen mußten Mitarbeiter und Führungskräfte statt an Verbraucher, Sicherheit und Technik an Kunden, Preise und Dienstleistungen denken.

Dieser Druck auf den Unternehmenswandel wurde durch den Zeitfaktor verstärkt. Marktöffnung und Wettbewerb setzten nicht schritt- und scheibchenweise, sondern in einem Sprung und ohne Einschränkungen ein. Jetzt galt nicht nur, daß den, der zu spät kommt, das Leben bestraft, sondern auch der kam zu spät, der mit der Zeit ging. *Rechtzeitig sein* hieß von nun an, seiner Zeit voraus zu sein! Zu einer Lösung der damit verbundenen Probleme sollte das Management-Audit beitragen.

III

So wie das Management-Audit die Veränderung der Einstellung im Unternehmen beschleunigen sollte, so sollte es auch noch einem anderen Wandel im Unternehmen zum Durchbruch verhelfen, und zwar auf drei sehr unterschiedlichen Ebenen: Der Wandel betraf die traditionelle Bindung der Mitarbeiter an das Unternehmen, die Orientierung auf den angestammten Arbeitsplatz und die informelle Hierarchie im Unternehmen.

Die übergroße Mehrzahl der Mitarbeiter ebenso wie die meisten Führungskräfte waren in das Unternehmen eingetreten, als es noch allein als technisch hochversierter Versorger galt und in gesicherten Märkten arbeiten konnte. Die Wahl des Arbeitsplatzes war daher auch von Sicherheitsüberlegungen geprägt. Von diesen Mitarbeitern und besonders von den Führungskräften wurde jetzt erwartet, die beständigen Veränderungen nicht nur zu akzeptieren, sondern mitzugestalten. Diese Mitarbeiter auf den Weg in die Normalität des Wettbewerbs mitzunehmen stellte eine große Herausforderung an die Führungskräfte dar, waren sie doch selbst von dieser traditionellen Bindung an das Unternehmen geprägt.

Mit Hilfe des Management-Audits sollte über die Veränderungen in der Führung sichtbar gemacht werden, daß das Vertrauen auf die Arbeitsplatzsicherheit durch das Vertrauen auf ein geeignetes Niveau der eigenen Qualifikation abgelöst wird, das in Zukunft allein Beschäftigung garantieren kann.

Neben der Orientierung auf die Sicherheit des Arbeitsplatzes war eine starke Fixierung auf den angestammten Arbeitsplatz vorhanden. Die Übernahme von gleichen Tätigkeiten an anderer Stelle im Unternehmen und erst recht die Übernahme von anderen Tätigkeiten, stieß auf Widerstand bei den Betroffenen. Wenn jetzt die Führungskräfte als ein Ergebnis des Management-Audits von einer Führungsaufgabe entbunden und für anderer Aufgaben eingesetzt werden, sollte das auch ein Signal an alle Mitarbeiter sein, sich im Rahmen der Personalentwicklungsmaßnahmen für neue Aufgaben bereitzuhalten.

Der vom Wettbewerb erzwungene Wandel verlangte, daß im Unternehmen die Freude am Können mit dem Spaß an neuen Aufgaben möglichst zügig gleichgestellt wurde. Auch hier sollte das Management-Audit auf seine Weise einen Beitrag leisten. Und noch ein weiterer Beitrag wurde erwartet. Die informelle Hierarchie im Unternehmen war aufgrund der Unternehmensgeschichte stark von der Dominanz von Technik und Sicherheit geprägt. Techniker und Ingenieure hatten die Hegemonie über Organisations- und Investitionsentscheidungen. Zwar bestimmten sie nicht allein, welche Entscheidung zu treffen war, aber sich ihrer Haltung zu widersetzen, war nur bei hoher Risikobereitschaft der anderen Beteiligten möglich.

Das Management-Audit sollte auch hier neue Signale setzen. Wenn z.B. in den Führungsetagen Finanzen und Technik gleichberechtigt am Unternehmensziel arbeiten, würde sich diese Form der informellen Hierarchie auflösen. Und das war nötig, denn der Markt verlangte einen völlig neuen Ausgleich zwischen dem technisch und dem preislich Möglichen.

IV

Wie stark der Veränderungsdruck auf die Berliner Energieversorger Bewag wirkte, zeigt ein Blick auf die Besonderheiten dieses Unternehmens: Sein Kraftwerkpark im Westteil der Stadt war auf die Inselversorgung ausgelegt und wegen der deshalb erforderlichen kleinen Einheiten betriebswirtschaftlich sehr teuer. Im Ostteil der Stadt fehlten die Umweltschutzinvestitionen, die bei der Nachrüstung einen hohen Kapitaleinsatz erforderlich machten. Seine Netze waren ohne Ost-West-Verbindung und konnten nur unter enormen Investitionsanstrengungen neu geordnet werden. Zudem bietet das Unternehmen aufgrund der Stadtlage kraftwärmegekoppelten Strom an, der umweltpolitische Nutzen muß bekanntlich mit höheren Kosten bezahlt werden. Und es muß sich auf einem Markt behaupten, der wegen seiner besonderen Attraktivität stärker umkämpft ist als andere Märkte: in Berlin, der Hauptstadt.

Die Einführung des Wettbewerbs in der Energieversorgung machte daher für dieses Unternehmen Entscheidungen erforderlich, die weit über das hinausgingen, was üblicherweise in Wettbewerbsunternehmen als Unternehmenswandel verstanden wird und was in anderen Energieversorgungsunternehmen zur Einstellung auf den Wettbewerb erforderlich war. Es ist aus diesen Gründen verständlich, wenn an die Vorbereitung, Durchführung und Ergebnisse des Management-Audit besondere Anforderungen gestellt wurden.

V

Ein weiterer Aspekt muß im Zusammenhang mit dem Management-Audit erwähnt werden. Er bildet gewissermaßen die innerbetriebliche Matrix, auf die das Verfahren aufgesetzt wurde und die für seinen Erfolg von essentieller Bedeutung war: Die Klärung der naturgemäß sehr unterschiedlichen Positionen der innerbetrieblichen Partner.

Unter den Berliner Besonderheiten mußte die Art und Weise der Wettbewerbseinführung im Vorstand der Berliner Bewag zwei Faktoren für den Unternehmenswandel in den Vordergrund rücken: den Umfang des Wandels und die Zeit für den Wandel. Es machte sich die Sorge breit, im Rahmen der Mitbestimmung nur zu Entscheidungen auf dem kleinsten gemeinsamen Nenner zu gelangen und so mit den Anforderungen des Wettbewerbs nicht Schritt halten zu können. Und aufgrund des Zeitdrucks kam die Sorge hinzu, ob Entscheidungen gerade dort noch rechtzeitig umsetzbar sein würden, wo langwierige Abstimmungsprozesse mit der Mitbestimmung von Rechts wegen und aus der Kultur der Vergangenheit unvermeidlich sind.

Seitenverkehrt spiegelten sich in den innerbetrieblichen Mitbestimmungsgremien der Mitarbeiter vergleichbare Sorgen: Würde nicht der gewaltige Umfang des erforderlichen Wandels die Bereitschaft der Mitarbeiter zur Veränderung überfordern? Und würde nicht der Zeitdruck dazu führen, wichtige Anliegen der Mitarbeiter zu vernachlässigen?

Die Gefahr vor Augen, im gemeinsamen Boot sowohl mit unterschiedlicher Geschwindigkeiten zu fahren als auch in unterschiedliche Richtungen zu steuern und damit möglicherweise auf ein Riff zu laufen, zwang alle Verantwortungsträger, sich auf gemeinsame Grundsätze zu verständigen: Nicht der kleinste gemeinsame Nenner, sondern die beste Lösung für alle Kunden sollte im Mittelpunkt stehen, und die notwendige Zeit zur Abstimmung sollte durch die im Anschluß konfliktfreiere und daher kürzere Zeit für die Umsetzung von Entscheidungen mehr als ausgeglichen werden.

VI

Der äußere Anlaß für die Entscheidung des Vorstandes, den Führungskräften ein Management-Audit anzubieten, war die Änderung der Unternehmensstruktur. Das Unternehmen war bis zu diesem Zeitpunkt in Hauptabteilungen und Abteilungen gegliedert, deren Leitung dem jeweiligen Vorstand direkt unterstellt war.

Jetzt wurden Center gebildet, die wettbewerbsfähige Strukturen schufen, zu marktgerechten Leistungen beitragen und unternehmerisches Denken fördern sollten. Ihre Zahl unterschritt deutlich die Zahl der Hauptabteilungen, und ihre Unternehmensziele waren am Prinzip des

„Target Costing" orientiert. Damit änderten sich die Anforderungen an diese Führungsebene auf eine Weise, die eine grundsätzliche Neuauswahl erforderlich machte. Das Anforderungsprofil wurde in sieben Punkte gegliedert.

1. Unternehmerischer Erfolgswille
2. Verständnis für das Geschäft und die Wettbewerbsdynamik
3. Kundenperspektive
4. Konzeptionelles Denken und Strategiekompetenz
5. Kooperationsverhalten und partnerschaftliche Arbeitsteilung
6. Führungs- und Sozialkompetenz
7. Wertorientierung/Persönlichkeit/Wirkung

Abbildung 1: Anforderungsprofil für Führungskräfte

Auf dieser Grundlage sollte das Management-Audit durchgeführt werden. Nach der Durchführung wurden Resultate erwartet, die sich in fünf Punkte zusammenfassen lassen:

- Stärken- und Schwächenprofil für jeden Teilnehmer mit entsprechend ausführlicher Dokumentation
- Ressortübergreifende Abstimmung der Potentialeinschätzungen und Entwicklungsoptionen
- Gesamtprofil aller Führungskräfte, die am Management-Audit beteiligt waren
- Fundierte Grundlagen für Besetzungsentscheidungen
- Planungsgrundlage für die weitere Entwicklung der Potentiale

Abbildung 2: Erwartete Resultate

VII

Der Vorstand wollte mit dem Management-Audit eine an den neuen Anforderungen orientierte Einschätzung der Potentiale des zukünftigen Top-Managements erreichen. Und obwohl offiziell nicht beteiligt, engagierte sich die innerbetriebliche Mitbestimmung, schlug ihrerseits Kriterien, Ziele und Personen vor und erwartete im weiteren Verlauf des Veränderungsprozesses eine umfassende und auf alle Aspekte abgestimmte Mitarbeiterbefragung. Auch die Führungskräfte waren in die Vorplanung zum Management-Audit integriert und erwarteten eine qualitativ hochwertige und individuelle Einschätzung ihrer Person und eine Standortbestimmung ihrer zukünftigen Rolle im Unternehmen. Im Ergebnis aller Diskussionen kam es zur folgenden Vorgehensweise beziehungsweise zu folgendem Prozeß (siehe Abbildung 3 und 4):

- Die Vorstände bestimmen und informieren die Kandidaten, die am Management-Audit teilnehmen werden.
- Die Kriterien, die dem Audit zugrundeliegen, werden von internen Mitarbeitern und einer externen Unternehmensberatung in Absprache mit den Vorständen ausgearbeitet.
- Die Einzelinterviews (2 x 3 Stunden) werden von internen Mitarbeitern und externen Beratern durchgeführt.
- Alle Ergebnisse werden auf einer Führungskonferenz mit allen Vorständen diskutiert.
- Der Vorstand ergänzt die Ergebnisse des Audits um die Perspektive der eigenen Erfahrungen aus dem unternehmerischen Alltag.
- Jeder Teilnehmer erhält zeitnah nach Abschluß des Management-Audits Feedback vom zuständigen Mitglied des Vorstands.
- Auf der Grundlage der Ergebnisse der Führungskonferenz wählt der Vorstand die Centerleiter aus.

Abbildung 3: Die Vorgehensweise

Abbildung 4: Der Prozeß

VIII

Heute hat der Berliner Energieversorger Bewag seinen Vorstand verkleinert und noch rund 70 Manager, davon 10 Top-Manager, beschäftigt. Sie sind als Centerleiter für den wirtschaftlichen Erfolg ihres Centers verantwortlich und mit weitgehenden Kompetenzen ausgestattet.

Dennoch kann keine Rede davon sein, daß das Management-Audit zu einer Neubestimmung des Verhältnisses von Management und Mitarbeitern beigetragen hätte. Denn die Zahl der Mitarbeiter war ebenfalls gesunken, und zwar auf ca. 5.500. Aber nicht nur das, die Sache mit dem Management-Audit sollte sich insgesamt als komplizierter erweisen.

Das Management-Audit zeigte nämlich ein Ergebnis, mit dem vorab niemand gerechnet hätte. Es zeigte trotz strengster Kriterien einen Umfang des Managementpotentials im Unternehmen an, das die Erwartungen aller Beteiligten überstieg, und es deckte gleichzeitig, bezogen auf die Zahl der Kandidaten für das Top-Management, ein deutliches Defizit auf.

Damit stand das Unternehmen vor einem Problem. Der natürliche Gang der Dinge hätte erfordert, aus der großen Zahl der High Potentials Schritt für Schritt Top-Manager zu entwickeln. Dafür aber fehlte die Zeit. Das Defizit mußte sofort durch Neueinstellungen ausgeglichen werden. Das hatte Rückwirkungen auf die High Potentials. Aufgrund der Neueinstellungen veränderten sich in vielen Fällen deren Entwicklungschancen. So ging ein Teil dieses Managementpotentials dem Unternehmen deshalb verloren, weil sich geplante Karrieren nicht verwirklichen ließen. In der Folge „zahlte das Unternehmen drauf", es verlor Managementpotential, das dringend gebraucht wurde, und mußte Top-Manager einstellen, die intern hätten entwickelt werden können.

IX

Das Management-Audit hatte jedoch in einem wichtigen Punkt die erwünschte Signalwirkung und beschleunigte damit den Unternehmenswandel erheblich. Der überraschend hohe Umfang des Managementpotentials signalisierte, wie stark sich bei den ehemaligen Führungskräften die Einstellung im Hinblick auf den Wettbewerb schon verändert hatte.

Infolge des Management-Audits wurden bei den Beteiligten jetzt Kräfte freigesetzt und gefördert, mit denen der Wille zum Wettbewerb und der Glaube an den Erfolg des Unternehmens engagiert an die Mitarbeiter weitergegeben werden konnte. Dabei stießen die Führungskräfte in den allermeisten Fällen auf weitgehende Zustimmung. Im ganzen gesehen schien das Engagement des Managements auf die große Mehrzahl der Mitarbeiter befreiend zu wirken.

Den Boden für die Entwicklung hatte auch die innerbetriebliche Mitbestimmung bereitet. Sie hatte in der Vergangenheit an vielen Stellen der betrieblichen Öffentlichkeit darauf hingewiesen, daß ihr die notwendige Umstellung auf den Wettbewerb bei manchen ehemaligen Führungskräften zu langsam gehe, oder sie hatte auf Maßnahmen gedrängt, die ihrer Meinung nach die Wettbewerbsfähigkeit des Unternehmens fördern würden. Dazu gehörte, alles zu tun, um die Orientierung auf die Kundenzufriedenheit zu fördern und die Haltung der Mitarbeiter zur Dienstleistung zu verbessern. Es lag in der Natur der Sache, daß mit der Nähe zu den konkreten Verhandlungen über den Personalabbau und insbesondere nach den Verhandlungsergebnissen die Vertreter dieser Position in die Minderheit gerieten. Aber ein Zurück hinter einmal geäußerte Positionen war nur noch unter Aufgabe der Glaubwürdigkeit möglich und daher langfristig nicht durchzuhalten. Das Schwungrad des Unternehmenswandels war in Bewegung und jetzt auf ein höheres Tempo gebracht worden.

X

So positiv diese Entwicklung auch sein mochte, die Erwartungen an das Management-Audit waren größer. So trug es zwar dazu bei, bei den Mitarbeitern die Erkenntnis zu stärken, daß nur das erforderliche Niveau der eigenen Qualifikation Beschäftigung sichern kann, aber ihr emotionaler Anspruch, der eigene Arbeitsplatz habe sicher zu sein, blieb trotz der beispielfördernden Exempel aus dem Management weitgehend ungebrochen. Kaum Einfluß hatte das Audit z.B. auch auf die Einstellung der Mitarbeiter zum Wechsel vom angestammten auf einen anderen Arbeitsplatz im Unternehmen. Von einer Gleichstellung der Freude am Können und dem Spaß an neuen Aufgaben war im Ergebnis wenig zu spüren. Flexibilität stellte sich zwar jetzt problemloser ein, wo sie nötig war, nicht aber, wo sie möglich gewesen wäre.

Auch die deutlichen Veränderungen in der informellen Hierarchie des Unternehmens waren nicht allein der Wirkung des Management-Audits zu verdanken. Wichtiger waren organisatorische Änderungen, wie z.B. die Gründung eines Centers, von dem aus sich Ingenieurleistungen und Technikerdienste im internen und externen Wettbewerb zu bewähren hatten.

Und trotz des Management-Audits kam es immer wieder zur Bildung von Schutzzonen, um die der Unternehmenswandel zunächst einen Bogen machen mußte oder seine Wirkung nur bedingt entfalten konnte. Es handelte sich dabei entweder um Bereiche, die von sich behaupteten, schon immer wettbewerbsfähig gewesen zu sein, es aber nicht waren, oder um Bereiche, die glaubten, Gründe anführen zu können, die sie von vornherein vom Wettbewerb ausschließen würden. Erst die Einführung des Prinzips des „Target Costing“ löste den Glauben auf, es gäbe Gründe für Reservate.

Das Management-Audit hatte daher nicht alle Wünsche Wirklichkeit werden lassen, aber das Unternehmen auf dem Weg in die Normalität des Wettbewerbs auf eine Weise vorangebracht, die den Aufwand lohnte. Und die Trefferquote läge wesentlich höher, wären nicht wegen der besonderen Lage des Unternehmens höhere Anforderungen gestellt worden.

Als Fazit sei deshalb auf Shakespeares „Hamlet“ verwiesen: „Will’ und Geschick sind stets im Streit befangen. Was wir ersinnen, ist des Zufalls Spiel, nur der Gedanke ist unser, nicht das Ziel.“ – Und so auch hier.

Die Erfahrungen einer Personalleiterin

Kerstin Müller-Oster
Krone GmbH, Berlin

Überblick

- Top-Führungskräfte sind herausgefordert, das vorherrschende Geschäftsverständnis zu hinterfragen, neue Quellen der Wirtschaftlichkeit zu erschließen, das Unternehmen beweglicher und lernfähiger zu gestalten sowie mehrere Strategiehebel gleichzeitig zu bedienen.
- Das objektive Appraisal dient der Erstellung einer entscheidungsorientierten Management-Bilanz in „Soll“ und „Haben“. Das heißt, Potentialeinschätzungen in bezug auf intellektuelle, fachliche, soziale, Führungs- und Unternehmerkompetenz.
- Die Krone Gruppe erhält, auch durch das Management Appraisal, Antworten auf die Fragen: Haben wir die richtigen Führungskräfte "an Bord", die wir benötigen, um das „Schiff“ auf Kurs zu halten? Herrscht ein gemeinsames Verständnis der Strategie vor? Gibt es eine gemeinsame Akzeptanz der Organisation über die Zusammenarbeit untereinander?
- Erfolg, Mißerfolg und Evaluation sind auch kritisch zu betrachten.

Wie fit sind unsere Führungskräfte?

Unternehmensführung in turbulenten Aufgabenwelten bedingt neue Anforderungen an alle Führungskräfte auf allen Ebenen der Organisation sowie an die verschiedenen Instrumente der Führung. Große Veränderungen in der Aufgabenumwelt zwingen global strukturierte Unternehmen zu Restrukturierung und Erneuerung. Im Zuge dieses Wandels entsteht eine neue Organisationsform, die Holdingorganisation der Krone Gruppe. Die Krone GmbH soll unter dem Dach der GenTek durch tiefgreifende innere Reformen zu einem erfolgreichen und wirtschaftlich profitablen Unternehmen werden. Die Fokussierung auf die Märkte Access*NET* und Premis*NET* ist die Voraussetzung, um das Unternehmen längerfristig wirtschaftlich zu sichern. Zu diesem Zweck wird die Strategie, den Berliner Standort und seine Fertigung flexibel und mit einem hohen technologischen Standard auszulegen und zu sichern, weiterentwickelt. Um den Anforderungen des Marktes und den gesteckten Zielen gerecht zu werden, erfolgt eine Optimierung der Unternehmensprozesse. Die eingeführte neue organisatorische Gliederung des Unternehmens dient einem verbesserten Kosten- und Effizienzmanagement. Die Krone Holding, die sich aus Service- sowie internationalen Steuerungsfunktionen zusammensetzt, übt neben der international ausgerichteten Verwaltungs- und Finanzierungsfunktion vor allem strategische Führungsfunktionen für die Weiterentwicklung der Krone Gruppe aus. Dies bedeutet die Nutzung eines konzernweiten Synergiemanagements. Die Profit Center der Krone Gruppe sind organisatorische Teilbereiche, die einen eigenen Periodenerfolg ermitteln und einer gewinnorientierten Beurteilung unterliegen.

Die neue Organisation setzt auf temporäre, flexible Strukturen sowie auf horizontalen und lateralen Dialog. Gleichzeitig wird Zusammenhalt angestrebt, und zwar durch die Konzentration auf Aufgabenfelder mit großen Potentialen im Knowledge Management und in der Knowledge Integration. Mit dieser neuen Struktur vollzieht sich ein Wandel im Rollenverständnis der Topmanager.[1]

Die Krone GmbH teilt sich auf in vier Hauptgeschäftsprozesse:

- Generieren neuer Leistungen,

1 Vgl. Jahrbuch Personalentwicklung und Weiterbildung 1999/2000.

- Generieren von Marktpositionen,
- Generieren von Kundenaufträgen,
- Erfüllen von Kundenaufträgen.

Diese werden kontinuierlich auf ihre Effizienz hin in Frage gestellt, die Schnittstellen werden analysiert sowie Synergieeffekte und Defizite aufgebrochen. Der Manager ist Gestalter und Promoter im Geflecht des Unternehmens. Das heißt, er ist auch das „Trüffelschwein", welches sich im „Gemenge" der neuen Organisation, auf seinen Prozeß und die „Trüffelsuche" konzentriert, um das Optimum für das Unternehmen zu erzielen. Insofern kann er nicht mehr davon ausgehen, auf einem sicheren Stuhl zu sitzen. Nein – denn viele andere „Trüffelschweine" sind auch gefordert und unterwegs.

Management Appraisal – das passende Beurteilungsinstrument?

Top-Führungskräfte sind herausgefordert, das vorherrschende Geschäftsverständnis zu hinterfragen, neue Quellen der Wirtschaftlichkeit zu erschließen, das Unternehmen beweglicher und lernfähiger zu gestalten sowie mehrere Strategiehebel gleichzeitig zu bedienen. Mit der Notwendigkeit zur Bewältigung neuer Herausforderungen durch die Unternehmensführung ergeben sich auch neue Anforderungen an die Führungsinstrumente. Diese müssen den Veränderungen entsprechend angepaßt werden oder einen Schritt voraus sein. Die Krone GmbH, die sich im Wettlauf um die Zukunft ihre Geschäfte neu ausrichtet, benötigt ein Strategieverständnis, das über das Besetzen von Marktarenen hinausgeht und sich in der Dynamik eines kreativen Unternehmensverhaltens manifestiert: im Verstehenlernen der langfristigen Wirkungen aus alternativen strategischen Entscheidungen einerseits und im Erlernen von besten Wegen für die Entwicklung des Unternehmens in die Zukunft andererseits.

Um diesen neuen Anforderungen der Organisation, die sich auf die Säulen der strategischen sowie die der Führungskompetenz der Topmanager ausrichten, gerecht zu werden, nutzt das Human Resource Management der Krone Gruppe das Audit-System, um eine Potentialeinschätzung der generalistischen Gesamtkompetenz der Führungskraft vor dem Hintergrund der spezifischen Ziele, Strategien und Maßnahmen der Gruppe zu erhalten. Hierbei setzt das Unternehmen auf Kontinuität, denn das Management Appraisal wird seit 1996 angewandt. Zu diesem Zeitpunkt befand sich das Unternehmen in einem wirtschaftlichen Tal, hatte mehrere Restrukturierungsphasen hinter sich. Die Geschäftsführung stellte sich die Fragen: Haben wir die richtigen Führungskräfte „an Bord", die wir benötigen, um das „Schiff" auf Fahrt zu bringen, herrscht ein gemeinsames Verständnis der Strategie vor, gemeinsame Akzeptanz der Organisation, Zusammenarbeit untereinander, stellt die Führungsmannschaft ein Führungsteam dar usw.? Für die Beantwortung dieser Fragen wurde nach einem unabhängigen, neutralen Instrument gesucht: dem Management Appraisal. Wichtig dabei war auch das interne Benchmarking – Vergleich der Schlüsselqualifkationen untereinander –, die Dynamik und Effizienz der Führungskräfte in bezug auf diese, sowie das externe Benchmarking – wo steht der interne Kandidat in bezug auf seine Fähigkeiten und Fertigkeiten im Vergleich zu externen Kandidaten in gleicher Position anderer Unternehmen? Somit steht für Unternehmen wie Führungskraft folgender Nutzen im Vordergrund:[1]

Aus der Sicht der Krone Gruppe:

- Neutrale, systematische und einheitliche Beurteilung der Führungskräfte als Basis für die Entscheidungshilfe zur kurz- und mittelfristiger Besetzung von Führungspositionen
- Grundlage für eine strategiekonforme Führungskräfteentwicklung, das Offenlegen der strategischen Ausrichtung und „Abklopfen" – passen wir zusammen oder nicht? – kann im Extremfall zu einer Trennung führen oder aber die Grundlage für eine langjährige, erfolgreiche Zusammenarbeit sein.
- Identifizierung von übergreifenden Problemen und Aufgabenstellungen

Aus der Sicht der einzelnen Führungskraft:

- Faire und auf die Anforderungen der Position sowie auf die Führungspersönlichkeit bezogene Interviews

1 Egon Zehner International: management appraisal, MODEL OF COMPETENCE.

- Einbeziehung einer Vielzahl von Informationsquellen zur Objektivierung und zum Vergleich der Führungskräftebeurteilungen – internes Benchmarking
- Persönliche Rückkopplung zu Stärken und Schwächen der Führungskraft durch das Unternehmen oder durch den Berater. Das Beraterteam wechselt nicht, dadurch wird Kontinuität auf beiden Seiten gewahrt, die auch Verbindlichkeit und Vertrauen auf beiden Seiten schafft.
- Persönlich orientierte „Entscheidungs- und Entwicklungshilfe" für die Führungskaft
- Erhöhung der Motivation und Identifikation der Führungskräfte

Welche Erwartungen werden an das Management Appraisal gestellt?

In der Krone Gruppe dient das Appraisal der Erstellung einer entscheidungsorientierten Managementbilanz. Die Kriterien der Bilanz sind:

- Intellektuelle Kompetenz
  - Kombinatorik
  - Analytik
- Fachliche Kompetenz
  - Tiefe
  - Breite
- Soziale Kompetenz
  - Durchsetzungsfähigkeit
  - Teamfähigkeit
- Führungskompetenz
  - Zielorientierung
  - Mitarbeiterorientierung
- Unternehmerkompetenz
  - Ergebnisorientierung
  - Strategie/Internationale Orientierung

Die neutrale Beurteilung der Führungskräfte vor dem Hintergrund spezifischer Stärken, Schwächen, Ziele, Strategien und Maßnahmen sowie der gegebenen oder geplanten Aufgabenstellung dient dazu, eine Managementbilanz in „Soll" und „Haben" zu erstellen. Konkret heißt dies, es wird eine Potentialeinschätzung vorgenommen. Die Ergebnisse der Einzelinterviews werden in das Führungsportfolio eingeordnet. Hierbei wird das Potential für weiterführende Aufgaben in Relation zum Erfüllungsgrad der heutigen Aufgaben gestellt. Dabei stehen folgende Ausprägungsgrade zur Verfügung:

- Problemfälle,
- weitere Analyse,
- Talente,
- Leistungsträger mit Potential,
- Leistungsträger,
- Stars.

Hinter den Ausprägungsgraden verbergen sich objektive Indikatoren, die eine Vergleichbarkeit ermöglichen.

Die im Rahmen des Appraisals festgestellte generalistische Managementkompetenz ist Grundlage für die Ermittlung des erforderlichen personalpolitischen Handlungsbedarfs und für die Vorbereitung konkreter Entscheidungen zur Führungsstruktur und Führungskräfteentwicklung.

Die Krone GmbH nutzt drei verschiedene Möglichkeiten des Appraisals:

1. *Einzel-Appraisal* (Selbstbild/Fremdbildeinschätzung). Durch dieses Instrument erhält man mehrere Antworten: Einerseits erfolgt die grundsätzliche Klärung, inwieweit ein Kandidat, der für eine Führungsposition vorgesehen ist, auch in der Lage ist, diese zu erfüllen. Die „Bauchentscheidung", jemandem, weil er „einen wirklich guten Job" macht, auch die Disziplinarverantwortung dafür zu übertragen, wird mit einer Potentialeinschätzung methodisch abgesichert. Andererseits werden Mitarbeiter, die schon lange in Managementfunktionen tätig sind, im Rahmen eines Profilabgleichs von „Soll" und „Haben" auf das Verstehen der Unternehmensstrategie hin eingeschätzt.

2. *Gruppen-Appraisal* als entscheidungsorientierte Analyse- und Auswahlverfahren, wenn mehrere Führungskräfte für eine hierarchisch höhere Führungsposition zur Verfügung stehen. Wenn mehrere Kandidaten mit Potential zur Verfügung stehen, muß eine endgültige Entscheidung getroffen werden.

3. *Hauptgeschäftsprozeß-Appraisal* in bezug auf die strategische Zusammenarbeit der Prozeßeigner (Top-Management). Der Schwerpunkt in dieser Appraisal-Variante liegt darin, daß die Prozeßeigner von Kollegen, die auf gleicher Berichtsebene stehen, eingeschätzt werden. Die Einschätzung bezieht sich auf die

   - fachliche Kompetenz,
   - intellektuelle Kompetenz,
   - Führungskompetenz,
   - soziale Kompetenz,
   - Unternehmerkompetenz.

Hierbei werden Stärken und Schwächen der/des Kollegen dargelegt. Darüber hinaus erfolgt die Einschätzung auch top-down, was wesentlich zur Transparenz in der Führung und im Geführtwerden beiträgt.

Erfolg, Mißerfolg und Evaluation des Management Appraisals

Für die Krone Gruppe ist das Management Appraisal eine feste Größe in der Informationsbeschaffung geworden, wenn es darum geht, Potentialeinschätzungen von Führungskräften vorzunehmen. Insbesondere die Nachhaltigkeit dieser Methode erfährt eine starke Gewichtung. Dies erfolgt in Form von direkter, zeitnaher Umsetzung der Ergebnisse sowohl durch Personalgespräche, Gespräche mit Kollegen und Vorgesetztem, Coaching, Mentoring, Prozeßoptimierung als auch durch Wiederholungen der Interviews in einem angemessenem Zeitraum. Allerdings möchten wir an dieser Stelle auch die Schwierigkeit der Einführung und der Nachhaltigkeit nicht verleugnen. Führungskäfte des Top-Managements dazu zu bewegen, an einer Potentialeinschätzung teilzunehmen, ist oft von Angst, Mißtrauen und weitgehenden Vertrauensproblemen begleitet. Aus diesem Grund sind Gespräche mit der Unternehmensleitung sowie dem direkten Vorgesetzten und natürlich die professionelle Vorstellung und Integration der Berater unabdingbar. Die externen Berater spielen eine sehr wichtige Rolle. Denn nur wenn es ihnen gelingt, das Vertrauen der Kandidaten zu gewinnen, kann das Appraisal erfolgreich durchgeführt werden. Im positiven Sinne wird das Instrument als Feedback, Chance und Standortbestimmung genutzt. Grundsätzlich legen die Teilnehmer jedoch die Tendenz an den Tag, nach Abschluß des Appraisals in der Regel nichts mehr von dieser Methode wissen zu wollen, unabhängig davon, wie die Bewertung ausgefallen ist. Um dieser Haltung zu begegnen, bedarf es einer kontinuierlichen und systematischen Begleitung durch das Human Resource Management in Zusammenarbeit mit Geschäftsführung und Beratern.

Sicherlich eine der größten Gefahren im Zusammenhang einer Potentialeinschätzung besteht in der mangelnden Konsequenz des Umgangs mit den Ergebnissen. Erfolgt aus der Sicht des Mitarbeiters keine spürbare Reaktion, so macht sich schnell Enttäuschung breit, denn der Mitarbeiter hat sich kritisch mit „der Sache" auseinandergesetzt und der Unternehensführung Vertrauen geschenkt in der Erwartung, „daß dabei auch etwas herauskommt". Fühlt er sich persönlich nicht ernstgenommen, verliert das Appraisal unweigerlich an Gestaltungskraft und die Geschäftleitung an Akzeptanz und Promotorenfähigkeit. Ein weiteres Appraisal wird dieser Mitarbeiter freiwillig kaum mehr durchführen, und ob er an die Verbindlichkeit der Unternehmensstrategie glaubt, ist ebenfalls mehr als fraglich.

Das Management Appraisal hat als Bewertungssystem wertvolle Beiträge zur Optimierung der Organisationsprozesse geliefert – fachlich, persönlich und auch methodisch. In bezug auf die Top-Manager wurden und werden vorhandene, freigelegte und noch zu entwickelnde Potentiale der strategischen und persönlichen Kompetenz in die Potentialentwicklung eingebettet, im Unternehmensumfeld konstruktiv kritisch analysiert und für die optimale Gestaltung der Organisation und der Prozesse genutzt. Aufgrund seiner Objektivität, die auch durch Cross-Checks gewährleistet ist, gewinnt das Management Appraisal zunehmend an Charakter und hoher Akzeptanz. Dies allein führt zu einer Nachhaltigkeit des Systems.

Inhaltlich umfassend vorbereitet, professionell durchgeführt von externen Beratern und gemeinsam nachbereitet vom Human Resource Management in enger Zusammenarbeit mit der Geschäftsführung und der Personalentwicklung ist diese Methode ein fester Bestandteil der Potentialeinschätzung geworden.

Das Management Appraisal ist in der Krone Gruppe auf dem Weg zu einer festen Institution. Dazu bedarf es jedoch sicherlich einer weiterhin konsequenten Anwendung, „Marketing für die Sache“ sowie von Zeit zu Zeit des Vergleichs in bezug auf – seien es positive, seien es verbesserungsbedürftige – Abweichungen der einzelnen Führungskräfte.

„Ich bin ein Talent" – Das Resümee einer Betroffenen

Renate Lohmann
Lexington Consulting, Berlin

Überblick

- In welchem Umfang und zu welcher Gelegenheit ein Management-Audit zur Beurteilung der Führungsmannschaft durchgeführt werden kann, hängt stark von den Rahmenbedingungen ab, in dem sich ein Unternehmen bewegt.
- Die Führungskräfte sollten in jedem Fall das Management-Audit bewußt für Ihre eigenen beruflichen Ziele nutzen.
- Durch die Reflexion der eigenen Stärken und Entwicklungspotentiale ergeben sich neue Perspektiven.

Ausgangslage

Die folgende Darstellung bezieht sich auf ein mittelständisches Unternehmen zur Herstellung von Verbindungselementen für die Telekommunikation. Das Unternehmen wurde 1928 gegründet und war bis 1995 in Familienbesitz. Von 1996 bis Mitte 1999 gehörte das Unternehmen zu einem ostdeutschen Technologiekonzern. Im Juli 1999 wurde das Unternehmen an eine amerikanische Unternehmensgruppe verkauft.

Bis Mitte der neunziger Jahre beschäftigte das Unternehmen weltweit ca. 3000 Mitarbeiter, die Unternehmensleitung saß in Berlin und steuerte international ca. 22 Tochtergesellschaften. Die Muttergesellschaft war bis 1993 im wesentlichen in drei Geschäftsbereichen tätig, „Verbindungs- und Verteiltechnik", „Leuchtreklame" und in der Herstellung von Paketvermittlungsdiensten. Das Geschäftsfeld „Verbindungs- und Verteiltechnik" erzielte ca. 80 Prozent des Gesamtumsatzes, die beiden anderen Geschäftsfelder waren in eigene Gesellschaften zusammengefaßt. Die Muttergesellschaft war stark funktional gegliedert. Vertrieb, Produktmanagement und F&E waren im Geschäftsfeld „Verbindungs- und Verteiltechnik" zusammengefaßt, daneben ordneten sich die Bereiche Produktion (inkl. Einkauf und Logistik), Öffentlichkeitsarbeit, Strategisches Marketing, Rechnungswesen, Personalwesen, Recht und Beteiligungscontrolling an, die alle direkt an den Vorstand berichteten. Der Vorstand bestand zu dem damaligen Zeitpunkt aus sechs Mitgliedern.

Ende 1993 erlitt das Unternehmen einen erheblichen Ergebniseinbruch, der durch Auftragseinbrüche bei einer der deutschen Tochtergesellschaften verursacht wurde. Daraufhin wurde in Zusammenarbeit mit den Hausbanken und externen Beratern ein Restrukturierungsplan erstellt, der im Sommer 1994 in Kraft trat. Die wesentlichen Elemente dieses Plans waren; Verkauf von nicht kerngeschäftsbezogenen Unternehmensteilen, Neudefinition der Unternehmensstrategie und darauf aufbauend Trennung des Geschäftsfelds „Verbindungs- und Verteiltechnik" in zwei Geschäftsfelder „öffentliche Netzte" und „private Netze" bei gleichzeitiger Integration der internationalen Geschäftsaktivitäten in die Geschäftsfelder und Einführung einer prozeßorientierten Organisation.

Zur Steuerung und Umsetzung des Restrukturierungsplans wurde ein internationaler Führungskreis, bestehend aus Vorstand, Führungskräften aus Berlin und Geschäftsführern ausgewählter Tochtergesellschaften, gebildet. In den gemeinsamen Sitzungen erarbeitete der internationale Führungskreis eine neue Unternehmensstrategie und einen Maßnahmenplan zur Detallierung der Strategien und deren Umsetzung in die Operative. In diesem Zusammenhang wurde die Idee entwickelt, ein Management Appraisal auf 1. und 2. Führungsebene durchzuführen. Dabei sollten zwei Ziele verfolgt werden, erstens, wie können welche Führungskräfte am besten in die neue Organisation eingebunden werden und zweitens, welche Personalentwicklungsmaßnahmen muß das Unternehmen einleiten, damit die Führungskräfte den neuen Anforderungen gewachsen sind?

Auswahl der Methodik und des Beratungsunternehmens

Aufgrund fehlender unternehmenseigener Ressourcen sollte das Management Appraisel von externen Beratern durchgeführt werden. Die Leitung der Personalabteilung wurde beauftragt, Angebote einzuholen. Nach Eingang der verschiedenen Angebote mußte sich der Vorstand im wesentlichen zwischen zwei Methoden und mehreren Beratungsunternehmen entscheiden. Zum einen wurde vorgeschlagen, die 1. und 2. Ebene in ihrer täglichen Arbeit zu begleiten und parallel dazu ausgewählte Tests zu den folgenden Bereichen durchzuführen:

- Allgemeine Fähigkeiten und intellektuelle Anpassungsfähigkeit,
- Persönlichkeitsmerkmale wie Kreativität, Flexibilität, Unabhängigkeit, Kontaktfähigkeit,
- Motivation, Engagement, Belastbarkeit und
- Arbeits- und Kommunikationsstil.

Die Resultate der Tests sollten anschließend mit den Ergebnissen aus den Beobachtungen und Interviews im Arbeitsumfeld verglichen und ausgewertet werden. Die Gesamtinterpretation sollte es ermöglichen, für jeden Kandidaten ein relativ „objektives" Stärken- und Schwächenprofil mit dem Ziel zu erstellen, seine Eignung für eine bestimmte Stelle und seine Teamfähigkeit in bezug auf das vorhandene Führungsteam zu ermitteln. Darauf aufbauend sollte ein Maßnahmenkatalog erstellt werden, der verdeutlichen sollte, wie das Führungsteam gemeinsam unterstützt und welche Fördermaßnahmen für die weitere Entwicklung der einzelnen Personen ergriffen werden sollten.

Zum anderen wurde angeboten, ein Management Appraisal durchzuführen, das auf Einzelanalysen und individuellen Bewertungen der Führungskräfte anhand der Kriterien

- intellektuelle Kompetenz,
- fachliche Kompetenz,

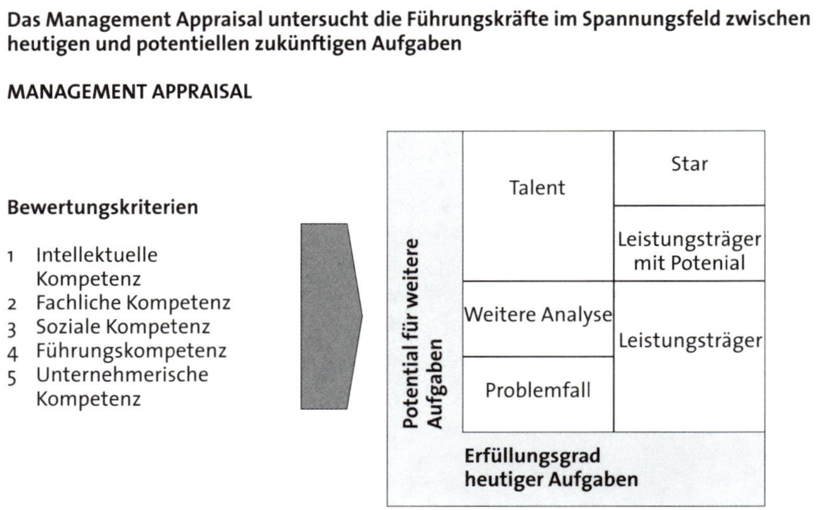

Abbildung 1: Das Management Appraisal untersucht die Führungskräfte im Spannnungsfeld zwischen heutigen und potentiellen zukünftigen Aufgaben

- soziale Kompetenz,
- Führungskompetenz und
- unternehmerische Kompetenz

beruht. Daraus sollte ein Führungsportfolio entwickelt werden, das verdeutlicht, wie sich die untersuchten Führungskräfte im Spannungsfeld zwischen „Potential für weiterführende Aufgaben" und „Erfüllungsgrad heutiger Aufgaben" darstellen lassen.

Darüber hinaus sollte mittels Benchmarks der Unternehmensleitung verdeutlicht werden, wie die Führungsmannschaft sich im Verhältnis zu anderen Unternehmen bezüglich Altersdurchschnitt, Qualitätsniveau und Portfoliostruktur darstellt.

Während in der zuerst dargestellten Methode ein wesentliches Element der Analyse die Führungskraft als Teammitglied ist, wird im zweiten Fall ein mehr personenbezogener individuellerer Maßstab angelegt. Die Unternehmensleitung entschied sich Anfang 1996 für die zweite Methode.

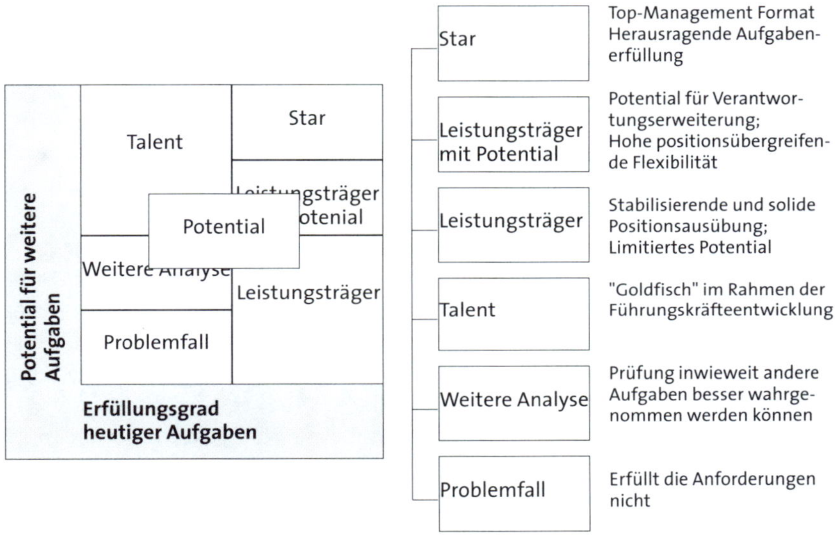

Abbildung 2: Die Führungskräfte wurden in sechs Gruppen unterteilt

Der Vorstand sah in der individuellen Beurteilung die Möglichkeit, ein deutliches Bild über die Stärken und Schwächen jeder einzelnen Führungskraft zu erhalten. Die Beurteilung der Teamfähigkeit sollte unabhängig von den aktuell gegebenen Rahmenbedingungen bewertet werden. In bezug auf die Berater entschied sich der Vorstand aufgrund der fachlichen Kompetenz und der Erfahrung der Berater mit der Methode für ein renommiertes, international tätiges Beratungsunternehmen.

Durchführung des Management Appraisals

Von der Entscheidung bis zur Durchführung des Management Appraisal verging ca. ein dreiviertel Jahr. Erst im Oktober 1996 konnte sich das ausgewählte Beratungsunternehmen dem Führungskreis vorstellen und die Vorgehensweise des Management Appraisals präsentierten. Zu diesem Zeitpunkt hatte der internationale Führungskreis bereits eine grobe Strategie für das Unternehmen festgelegt und darauf aufbauend einen Organisationsvorschlag erarbeitet, der zu Teilen bereits in den betrieblichen Gremien diskutiert und verhandelt wurde. Neue Kräfte spürten Aufwind, und alte Kräfte verteidigten ihre bisherigen Machtzentren.

Die Vorgehensweise der Berater beruhte im wesentlichen auf zweistündigen Einzelinterviews, die von zwei Beratern mit der „betroffenen" Führungskraft durchgeführt wurden. Die Interviews bezogen sich sowohl auf die persönliche Entwicklung der Führungskraft als auch auf deren aktuelle Position im Unternehmen. So wurden Fragen zur Ausbildung und familiären Situation gestellt wie auch Fragen zur Abteilung, den persönlichen Ansichten zu Kollegen und der Strategie des Gesamtunternehmens. Die Fragen wurden keinem dokumentierten Interviewleitfaden entnommen, sondern von den Beratern spontan gestellt. Während der Interviews versuchten die Berater unterschiedliche Atmosphären zu simulieren. So wurden Fragen sowohl polemisch als auch klar und direkt formuliert; es wurden provozierende Hypothesen aufgestellt, und der Interviewpartner wurde zur Stellungnahme aufgefordert. Zudem wurden auch Sprechpausen eingelegt und die Reaktion des Interviewpartners abgewartet.

Darüber hinaus wurde das Erscheinungsbild des Interviewten mit in die Beurteilung einbezogen sowie auch das Umfeld, in dem das Interview stattfand. Kriterien wie Kleidung, Sauberkeit, Höflichkeit, Raumaufteilung, „Verpflegung während des Interviews", Unterlagen für das Interview etc. standen hierbei im Vordergrund.

Zum Untersuchungsumfeld gehörten der Vorstand sowie der gesamte Führungskreis am Standort Berlin (ca. 20 Personen). Die internationalen Führungskräfte sollten in einem zweiten Schritt untersucht werden. Die Interviews wurden in einem Zeithorizont von sechs Wochen von zwei Beratern durchgeführt.

Ergebnisse der Untersuchung

Nachdem die Interviews und die Auswertung abgeschlossen waren, wurden die Ergebnisse zunächst dem Vorstand dargestellt, in Einzelgesprächen mit den interviewten Führungskräften vertieft und anschließend dem gesamten Führungskreis mitgeteilt.

Die Analysen verdeutlichten, daß das Unternehmen über eine veraltete und nur mit geringen Potentialen ausgestattete Führungsmannschaft bestand. Über 70 Prozent der Führungskräfte war älter als 55 Jahre. In der Aufteilung der Führungskräfte in Star, Leistungsträger mit Potential, Leistungsträger, Talent, „weitere Analyse“ und Problemfall ergab sich ein im Vergleich zu anderen Unternehmen vernichtendes Bild: kein Star, vier Talente, drei Leistungsträger mit Potential, acht Leistungsträger, „weitere Analysen“ bei zwei Personen, und drei Führungskräfte wurden als Problemfall eingestuft. Fragen über mögliche notwendige Handlungsoptionen wurden in der gesamten Gruppe nicht erörtert.

Die Berater stellten ihre Analysen wertneutral dar. Der Bezug auf andere Unternehmen wurde in Schaubildern dargestellt, aber nicht weiter vertieft. Jeder Teilnehmer an der Präsentation konnte seine eigene Interpretation vornehmen.

Eigene Erfahrungen

An die Präsentation kann ich mich noch sehr gut erinnern. Ich war erschrocken mit welcher nach außen getragenen Gleichgültigkeit diese Ergebnisse des Management Appraisals von den Führungskräften aufgenommen wurden. Was war passiert? Welche Konsequenzen waren zu erwarten?

Während dieser Zeit war ich als Leiterin für das Geschäftsfeld „Private Netze“ mit ca. 230 Mitarbeitern und ca. 60 Millionen DM Umsatz verantwortlich. Der Aufgabenbereich umfaßte die Verantwortung für Vertrieb und Marketing der Produkte der „Inhouse“-Verkablung weltweit. Neben der Verantwortung für das Geschäftsfeld war ich Mitglied des internationalen Führungskreises.

Die Entscheidung, Berater mit dem Auftrag zu betrauen, die Führungsmannschaft in bezug auf ihre Potentiale zu analysieren und auszuwerten, habe ich unterstützt. Das Unternehmen brauchte dringend einen kompetenten Sparringspartner im Bereich Personal. Zu lange war in der eigenen „trüben“ Unternehmenspolitik die aktive Gestaltung des Personalmanagements vernachlässigt worden. Für Nachwuchsführungskräfte bestand keine Möglichkeit der Weiterbildung. Es herrschte nach wie vor die Überzeugung, daß nur „learning by doing“ zum Erfolg führt.

Zudem belasteten das Unternehmen die über einen langen Zeitraum gewachsenen informellen Strukturen innerhalb des Führungsteams, das aus sehr erfahrenen und langjährig dem Unternehmen treu dienenden Mitarbeitern bestand. Veränderungen, die vom Markt auf das Unternehmen einwirkten, wie zum Beispiel:

- Auflösung der Monopolsituation im Bereich der kommerziellen Netzanbieter,
- sehr hohes Marktwachstum im Bereich privater Netze,
- zunehmende Nachfrage nach Systemlösungen,
- verkürzte Produktlebenszyklen,
- und die Globalisierung der Märkte

wurden zu spät oder gar nicht erkannt, geschweige denn, daß sie im Unternehmen reflektiert worden wären. Die zunehmende Komplexität der Vermarktung der Produkte wurde ignoriert. Logische Konsequenz: Das Unternehmen verlor zunehmend an Profitabilität und Marktanteilen.

Die Unternehmensleitung war zwar bemüht, durch Einkauf von jungen, unternehmerisch denkenden Nachwuchskräften im Unternehmen neue Impulse zu setzen, war aber hilflos in bezug auf einen nachhaltig begleitenden Prozeß zur Neuausrichtung des Unternehmens.

Ich hatte mir vom Einsatz der Berater erhofft, daß die ersten Schritte, die im Zusammenhang mit dem internationalen Führungsteam gestartet wurden, unterstützt werden und daß der eingeleitete, aus eigenen Kräften angestoßene Prozeß zur Erneuerung des Unternehmens wieder an Dynamik gewinnen würde. Dementsprechend war die Erwartungshaltung an das Beratungsunternehmen sehr groß.

Nach der Präsentation verging kaum ein Monat, und die Ergebnisse des internationalen Führungskreises wurden aufgehoben. Ohne die Strategie neu zu definieren wurde die Organisation verändert. Der Vorstand war bemüht, die Ergebnisse des Management Appraisals als großen Erfolg darzustellen. Handlungsoptionen zum Abbau der offensichtlichen Defizite in der Führungsstruktur wurden nicht verfolgt. Die organisatorischen Veränderungen sollten die Defizite ausgleichen. Daß dadurch die alten Strukturen wieder zum Vorschein kamen, war nicht weiter verwunderlich.

Im Ergebnis bleibt festzuhalten, daß der Erneuerungsprozeß des Unternehmens auf der Strecke blieb. Aufgrund der Konzentration auf das „Alte" und damit verbunden die Absage an neue unternehmerische Perspektiven orientierten sich viele der Vertreter des „Neuen" um und verließen das Unternehmen.

„Ich bin ein Talent"

Ex Post läßt sich vieles entspannter sehen. So schmerzhaft es ist, eigene Ideen nicht realisiert zu sehen, so war der Einsatz der Berater ein guter Katalysator für den schon lang anhaltenden Konflikt zwischen „Neuanfang" und „Melken einer Cash Cow". Die Vorstände selbst waren nicht in der Lage, den schwelenden Konflikt zu lösen. Fehlende Konfliktfähigkeit und inkonsequentes Umsetzen von einmal getroffenen Entscheidungen erschwerte den eingeleiteten Veränderungsprozeß zunehmend, bis er fast zum Stillstand kam. Zu diesem Zeitpunkt kamen die Berater und wurden von allen Seiten „umworben".

Natürlich wollte auch ich meine Interessen in dem Interview mit den Beratern deutlich machen und entsprechend „vermarkten". Zu diesem Zweck hatte ich mich vorher über die Methodik des Beratungsunternehmens genauer informiert und den Raum und dessen Ausstattung entsprechend gestaltet, sowie die Kleiderwahl auf die Erwartung der Berater abgestimmt und einzelne Gesprächsmomente mit einer Personalberaterin durchgespielt. So vorbereitet, war das Interview sehr viel kontrollierter durchführbar und gab mir die Möglichkeit, selbst den Prozeß des Interviews mitzugestalten. Im Ergebnis wurde ich zu den Talenten des Unternehmens gezählt, mit dem Hinweis, mit etwas mehr Berufserfahrung und Lebensjahren würde ich bald ein „Star".

Die Berater, die strikt ihre Methoden anwandten und auch unser Interview zwischen Provokation und Schaffen eines Vertrauensverhältnisses hin und her pendeln ließen, waren ihrem Auftrag sehr konsequent nachgegangen. Meine einzige kritische Anmerkung ist, daß sie sich etwas zu unreflektiert eines sehr steril vordefinierten Bildes eines durchschnittlichen Managertyps bedienten, der wie eine Schablone über jeden einzelnen gehalten und an dem jeder gemessen wurde. Das ging soweit, daß ich während der Diskussion der Ergebnisse zwischen meinem Vorgesetzten, dem Berater und mir mehrfach als Herr Lohmann angesprochen wurde. Auch für einen Berater schien es schwer, sich von gewissen Klischees zu verabschieden.

Für die Beurteilung, was man mit einer solchen Bewertung anfangen kann, muß unterschieden werden, aus welcher Perspektive dies geschieht. Für mich persönlich war die Reflexion sehr zwiespältig. Zum einen – wie oben schon ausgeführt – sah ich mich mit der Situation konfrontiert, daß meine Ideen aufgrund der Ergebnisse des Management Appraisals und der vom Vorstand eingeleiteten Maßnahmen nicht mehr realisierbar waren. Die Hoffnung, dem Unternehmen mittels der Ideen, die ich in Zusammenarbeit mit meinen Kollegen und Mitarbeitern entwickelt hatte, eine neue Perspektive eröffnen zu können, wurde enttäuscht. Auf der anderen Seite war es gut, die Erfahrung gemacht zu haben, welche Bedeutung die Personalentwicklungsmaßnahmen in einem modernen Unternehmen haben können. Fragen zu notwendigen Investitionen in die eigene Personalentwicklung gewannen wieder stärker an Bedeutung. Die Reflexion machte mir Mut, mich stärker an meinen eigenen Potentialen zu orientieren, risikobereiter zu werden und alternative Ideen bezüglich des eigenen Werdegangs zu entwickeln.

Die Ergebnisse konfrontierten die Führungskräfte sehr deutlich mit einer eher bekannten, nun aber auch transparenten Situation. Die Unzulänglichkeiten konnten nicht länger unter den berühmten „Teppich“ gekehrt werden. Die Unternehmensleitung sah in dieser Situation sehr hilflos aus. Wie sollte mit der Situation umgegangen werden, wer sollte die Verantwortung übernehmen? Schnell entwickelte sich bis in die Geschäftsführung der bisher informell geführte „Grabenkampf“ zu einem offenen Konflikt. In dieser Situation entschied sich die Unternehmensleitung, einen weiteren Auftrag an die Berater zu vergeben, mit dem Ziel, einen Organisationsentwurf zu erarbeiten, der die Schwächen der Führungskräftestruktur ausgleichen sollte.

Aus der Perspektive der Unternehmensleitung konnte durch den Einsatz der Berater der schwelende Konflikt zwischen „Neu“ und „Alt“ entschieden werden. Auch auf Vorstandsebene wurden Konsequenzen gezogen und die Vertreter der Strategie des „Melkens der Cash Cow“ gestärkt. Im Unternehmen trat Ruhe ein. Das Unternehmen existiert noch immer und kann aufgrund eines konsequenten Kostenmanagements seine Position am Markt behaupten.

„Lessons Learned"

Ich hoffe gezeigt zu haben, daß ein Management Appraisal nachhaltige Veränderungen mit sich bringt – vielleicht nicht immer solche, die man sich selbst erhofft hat. Mittelfristig bietet die Reflexion im Rahmen eines Appraisals die Möglichkeit, sich selbst neu zu positionieren und die eigenen Potentiale gezielter und für einen selbst gewinnbringender einzusetzen.

Die individuelle Beurteilung der Berater hörte zwar genau da auf, wo es spannend für jeden einzelnen geworden wäre, da sie keine Anworten auf persönliche Entwicklungsmaßnahmen gab. Doch die Berater hatten bewußt oder unbewußt aufgrund ihrer übergreifenden Darstellung der Führungsmannschaft dazu beigetragen, daß ich meine Kritik am Unternehmen, an dem Führungsstil und der Unternehmensausrichtung ernst nahm und mich entsprechend umorientierte. Im Unternehmen zu verbleiben war für mich ohne Perspektive, und so entschied ich mich, das Unternehmen zu verlassen und meine Kraft in den Aufbau eines neuen Unternehmens, an dem ich mich beteiligen konnte, zu stecken.

Die Risiken, die im Zusammenhang eines Management Appraisals auftreten können, sind nicht unerheblich, besonders für die betroffenen Personen. Auch die Konfrontation mit den eigenen Stärken und Schwächen fällt nicht jedem leicht. Aus diesem Grund empfiehlt es sich, daß eine Methode wie die vorgestellte nicht ohne Konsequenzen in der Personalpolitik bleiben sollte.

Der Erfolg eines Management Appraisals hängt im wesentlichen von folgenden Faktoren ab: Bereitschaft aller Führungskräfte an der Erhebung teilzunehmen, professionelle Berater, die bereits Erfahrung im Umgang mit der Methode haben, Offenlegung der Zielsetzung, der richtige Zeitpunkt sowie konsequentes Handeln und Integration der Ergebnisse in eine begleitende und zielgerichtete Peronalentwicklungsarbeit.

Die Möglichkeit, auf den Ergebnissen eines Management Appraisals aufzubauen, sich stärker mit der Entwicklung der Mitarbeiter auseinanderzusetzen und auch dafür Investitionen zu tätigen, sollte als Chance begriffen werden.

Autorenverzeichnis

Fischer, Stefan, ist Rechtsanwalt und Fachanwalt für Arbeitsrecht bei Quack Rechtsanwälte, früher Gaedertz Rechtsanwälte, einer internationalen wirtschaftsberatenden Rechtsanwaltssozietät. Studium an der Universität Trier und an der Hochschule für Verwaltungswissenschaften in Speyer. Nach Abschluß des Assessorexamens in Rheinland-Pfalz war er zunächst bei einem norddeutschen Arbeitgeberverband tätig. Seit 1997 arbeitet er im Berliner Büro von Quack Rechtsanwälte. Der Schwerpunkt seiner Tätigkeit liegt in der Beratung und Prozeßvertretung vorwiegend mittelständischer Unternehmen vor allem im Bereich der kollektivrechtlichen Beratung. Daneben ist er Dozent und verfaßt arbeitsrechtliche Fachpublikationen.

Francke, Stefan, Studium der Wirtschaftswissenschaften an den Universitäten Hamburg und Hannover. Berufserfahrung in den Bereichen Unternehmensplanung/Controlling und Organisationsentwicklung in der internationalen Versicherungsbranche. Seit 1998 bei Hay Management Consultants mit den Beratungsschwerpunkten Organisationsstrukturen, HR-Developement und Vergütung für Unternehmen unterschiedlicher Branchen im In- und Ausland.

Helfrich, Gerhard, Diplom-Psychologe. Berufserfahrung im Bereich Personal in der Pharmazeutischen Industrie. Seit 1994 bei Hay Management Consultants. Nationale und internationale Projekte in den Bereichen Management-Audit, Executive Coaching, Potentialerhebung, Leadership und HR-Developement.

Kaul, Christine (Dr.) Diplom-Psychologin mit den Schwerpunkten Sozialpsychologie, Arbeits-, Betriebs- und Organisationspsychologie, therapeutische Zusatzausbildung. Seit 16 Jahren in unterschiedlichen Unternehmen mit unterschiedlichen Funktionen in der Personalentwicklung tätig. Seit 1990 im Volkswagen-Konzern. Seit 1996 Leiterin des Geschäftsfelds Coaching in der Volkswagen Coaching GmbH.

Krapoth, Sebastian, Diplom-Psychologe, Schwerpunkt Arbeits-, Betriebs- und Organisationspsychologie. Seit 1999 im Geschäftsfeld Coaching in der Volkswagen Coaching GmbH.

Kring, Wolfgang, Studium der Psychologie in Gießen und Organizational Behavior an der A.B. Freeman School of Business, ist Geschäftsführer der INFO GmbH, Institut für Organisation, Kloster Arnsburg, Lich, die schwerpunktmäßig namhafte nationale sowie internationale Unternehmen im Bereich der Personal- und Organisationsentwicklung betreut. Zuvor arbeitete er mehrere Jahre für verschiedene internationale Beratungsunternehmen, Tätigkeitschwerpunkte sind PE/OE-Strategien, Potentialanalysen, Projektmanagement, Mitarbeiterbefragungen, TQM, Beurteilungs- und Zielvereinbarungssysteme.

Lange, Kurt (Dr.), Ausbildung als Groß- und Einzelhandelskaufmann, Abitur am Abendgymnasium, Studium und Promotion an der FU Berlin in Philosophie und Sozialwissenschaften. Angestellter, stellvertretender Vorsitzender und zuletzt Vorsitzender der Gewerkschaft ÖTV, Bezirksverwaltung Berlin. 1998–1999 Vorstand für Personal und Dienstleistungen der Bewag AG in Berlin.

Leciejewski, Klaus (Dr.), Hochschullehrer für Wirtschaftswissenschaften an verschiedenen Hochschulen, Referatsleiter im Institut der Deutschen Wirtschaft in Köln, Direktor Deutsche Bank AG, Frankfurt am Main und Berlin, Geschäftsführer einer Tochtergesellschaft Egon Zehnder International, Geschäftsführer einer Tochtergesellschaft Amrop Deutschland, jetzt Geschäftsführender Gesellschafter der KDL-Consulting GmbH, Köln, Publizist und Hochschullehrer.

Littig, Joachim, Studium der Rechtswissenschaften in Mannheim, Rechtsanwalt und Fachanwalt für Arbeitsrecht. Seit 1988 als Anwalt tätig. Seit 2000 bei Quack Rechtsanwälte, früher Gaedertz Rechtsanwälte, tätig mit dem Schwerpunkt der Beratung und Prozeßvertretung von Unternehmen im kollektiven und Individualarbeitsrecht einschließlich des unternehmensbezogenen Sozialversicherungsrechts.

Lohmann, Renate, Diplom-Volkswirtin, Partnerin Lexington Consulting, Berlin. Nach dem Studium an der Universität Mannheim Assistentin der Abteilungsleitung Unternehmensentwicklung Groupo Imsa Monterrey, Mexico, anschließend Technical Analyst McKinsey, danach Leiterin eines Geschäftsfelds bei der Krone AG, seit 1998 Gründungspartnerin Lexington Consulting GmbH Berlin mit den Beratungsschwerpunkten Strategie und Organisation.

Maiweg, Andrea, Studium der Rechtswissenschaften in Heidelberg und Barcelona. Berufserfahrung in den Bereichen Bank/Kreditgeschäft und Personalberatung. Seit 1998 bei Hay Management Consultants mit den Beratungsschwerpunkten Vergütung und HR-Developement.

Müller, Claudia, Diplom-Kauffrau, Ausbildung zur Groß- und Außenhandelskauffrau. Von 1984–1995 als Managerin für die Elisabeth Arden GmbH in Genf, Peking und Singapur tätig. Von 1995–1998 Regionalleiterin Indien, Mittlerer Osten und Afrika bei der Braun AG in Kronberg. Heute ist sie als Organisationsberaterin und Trainerin mit dem Schwerpunkt „cultural interface management“ tätig.

Müller-Albrecht, Roman, war nach dem Abschluß des Abiturs Offizier bei der Bundeswehr und in verschiedenen Führungspositionen in Deutschland und den USA. Integriert in diese Zeit war ein vierjähriges Studium der Pädagogik, Soziologie und Geschichte sowie der Wirtschaftswissenschaften an der Universität Hamburg mit dem Abschluß als Diplom-Kaufmann und Diplom-Pädagoge. 1993 Eintritt in die Executive Search Division von Gemini Consulting, wo er insbesondere die Branchen Fast Moving Consumer Goods, Anlagenbau und Dienstleistungsunternehmen betreute. Der Schwerpunkt seiner Tätigkeit lag in in der begleitenden Betreuung von Organisationen amerikanisch geprägter Kultur, Vorgehensmodellen und in Start-up-Situationen bei der Besetzung/Aufbau von Führungspositionen. Ergänzend zur Kernfunktion des Executive Search befaßte er sich mit der Durchführung von Management-Audits. Seit 2001 ist er Managing Partner von Gemini Executive Search.

Müller-Oster, Kerstin, Diplom-Betriebswirtin, ist seit mehreren Jahren in leitenden Funktionen in der Personal und Organisationsentwicklung sowie Weiterbildung tätig. Derzeit ist sie Leiterin Personalservice Holding und stellvertretende Personalleiterin der Krone GmbH in Berlin. Seit mehreren Jahren ist sie Lehrbeauftragte für den dualen Studiengang „Management Marketing".

Pfromm, Hans-Adam (Dr. rer. pol.), hat langjährige Erfahrung als Personalgeschäftsführer in verschiedenen Industrieunternehmen. Er leitet jetzt eine Firma für Führungsberatung, die sich vor allem auf die Managementportfolio-Analyse und das Management-Work out konzentriert. Er ist Autor des Buchs „Zurück zur Leistungskultur".

Samland, Jürgen (Prof. Dr. jur.), war nach Abschluß seiner juristischen Ausbildung als Volljurist in führenden HR-Positionen bei Bertelsmann, Hoechst und zuletzt als Personaldirektor bei Reemtsma tätig. Heute arbeitet er als Rechtsanwalt und Unternehmensberater in Berlin. Seine Tätigkeit als international verantwortlich arbeitender HR-Manager hat er seit Jahren mit der Lehre auf diesem Gebiet an der „ESCP-EAP graduate school of management", einer französischen Wirtschaftshochschule und grande école, mit Sitz in Paris, Berlin, Oxford und Madrid, verbunden. Seit 1999 ist er dort Honorarprofessor. Seine Forschungsarbeit beschäftigt sich mit der Zukunft des internationalen HR-Management im Rahmen der strategischen Personalentwicklung.

Schwarting, Carsten, (Dr.-Ing.), Wirtschaftsingenieur, Berater bei McKinsey, danach Leiter Rechnungswesen und Controlling im Werk Berlin der Daimler Benz AG, anschließend Mitglied der Geschäftsleitung der Brose Fahrzeugteile GmbH & Co. Danach Berater bei Egon Zehnder International, Berlin. Seit 2000 Geschäftsführender Gesellschafter der Lexington Human Resources GmbH in Berlin.

Ulardt von, Ingrid, (Dr.) Wirtschaftsingenieurin und Diplom-Psychologin, Promotion in Rationaler Entscheidungstheorie und -analyse. Seit 1987 im Bereich Unternehmensberatung und Managementtraining tätig. Verfügt über vielfältige Berufserfahrungen, ihre Schwerpunkte liegen in der Gestaltung und Umsetzung strategieorientierter Konzepte im Bereich Human Resources, Personalentwicklung und Organisationsentwicklung mit Change Management.

Wahlen, Jost-Hinrich, Diplom-Psychologe und Betriebswirt (WA), Jahrgang 1964. 1984–1987 Ausbildung bei der Reemtsma Cigarettenfabriken GmbH und Studium an der Wirtschaftsakademie Hamburg. 1987–1991 im Marketing bei Reemtsma in Hamburg. 1991–1996 Studium der Psychologie an der Universität Mannheim und der Christian-Albrechts-Universität zu Kiel, 1996–1998 Berater im Bereich Personaldiagnostik bei der ITB Consulting GmbH, Bonn. Seit 1998 Berater und Manager in der Human Resource-Beratung von PricewaterhouseCoopers, Frankfurt am Main, mit dem Schwerpunkt Performance Management.

Wiegmann, Volker T., ist Managing Partner der Unternehmens- und Personalberatung Roland Berger Executive Resources. Er unterstützt führende internationale Unternehmen seit 1985 regelmäßig bei der Durchführung von Audits.